항일로드
2000km

항일로드
2000km

김종훈 지음

| 광복 80주년,
| 일본에서 다시 만난
| 독립투사들

P 필로소픽

차례

프롤로그 　010
항일로드, 이것부터 준비하자 　012
항일로드 추천코스 　016

021_ **1부**
나가사키

01 그들의 숨결이 깃든 곳 - 나가사키 형무소 　022
02 의열단원 박재혁이 보낸 마지막 '연서' - 나가사키항 　034
03 세계유산이 된 지옥섬 - 군함도와 군함도 디지털 박물관 　041
　　데지마 부두에서 나가사키 카스테라를 먹으며 　049
04 진정한 평화가 이뤄지려면 - 폭심지와 나가사키 원폭자료관 　053
　　우라카미 천주당과 나가이 박사의 집 '여기당'에서 　056
05 지켜야 하는 이유 - 나가사키 평화자료관 　059
　　그 언덕에 서서 '키리시탄'을 생각한다 일본 26성인기념관 　061
　　오우라 천주당 앞에 서서 　065
06 일본 근대화의 조력자 그의 집에는 '늙은 늑대' 사진이 있다
　　- 글로버 가든 　066
　　푸치니와 나비부인 동상 앞에 서면 아리아 <어느 갠 날>이 흘러나온다 　070
　　하루쯤 온천도 좋다 아일랜드 나가사키와 안경교 　072

075_ **2부**

후쿠오카

01	윤동주와 송몽규의 마지막 장소 - 후쿠오카 형무소	076
02	명성황후를 시해한 칼 - 구시다 신사와 성복사	080
	친일파 우범선과 애국자 고영근이라는 남자에 대해	083
	오래된 땅에 남은 백제의 흔적 - 미즈키 유적	087
	규슈의 역사를 만나는 시간 - 다자이후 정청과 규슈 국립박물관	090

093_ **3부**

시모노세키

01	영화 <허스토리>의 진짜 현장 - 야마구치 지방법원 시모노세키 지부	094
02	시모노세키에 새겨진 선조들의 위대한 발걸음 - 조선통신사 상륙지	100
	붉디붉은 아카마 신궁에서 조선통신사를 기억하다	105
03	조선의 운명을 왜 당신들이… - 청일강화기념관	106
	그 유명한 간몬해협을 걸어서 건너 보자	109
04	메이지 유신을 이끈 두 집단을 이해하지 않고서는 - 조슈번과 사쓰마번	112

4부
히로시마

01 모두가 기억해야 할 비극의 흔적
　- 히로시마 평화기념공원과 한국인 희생자 위령비　　122
02 조선 침공의 근거지 - 히로시마성 내 히로시마 대본영　　130

5부
오사카

01 천하영웅 윤봉길이 마지막 한 달을 보낸 곳 - 오사카성　　136
　　오사카성 천수각과 제4사단 사령부 미라이자　　140
02 《표본실의 청개구리》염상섭의 선언
　"목숨을 걸고 독립을 선언한다" - 덴노지 공원　　142
　　조선인들의 외침이 울려 퍼진 곳 - 오사카 중앙공회당　　146
03 그 많던 조선인들은 어디로 갔나?
　- 이쿠타마 공원 지하 방공호와 오사카 육군 조병창　　147
04 조선 청년 조명하를 그리며 - 오사카의 어느 골목에서　　150

6부
교토

01 술 한 병, 일곱 잔 술을 올린 이유 - 교토 코무덤　　158
　　호코지 종에 새겨진 여덟 글자
　　'국가안강國家安康'과 '군신풍락君臣豊樂'　　162

02	아름다운 청년 윤동주를 만나다 - 도시샤대학	165
03	그들의 숨결이 깃든 교토 거리 - 윤동주와 송몽규의 하숙집 터	169
	교토대를 걸어 봤으면 좋겠다	174
04	조선인 정조문의 집념 - 고려미술관	176
05	메이지 유신의 현장 - 교토 어소와 니조성	181
	밤에 더욱 아름다운 천년 수도의 길	185
06	윤동주가 남긴 마지막 미소 - 우지 기억과 화해의 비	187
	녹차를 마셔 보자	191
07	재일조선인의 이름으로 - 우토로 평화기념관	192
08	대를 이은 사투 - 단바 망간기념관	195

199_ **7부**

가나자와

01	36° 31' 30.11" N, 136° 40' 17.9" E - 윤봉길 의사 순국지	200
02	밟히고 또 밟힌 14년의 세월 - 윤봉길 암장지	206
	지킴이 박인조를 기억하며	212
03	윤봉길이 마지막 밤을 보낸 곳 - 가나자와성 위수구금소	213
	1930년대 지도를 보면서 가나자와성과 겐로쿠엔을 걷다	217
04	청년 작가가 그리고 싶은 벽화 - 윤봉길 유해 안치소 터	219
	천하영웅 윤봉길, 백정기·이봉창과 함께 잠들다	222
05	청년 윤봉길을 기리기 위해 - 가나자와 윤봉길추모관	226
06	극우의 준동이 우려되는 이유 - 가나자와 대동아성전비	229

231_ **8부**
도쿄

01	친일파 민원식을 처단한 양근환 의거지 - 도쿄스테이션호텔	232
02	일왕에게 폭탄을 던진 김지섭 의거지 - 이중교	238
03	일왕에게 폭탄을 던진 이봉창 의거지 - 도쿄 경시청 본부 앞	244
04	술 한잔 올리기조차 죄송한 현장 - 이봉창 순국지	251
	의사 이봉창을 위해 내가 한 일	254
05	3·1혁명의 서곡 2·8만세운동지 - 히비야 공원	256
	와세다대학 출신 반민특위 위원장 김상덕을 기억한다는 것	261
	대한민국 국민 모두가 영화 <여파>를 보면 좋겠다	265
06	일본 극우에 의해 신이 된 '메이지' - 메이지 신궁	267
07	미화된 죽음, 가미카제로 이어지다 - 도쿄 노기 신사	272
	일제의 흔적, 의거의 현장 명동 - 남산투어	277
08	친일파의 목표였던 그곳 - 야스쿠니 신사	279
09	대한의 영웅 안중근, 이토를 죽이다 - 이토 히로부미 묘	287
	안중근 장군이라 부르자!	293
10	조선인의 변호인 - 후세 다쓰지 현창비	294
11	윤동주의 마지막 시가 쓰인 곳 - 릿쿄대학과 윤동주 하숙집 터	299
12	신간회 도쿄지회 창립지 - 와세다대학 스코트홀	305
13	이곳을 기억하자 - 여성들의 전쟁과 평화 자료관	309
14	의열단원 김시현이 꿈을 키운 곳 - 메이지대학 법대	312
15	도쿄 한복판의 조선인 희생자비 - 요코아미초 공원과 도쿄도 부흥기념관	320
	간토 대지진 한국·조선인 순난자 추도비	327
16	신오쿠보역의 의인 - 청년 이수현	330

9부
지바, 미야기

01 "운야모, 부디 이곳에 오지 마시오" 김지섭 순국지   334
 - 지바 형무소
02 일본이 안중근을 기억하는 법 - 미야기현 대림사   338

에필로그   342
미주   344
사진 출처   347
장소 좌표   348

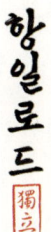

프롤로그

진짜 수학여행을 떠나자

'항일로드'를 답사하고 책으로 쓰면서 가장 많이 떠오른 것은 '이것이야말로 진짜 수학여행이구나' 하는 생각이었다. 즐거웠다. 예전에는 거의 반강제로 간 수학여행이었지만, 이번에는 내가 원해서 기획한 수학여행이었다. 직접 준비해서 제대로 즐기고 의미를 찾은 진짜 수학여행이었다. 그 길에서 만난 지사님들께 술을 올리고 또 올렸다. 걸음을 이으며 '지사님들 덕에 내가 지금 민주공화국 대한민국에서 살고 있다'는 생각을 수없이 했다. 기뻤고 뿌듯했으며 감동적이었다. 이 귀한 여정을 혼자만 간직하고 싶지 않아, 이 감정을 여럿이 함께 나누고 싶어 이 책을 썼다.

돌아보니 이 같은 마음은 2018년 중국에서 활동한 독립투사들을 찾아 떠난 '임정로드'를 마친 뒤의 마음과 매우 유사하다. '일생에 한 번은 백범의 계단에 서자!' 상하이부터 충칭까지 20박 21일의 여정을 마쳤을 때 마음속 깊은 곳에서 몰아치는 그것을 혼자만 간직하기가 너무나 아쉬웠다. 그래서 누구나 일생에 한 번은 임정로드로 수학여행을 떠났으면 하는 마음으로 《임정로드 4000km》 책을 썼다. 바람이 통한 것일까? 시간이 흐를수록 온라인과 오프라인을 가리지 않고 '임정로드 여정을 잘 마쳤다'는 시민들이 나타났다. 코로나19가 진정된 2022년 하반기부터는 전교생이 임정로드로 수학여행을 다녀온 학교도 등장했다. 그때마다 《임정로드》 덕에 무탈히 여정을 마칠 수 있었다는 인사를 들었으니, 보람 있고 감사한 일이다.

수년이 흘렀다. 그 사이 《약산로드 7000km》와 《항일과 친일의 역사 따라 현충원 한 바퀴》, 《한국사로드》를 냈지만 수학여행 이야기를 꺼내지는 않았다. 그런데 지금 다시 수학여행을 말하고 있다. 이유는 단순하다. 여러 시민들이 이 여정을 경험하면 좋겠다는 생각이 간절해서다. 그만큼 좋다.

단체로 무리해서 갈 필요는 없다. 평상시에 가보지 못한 곳을 걷고 보고 들으며 경험을 넓히는 것이 수학여행 아니겠는가. 가족이나 친구, 마음 맞는 지인과 함께 작은 규모로 가도 좋고, 혼자여도 충분히 좋다. 나 역시 혼자 떠났고, 앞으로는 이 책을 들고 여럿이 함께할 예정이다.

현장에서 태극기를 펼쳐 놓고 지사님들께 술 한잔 올리면 좋겠다. 윤봉길과 이봉창이 순국한 그곳에서 독립투사들이 불렀던 스코틀랜드 민요〈올드 랭 사인 Auld Lang Syne〉곡조로〈애국가〉도 부르면 좋겠다. 윤동주가 걸었던 교토와 도쿄의 거리에서 그의 시를 낭독하면 좋겠다. 불러 본 사람만이, 읊어 본 사람만이 알 수 있는 깊은 여운이 밀려온다. 단언컨대, 그 감정이 당신의 내일을 만드는 기초가 될 것이다.

이 책《항일로드 2000km》는 당신이 그 여운 속에 살아가길 바라는 마음으로 썼다. 그곳에서 알고 생각하고 기억해야 할 이야기들을 담았다. 당신이 이 책 한 권 들고 독립투사들을 찾아 일본 열도를 횡단하는 인생 여행을 시작하면 좋겠다. 그런 마음으로 쓴 당신의 수학여행을 위한 가이드북이다.

이 책에서 내가 선택한 여정은 일본 서쪽 나가사키를 시작으로 후쿠오카 - 시모노세키 - 히로시마 - 오사카 - 교토 - 가나자와 - 도쿄 - 지바 - 미야기 순이다. 물론 꼭 이 순서를 따를 필요는 없다. 도쿄에서 출발해 나가사키 방향으로 가거나, 후쿠오카나 오사카, 교토 등 여건에 맞춰 몇몇 도시만 가도 된다. 중요한 것은 우리나라 대한민국을 만들고 지킨 독립투사들을 기억하며 술 한잔 올리는 것이다. 이제 본격적인 항일로드 여정을 시작하자.

대한독립 만세.
대한민국 만세.

항일로드,
이것부터 준비하자

개인적으로 해외에서 여정을 이을 때 가장 중요하게 여기는 것은 바로 '안정감'이다. 안정되지 못하면 불안하고, 불안한 마음은 여정의 불완전함으로 이어진다. 새로운 곳이 주는 설렘도 분명 좋지만 낯섦이 전하는 불안감이 현장에 가면 상당할 정도로 올라오기 때문이다. 안정감은 여행을 여행답게 만들어 주는 중요한 요소 중 하나다. 《항일로드》 책을 준비하며 내게 안정을 준 요소를 생각해 봤다. 예약한 비행기와 숙소도 있지만 역시나 한국에서 미리 준비한 데이터 무제한 유심과 넉넉한 동전지갑, 일본 전역을 관통할 수 있는 JR패스가 큰 힘이 됐다. 이 세 가지 덕에 일본 특유의 아날로그 감성을 느끼며 안정감 있게 여정을 이어 나갈 수 있었다.

1 데이터 무제한 유심

비행기에서 내리는 순간, 유심을 교체하자. 데이터 무제한 유심을 굳이 추천하는 이유는, 언제 어디서든 편하게 카카오톡과 텔레그램 등 실시간 메신저앱으로 소통을 가능하게 해주기 때문이다. 무엇보다 항일로드 여정에서 필수불가결한 요소인 구글 지도를 24시간 내내 확인할 수 있다. 지도를 켜고 윤봉길 의사의 암장지를 찾아가는 데 갑자기 데이터가 다 소진됐다고 생각해 보자. 이보다 난감한 상황은 없다. 그러니 가급적 무제한으로 준비하자. 3~7일 사용 기준으로 2~3만 원 정도이고, 용량 제한이 있는 것과 몇 천 원 차이다. 소프트뱅크SoftBank와 도코모Docomo 등 여러 통신사 중에서 선택하면 된다. 최신 핸드폰이라면 유심을 교체할 필요 없이 eSIM을 통해 더 간편하게 개통할 수 있다.

2 동전지갑

나가사키의 상징과 같은 트램(노면 전차)을 탈 때면 항상 동전지갑에서 꺼낸 편도 요금 150엔을 오른손 주먹에 꽉 쥐고 있었다. 후쿠오카와 시모노세키, 오사카, 교토, 가나자와, 도쿄, 지바에서도 다르지 않았다. 대중교통을 이용할 때면 항상 동전지갑에 120엔에서 240엔 정도의 동전이 들어 있는지부터 생각했다. 넉넉한 동전이 확인되면 그제야 편안한 마음으로 걸음을 옮겼다. 일본은 2025년 현재도 현금을 내고 표를 구입해 대중교통을 이용한다. 물론 카드를 사용하는 경우도 적지 않지만, 우리나라처럼 아예 현금을 사용하지 않는 경우는 거의 없다.

지하철은 자동발권기를 이용해 구간별로 티켓을 구매할 수 있다. 심지어 모든 기계가 한글 지원이 된다. 버스의 경우 기사 옆에 요금함이 있다. 다만 우리와 달리 대부분 탈 때가 아니라 내릴 때 동전을 넣어야 한다. 동전 교환기까지 있어서 500엔이나 1000엔을 넣고 잔돈으로 교환할 수도 있다. 동전을 넣고 대중교통을 이용하다 보면 아주 오래전 동전을 사용하던 시절의 감성이 떠올라 나도 모르게 슬쩍 웃게 된다. 어느새 동전지갑에서 동전을 꺼내며 아날로그 여행에 익숙해진 나를 보게 된다. 유쾌한 경험이다.

나가사키 트램 대중교통을 타기 전 미리 동전을 준비해야 한다.

다만 시대가 시대이니만큼 여행자를 위한 교통카드 역시 상용화됐다. 일종의 선불형 카드인데, 도쿄 하네다 공항 등에서 관광객을 위한 '웰컴스이카Suica'를 구입할 수 있다(기존 스이카카드는 2023년 6월 8일부터 발매가 중단되었다). 다만 28일 동안만 사용할 수 있고, 환불이 불가하니 잔액을 고려해 이용하자. 충전은 지하철에 있는 기계나 세븐일레븐 등 편의점에서 할 수 있다. 대중교통뿐만 아니라 편의점, 가게, 관광지 등 '스이카' 표시가 있는 곳에서는 모두 계산할 수 있어 편리하다.
참, 현금만 받는 가게도 있으니 만약을 대비해 일정 금액 이상의 현금은 꼭 들고 다니는 게 좋다.

3 무제한 JR패스

무제한 JR패스. 비쌌지만 그것이 있었기에 일본 전역을 무탈히 다닐 수 있었다. 일본 전국 JR노선을 일정 기간 동안 무제한으로 탈 수 있는 패스다. 일본 국적자는 사용할 수 없고, 오직 외국인 관광객을 위해 만들어졌다. 열도를 횡단하는 항일로드 여정에 이보다 더 좋은 것이 있을까?
다만 가격이 만만치 않다. 2025년 7월 기준 7일권 5만 엔, 14일권 8만 엔, 21일권 10만 엔이다. 규슈에서 혼슈를 지나 최북단 홋카이도까지 이동할 수 있다. 신칸센인 도카이도와 산요, 도호쿠를 이용할 수 있고, 나리타 공항에서 수도권 주요 도시를 오갈 수 있는 JR특급열차인 나리타 익스프레스도 탈 수 있다. 특히 나가사키에서 출발해 시모노세키를 들른 뒤 후쿠오카로 돌아와 숙박하는 일정일 때는 부담

무제한 JR패스 7일권이 5만 엔이다.

없이 마음에 드는 도시에서 내렸다 타기를 반복했다. 7일권을 끊고 서쪽에서 동쪽으로, 혹은 동쪽에서 서쪽으로 쭉 이동해도, 개별적으로 끊는 것보다 싸다. 무엇보다 언제 어느 역에서든 일정에 맞춰 쉽게 취소하고 다시 예약할 수 있다. 유의할 점은 사용 시작일을 변경할 수 없고, 개시일로부터 7일, 14일 등 권종의 유효 기간 안에 사용해야 한다는 것이다. 또 JR패스만으로는 지하철과 사철도 이용할 수 없다. 도쿄에서 지하철을 탈 때는 일일권을 구입해야 한다. 그럼에도 JR패스를 추천하는 건, 각 도시에 도착하자마자 다음 도시로 가는 열차표를 미리 예약해 둔 덕분에 한결 마음 편히 여행할 수 있었던 경험 때문이다. JR패스는 여정을 시작하기 전 온라인으로 사전 구매할 수 있다.

4 술잔과 소주, 태극기와 좋은 옷

지사님들께 술 한잔 올리는 것을 목적으로 일본을 횡단했다. '대한독립'이라 새겨진 유기잔을 특별주문해 제작했다. 태극기에는 뜻이 맞는 동지들의 글을 받아, 마치 '광복군 서명 태극기'처럼 나만의 태극기로 새로이 만들어 품고 다녔다. 그리고 현장에 갈 때는 최대한 좋은 옷을 입었다. 비싼 명품을 입었다는 것이 아니다. 지사님들께 술 한잔 올린 순간을 오래도록 기억하고 자랑할 수 있도록, 갖고 있는 옷 중 가장 좋은 것을 입고 갔다는 의미다. 중국 충칭 연화지 청사 백범의 계단에 설 때도 마찬가지였다. 좋은 옷을 입고 예를 다하면 누군가에게 자랑하고 싶고 또 권하고 싶어진다. 좋은 것을 나누고 싶은 마음이 생긴다. 마지막으로 한국 소주를 준비하면 좋겠다. 미리 한국에서 준비해 가는 것이 최선이지만 무게 때문에 쉬운 일이 아니다. 다행히 일본 어느 도시를 가도 규모가 어느 정도 되는 곳이라면 한국 소주를 구할 수 있다. 다만 대부분 과일향이 첨가된 소주니, 감안해서 준비하자.

당신의 항일로드 여정이 귀했으면 좋겠다.

항일로드
추천코스

항일로드를 떠나는 방법은 여러 가지다. 혼자서도, 여럿이서도, 짧게 여러 번으로도, 적당히 두 번으로도, 길게 한 번으로도 갈 수 있다. 추천 코스 중 '❖'로 표시한 별도 일정까지 전부 소화한다면 최소 20일이 소요된다. 한 번에 다녀오려면 시간과 금전적인 면에서 완전한 여유가 있어야 한다는 말이다. 그러니 부디 아래 코스들만 보고 '이걸 어떻게 다 다녀' 하며 지레 겁먹지 말고, 휴가 일정과 비행기편, 여유 자금 등을 고려해 자신에게 맞는 최적의 일정을 짜서 다녀 볼 것을 추천한다. 나 역시 모든 일정을 한 번에 소화하지 않았다. 2024년 세밑에 진행한 나가사키 - 도쿄 답사는 10박 11일로 주파했지만 가나자와, 오사카 등은 휴가를 따로 내 각기 다른 시기에 다녀왔다. 중요한 것은 지사님들을 위한 시간을 내 술 한잔 올리는 마음이다.

1 일본 열도 횡단 12박 13일

1일차 나가사키 공항 - 안경교 일대 - 일본 26성인기념관 - 나가사키 평화자료관 - 폭심지와 평화공원, 나가사키 원폭 조선인 희생자 추도비, 나가사키 원폭자료관 - 우라카미 천주당과 여기당 - 오우라 천주당과 글로버 가든
❖ 여유가 있다면 '아일랜드 나가사키' 1박 추천. 특히 부모님과 동행한다면!

2일차 군함도 디지털 박물관과 군함도 - 나가사키항 - 데지마 워프와 데지마 - 혼이사하야 이동 - 나가사키 형무소 - 후쿠오카 이동
❖ 일정에 여유가 있고, 무제한 JR패스가 있다면, 사쓰마번 본거지 가고시마 추천(1.5일)

교토 우지시의 아마가세 현수교 윤동주는 1943년 이 다리에서 벗들과 사진을 찍었다. 그것이 그의 생애 마지막 사진이 되었다.

3일차 후쿠오카 형무소 - 구시다 신사 - 성복사 - 미즈키 유적 - 다자이후 정청 - 다자이후 천만궁 - 규슈 국립박물관

4일차 시모노세키 이동 - 야마구치 지방법원 시모노세키 지부 - 조선통신사 상륙지와 아카마 신궁 - 청일강화기념관 - 단노우라 - 간몬해협 도보 왕복 - 모지항 레트로 - 하기 이동

5일차 쇼카손주쿠와 쇼인 신사 - 이토 히로부미 옛집 - 요시다 쇼인 생가 - 하기성 터 - 히로시마 이동

6일차 원폭돔과 평화의 불, 히로시마 평화기념자료관, 추도 평화기념관, 한국인 원폭희생자 위령비 - 히로시마성 대본영 터 - 오사카 이동

7일차 오사카성 윤봉길 수감지와 천수각, 미라이자 사령부 터, 조병창 터 - 오사카 역사박물관 - 이쿠타마 공원 - 덴노지 공원 - 통국사

8일차 교토 이동 - 코무덤 - 도요쿠니 신사 - 호코지 - 청수사 - 호칸지 - 야사카 신사
❖ 여유가 있다면 나라 호류지 경유(0.5일)

9일차 윤동주가 생애 마지막 사진을 찍은 다리와 시비 - 우토로 평화기념관 - 고려미술관 - 도시샤대학 - 교토 어소 - 교토대학 및 윤동주와 송몽규 하숙집 터
❖ 일정에 여유가 있다면 니조성 - 금각사 - 은각사 포함(1일)

10일차 가나자와 이동 - 가나자와성 - 이시카와 호국신사 대동아성전비 - 윤봉길추모관 - 윤봉길 순국지 - 윤봉길 암장지와 박인조 묘, 윤봉길 순국비 - 윤봉길 유해 안치소 터
❖ 일정에 여유가 있다면 겐로쿠엔 포함(0.5일)

11일차 도쿄 이동 - 양근환 의거지 도쿄스테이션호텔 - 김지섭 의거지 도쿄 이중교 - 이봉창 의거지 경시청 본부 앞 - 2·8만세운동지 히비야 공원 - 이봉창 순국지 - 신간회 도쿄지회 창립지 와세다대학 스코트홀 - 여성들의 전쟁과 평화 자료관 - 윤동주 하숙집 터 - 릿쿄대학 - 후세 다쓰지 현창비 - 우에노 공원

12일차 이토 히로부미 묘 - 노기 신사 - 메이지 신궁 - 야스쿠니 신사 - 메이지대학과 메이지대학 박물관 - 2·8독립선언 기념자료실 - 요코아미초 공원과 간토 대지진 박물관 - 조선인 순난자 추도비 - 신오쿠보역

13일차 지바 이동 - 김지섭 순국지 지바 형무소 - 귀국
❖ 하루 일정을 추가할 여유가 있다면 미야기현 대림사 포함(1일)

지바 형무소 이중교 폭탄 의거의 주인공 김지섭이 이곳에서 순국했다.

| 항일로드 6박 7일 |

1. 나가사키에서 시작하는 6박 7일

1일차 나가사키 공항 - 안경교 일대 - 일본 26성인기념관 - 나가사키 평화자료관 - 폭심지와 평화공원, 나가사키 원폭 조선인 희생자 추도비, 나가사키 원폭자료관 - 우라카미 천주당과 여기당 - 오우라 천주당과 글로버 가든

2일차 군함도 디지털 박물관과 군함도 - 나가사키항 - 혼이사하야 이동 - 나가사키 형무소 - 후쿠오카 이동 - 후쿠오카 형무소

3일차 구시다 신사와 성복사 - 시모노세키 이동 - 조선통신사 상륙지와 아카마 신궁 - 청일강화기념관 - 간몬해협과 모지항 레트로 - 신모지항 이동 - 크루즈

4일차 오사카 남항 하선 - 시내 이동 - 오사카성 윤봉길 수감지와 천수각, 미라이자 사령부 터 - 오사카 조병창 터 - 이쿠타마 공원 - 덴노지 공원 - 통국사

5일차 우지 이동 - 윤동주가 생애 마지막 사진을 찍은 다리와 시비 - 도시샤대학 - 교토 어소 - 니조성 - 교토대학 및 윤동주와 송몽규 하숙집 터 - 코무덤과 도요토미 히데요시 신사, 호코지

6일차 가나자와 이동 - 가나자와성 - 대동아선전비 - 윤봉길 순국지 - 윤봉길 암장지 - 박인조 묘 - 윤봉길 순국비

7일차 윤봉길 유해 안치소 터 - 윤봉길추모관 - 고마쓰 공항 이동

군함도 강제동원된 조선인의 아픔이 서린 이곳이 지금은 세계문화유산이 되었다.

2 오사카에서 시작하는 6박 7일

1일차 오사카 간사이 공항 - 시내 이동 - 오사카성 윤봉길 수감지와 천수각, 미라이자 사령부 터 - 오사카 조병창 터

2일차 이쿠타마 공원 - 덴노지 공원과 통국사 - 우지 이동 - 기억과 화해의 비 및 윤동주 마지막 사진 찍은 다리 - 교토 이동 - 코무덤과 도요쿠니 신사, 호코지

3일차 교토 청수사와 호칸지 - 교토대학, 윤동주와 송몽규 하숙집 터 - 고려미술관 - 도시샤대학 - 교토 어소 - 니조성

4일차 가나자와 이동 - 가나자와성 - 윤봉길 순국지 - 윤봉길 암장지 - 박인조 묘 - 윤봉길 순국비

5일차 이시카와 호국신사 대동아성전비 - 윤봉길추모관 - 도쿄 이동 - 도쿄역 양근환 의거지

6일차 김지섭 의거지 이중교 - 이봉창 의거지 경시청 앞 - 2·8만세운동지 히비야 공원 - 이봉창 순국지 - 신간회 도쿄지회 창립지 와세다대학 스코트홀 - 여성들의 전쟁과 평화 자료관 - 메이지대학과 메이지대학 박물관 - 후세 다쓰지 현창비 - 릿쿄대학 - 요코아미초 공원과 간토 대지진 박물관 - 조선인 순난자 추도비 - 신오쿠보역

7일차 메이지 신궁 - 야스쿠니 신사와 유취관 - 이토 히로부미 묘 - 지바 이동 - 김지섭 순국지 지바 형무소 - 귀국(저녁 비행기)

> **팁** 시모노세키에서 오사카로 이동할 때 야간 배편을 이용하는 것도 좋다. 시모노세키의 모지항과 오사카의 이즈미오쓰항을 오가는 크루즈가 양방향으로 운항하며, 오후 5시 30분경 출항해 다음날 오전 6시경 도착하는 일정이다. 숙박을 겸한 이동 수단이기 때문에 숙박비를 절약할 수 있고, 무엇보다 투어 중 크루즈를 경험할 수 있어 좋다.

1부 — 나가사키

01
그들의 숨결이 깃든 곳
나가사키 형무소

나가사키를 항일로드 여정의 시작점으로 잡은 이유가 있다. 나가사키 형무소 때문이다. 흑색공포단 백정기 의사가 순국한 곳, 의열단 김익상 의사가 15년 동안 수감되어 있던 곳, 조선의용군 최후의 분대장 김학철 지사가 광복을 맞을 때까지 수감되어 있던 곳, 이곳에서 술 한

잔 올리고 싶은 마음이 컸다.

　형무소 터가 자리한 곳은 일본에서 흔히 볼 수 있는 조용한 동네였다. 이렇게 평범한 곳에 일제를 격동케 했던 세 사나이가 갇혀 있었다는 것이 놀라울 따름이었다.

　나가사키 형무소 터에 이런 주택 단지가 들어선 지는 그리 오래되지 않았다. 나가사키 형무소는 메이지 정부가 1900년대 초 추진한 '5대 형무소 계획' 중 하나로 건설되어 1908년부터 1992년까지 사용되었다. 이후로는 방치된 채로 있다가 2007년 형무소의 정문만 남기고 모두 철거한 뒤 그 자리에 주택 단지를 지은 것이다.

　안내판에는 당시 형무소 담장이 동서로 200미터 남북으로 200미터 규모였고, 담장과 정문을 짓는 데 약 690만 장의 붉은 벽돌이 사용되었다고

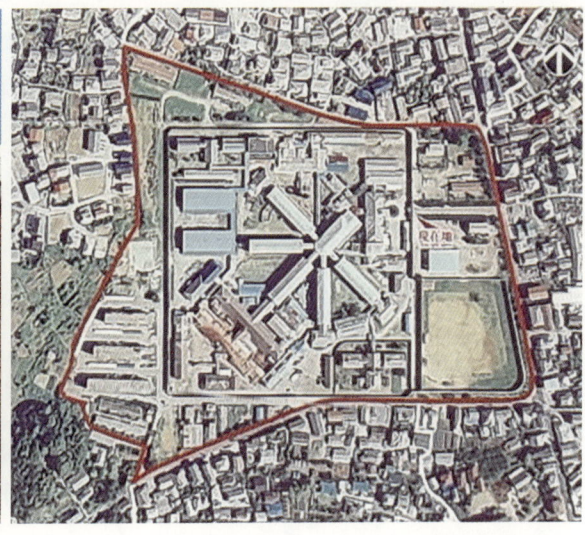

나가사키 형무소 정문과 형무소의 옛 전경 메이지 정부는 감옥 근대화 정책을 추진하면서 1900년에 '5대 형무소 계획'을 수립해, 지바·가나자와·나라·나가사키·가고시마에 서양식 형무소를 지었다. 나가사키 형무소는 모두 사라지고 지금은 1907년에 완공된 이 정문만 남아 있다.

이사하야역 시마바라 철도 플랫폼의 1량짜리 열차 한 정거장만 가면 혼이사하야역이다.

설명되어 있었다. 그걸 보니 이 담장 안에, 저 문 안에 갇혀 있었을 우리 지사님들이 더욱 마음에 사무쳤다.

　대형 슈퍼마켓 맥스 밸류MaxValu Isahaya Central 뒤쪽으로 돌아가면 나가사키 형무소 터임을 알 수 있는 정문이 보인다. 그곳에 태극기를 펼치고 소주 한잔 올리고 있으면 지나가는 주민들이 상당한 관심을 보인다. 하지만 싫은 내색을 하거나 제지하지는 않는다. 소주를 가득 부어 올린 뒤 이곳에서 순국하거나 고통을 겪은 의사 백정기, 의사 김익상, 지사 김학철을 생각하며, 그들의 영혼을 위로하듯 정문을 한 바퀴 돌아보자. 백정기와 김익상, 김학철이 가슴 깊이 새겨진다.

　나가사키 형무소를 한글로 검색하면 나가사키 평화공원 분소가 결과로 나오는 경우가 많으니, 구글 지도에 좌표 32.836868, 130.056296을 입력해 찾아가는 것이 좋다. 나가사키역長崎駅에서 신칸센 나가사키 라인을 타고 이사하야역諫早駅까지 이동 후, 시마바라 철도로 환승해 혼이사하야역에서 10분 정도만 걸어가면 된다. 그런데 이사하야역에서 시마바라 철도로 환승하는 플랫폼을 찾기가 어렵다. 혼자서 찾으려고 위층과 아래층을 오르내리거나 밖으로 나가 버리는 우를 범하지 말자. 가장 빠르고 정확한 방법은 역무원에게 물어 보는 것이다. 이사하야역 2층 개찰구를 나와 1층으로 내려가면 시마바라 철도 플랫폼이 있다. 그곳에서 1량짜리 노란색 열차를 타고 한 정거장만 가면 혼이사하야역이다.

백정기 의사(白貞基, 1896~1934)

그가 남긴 사진을 보면 바로 알 수 있다. 얼마나 강직했던 인물인지. 당초 백정기 의사는 1932년 4월 29일 홍커우虹口 공원에서 열린 천장절天長節(일왕의 생일) 행사에 잠입해 일제의 군신이라 불리던 일본군 총사령관 시라카와 요시노리白川義則를 처단하려 했으나, 현장에 잠입하지 못했다(그러나

백정기 의사

그곳에는 한인애국단 윤봉길이 미리 잠입해 있었다. 이에 대해서는 7부에서 자세히 다뤘다). 행사 현장에 잠입하지 못한 백정기는 어떤 선택을 했을까? 그는 또 다른 기회를 기다렸고, 이듬해인 1933년 3월 기회가 왔다. 중국 주재 일본 공사 아리요시 아키라有吉明가 정치인과 군부 인사 등 100여 명의 인사를 초대해 연회를 연다는 소식이 전해진 것이다. 장소는 육삼정六三亭, 상하이 와이탄 북쪽 지역에 있는 요정이었다.

흑색공포단* 백정기는 원심창(元心昌, 1906~1971), 이강훈(李康勳, 1903~2003) 등과 함께 아리요시 공사 암살을 계획하고, 윤 의사가 사용했던 폭탄을 그대로 준비해 의거 준비에 들어갔다. 그러나 이를 눈치 챈 일본 영사관 경찰은 오키라는 일본인 저널리스트를 밀정으로 활용해 아리요시 일행의 연회일이 3월 17일이라는 정보를 흘렸다. 그 말을 들은 원심창은 그날 밤 오키와 함께 육삼정 부근을 답사하며 주변의 지리를 조사한 다음, 흑색공포단원들과 세부 계획을 세웠다. 연회를 마친 아리요시가 육삼정을 나와서 자동차에 타려 하는 순간에 백정기가 도시락형 폭탄을 투척하고, 폭탄이 터지지 않으면 이강훈이 수류탄을 투척한 뒤 혼란을 틈타 도주하기로 했다. 만일 체포되는 경우에는 각자 소지한 권총으로 상대를 사살하고 가능한 한 저항하여 도주한다는 계획이었다.

그러나 이 계획은 밀정 오키를 통해 일본 경찰에 전달되었고, 결국 세 사람은 거사 대기 장소였던 송강춘에서 검거되었다.[1] 백정기는 살인예비 및 치안유지법 위반 등으로 무기징역을 선고받고, 이듬해인 1934년 6월 5일 이곳 나가사키 형무소에서 순국한다. 그의 나이 서른여덟이었다. 해방 후 그의 뜻과 강직함이 후세에 오래도록 전해지길 바라는 마음으로 백범 김구가 윤봉길·이봉창과 더불어 효창원 삼의사 묘역에 함께 모셨다.

* 흑색공포단黑色恐怖團은 1931년 상하이에서 결성된 한·중·일 아나키스트 연합체 항일구국연맹의 행동조직. 일제 기관 파괴, 요인 암살, 친일파와 밀정 처단 등을 목표로 삼았다.

김익상 의사(金益相, 1895~1941)

의열단 김익상은 전작 《임정로드》와 《약산로드》에서도 비중 있게 다룬 인물이다. 내가 가장 존경하고 마음에 담고 있는 독립투사 중 한 명이다. 그가 태어난 서울 마포 아현동을 시작으로, 그가 걸은 중국 상하이, 광저우, 베이징을 거쳐 그가 의거를 일으킨 서울 남산까지 그의 행적을 좇아 걸었다. 그리고 마침내 그가 긴 세월 갇혀 있었던 일본 나가사키 형무소 앞에 왔다. 태극기를 펼친 뒤 술잔에 소주를 채워 김익상 의사를 생각하며 절을 올렸다. 그리고 말했다. "너무 늦어서 죄송합니다. 의사님께 부끄럽지 않은 대한민국을 만들기 위해 노력하겠습니다."

김 의사에 대한 온전한 평가가 이뤄져야 한다. 당위적인 차원의 언급이 아니라 정말로 그가 걸은 길에 대한 제대로 된 평가가 절실하다. 김익상 의사는 1922년 3월 중국 상하이 황포탄黃浦灘 의거의 주인공이다. 그가 쏜 총탄은 1932년 윤봉길 의사의 훙커우 의거, 1933년 백정기 의사의 육삼정 의거와 더불어 '상하이 3대 의거'로 불린다.

김 의사가 총을 겨눈 다나카 기이치(田中義一, 1864~1929)는 일본 군부의 영웅이라 칭송받던 인물이다. 일본 육사 출신으로 청일전쟁과 러일전쟁에 모두 참전했으며, 일본 군부의 대표적인 전쟁론자로 평가받으며 승승장구했다. 특히 1920년 훈춘사건과 경신참변*의 책임자였다. 말 그대로 원흉 그 자체인 인물이 의열단이 활동하는 상하이로 찾아온다니, 김익상을 포함해 의열단원들은 이 기회를 놓칠 수 없었다.

봉준호 감독의 외조부이기도 한 소설가 박태원의 《약산과 의열단》에 따르면 이때 상하이에 모여 있던 의열단원들은 서로 의거를 자청했다. 김

---

* 훈춘사건琿春事件은 일제가 마적단을 사주해 훈춘 일본 영사관을 고의로 습격하게 한 뒤 이를 조선 독립군이 한 일로 조작한 사건이다. 이를 빌미로 일본군이 간도에 출병해 수천에서 수만 명의 한인을 학살하고 독립운동을 탄압한 경신참변庚申慘變(간도間島 참변이라고도 한다)을 일으켰다.

나가사키 형무소 정문 지사들을 생각하며 태극기를 펼친 채 한국 소주를 올렸다.

익상 역시 단장 약산 김원봉을 앞에 두고 누구보다 먼저 의거를 실행하겠다고 말한다. 그러자 당시 의열단 최고 명사수로 이름을 날리던 오성륜(吳成崙, 1898~1947)이 김익상을 향해 "자네는 큰일을 한 번 해보지 않았나? 이번은 내가 좀 해보세"라고 타박하는 상황까지 벌어진다. 약산은 다나카 기이치가 배에서 내릴 때 오성륜이 1선을 맡아 저격하고, 2선에서 김익상이 만약에 대비하며, 3선에서 이종암(李鍾巖, 1896~1930)이 만약에 만약을 대비하는 것으로 거사 순서를 조정했다.[2]

의거 당일, 황포탄에 내린 다나카가 마중 나온 인사들과 악수를 나눌 때 1선에 선 오성륜이 품에서 권총을 꺼내 방아쇠를 당긴다. 하지만 오성륜이 쏜 총탄은 상하이로 신혼여행을 온 영국 여성에게 맞고 만다. 상하이 황포탄은 좁은 만 사이에 위치해 예나 지금이나 바람이 많이 부는 장소다. 당시 이 여성은 챙이 큰 모자를 쓰고 있었고 때마침 불어온 바람에 모자가 다나카 앞으로 날아갔다. 불행히도 오성륜의 총탄은 모자를 찾으러 온 여성에게로 향한 것이다. 급박한 상황에 몸을 굽힌 다나카를 보고 오성륜은 의거에 성공했다고 생각해 "독립만세"를 외쳤다.

뒤쪽에서 상황을 파악하던 김익상은 거사가 실패했음을 알고 총을 꺼내

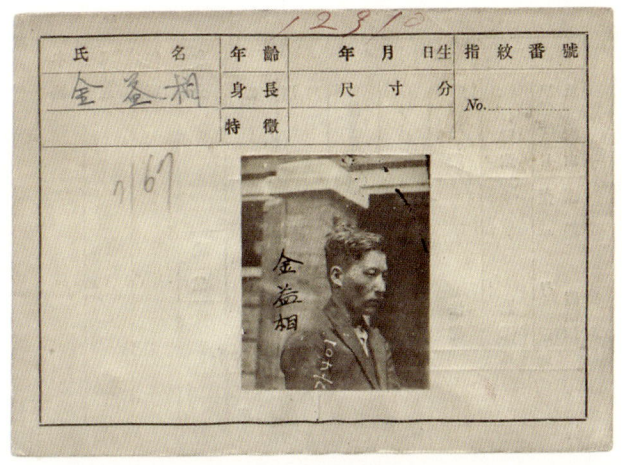

김익상 의사 일제 감시대상 인물카드 일제는 주요 감시 대상 인물들의 사진, 신상 정보, 활동·검거 기록 등을 카드로 만들어 관리했다.

2차 저격을 시도한다. 하지만 그의 총탄은 다나카의 모자만 뚫었다. 3선에 있던 이종암이 폭탄을 던졌지만 이마저도 불발, 재차 던졌지만 현장에 있던 군경에 의해 황포탄 바다에 빠졌다. 오성륜과 김익상은 급히 현장을 빠져나갔지만 결국 체포되고 만다. 두 사람은 상하이 일본 영사관으로 연행돼 혹독한 조사를 받았다. 이때 조사 과정에서 일제는 반년 전 조선총독부 폭탄 투척 사건의 주인공이 김익상임을 확인한다.

조선총독부 폭탄 투척 사건! 1921년 9월 12일 김익상은 서울 남산 자락에 자리한 조선총독부에 폭탄을 터트리는 의거에 성공한다. 일제강점기 35년 동안 유일무이한 일로, 일제는 이 사건 이후에 총독부 청사를 광화문으로 옮긴다. 당시 김익상은 전기 수리공으로 위장해 총독부 건물을 찾아가 폭탄 두 방을 던졌다. 의거에 성공한 뒤 일본어로 위험하다고 소리치며 유유히 총독부 건물을 빠져나와 다시 중국으로 돌아갔다. 일제는 당시 이 잡듯 서울을 뒤지며 범인 색출에 열을 올렸지만 실패했다. 그로부터 반년 뒤 또다시 의거를 감행한 김익상을 체포했을 때 그가 그 엄청난 사건의 '범인'인 줄 알았으니, 그야말로 경천동지할 소식이었을 것이다.

김익상은 일본으로 압송돼 재판에 회부된다. 1922년 5월 9일《동아일보》는 김익상이 호송되는 도중에 "태연자약하게 양식과 우유를 먹고 근심 없이 잠을 자" 호송하던 순사도 놀랐다고 전하면서, 김익상의 말을 인용한다.

"어떠한 형벌이든지 사양치 아니할 터이며 나의 수령과 동지자는 말할 수 없으나 이후로 제이 김익상, 제삼 김익상이가 뒤를 이어 나타나서 일본 대관 암살을 계획하되 어디까지든지 조선독립을 이루기까지는 그치지 아니할 터이라. (중략) 나의 이번 일에 대하여는 조금도 뉘우침이 없다."

1922년 9월 일본 재판부는 김익상에게 무기징역을 선고했다. 검사는 사형해야 한다며 항소했고, 그해 11월 2심에서 김익상은 나가사키 공소원(고등재판소)에서 사형을 언도받았다. 이후 일본 왕가의 행사 등을 이유로 무기징역과 20년 형으로 감형됐다. 이후 추가적으로 감형되어 1936년 여름 석방된 것으로 확인된다. 그의 나이 마흔하나였다.

어렵게 본가인 고양군 공덕리(현재의 아현동)로 돌아왔지만 아무도 남아있지 않았다. 그가 감옥에서 15년 가까운 세월을 보내는 동안 첫 의거를 도왔던 동생 김준상은 경찰에 끌려가 고초를 겪은 뒤 생활고에 시달리다가 1925년 스스로 목숨을 끊었다. 아내와 딸도 찾을 수 없었다. 아내는 딸을 알뜰히 키우겠다는 말을 남기고 종적을 감췄다고 한다. 그의 곁엔 아무도 없었고, 일제의 서슬 퍼런 감시가 항시 따라붙었다. 다시 의열단에 합류하려 했지만 이를 눈치챈 일제 형사의 손에 오히려 다시 끌려가고 만다.

출소 이후 김익상의 행적과 사망에 대해서는 크게 두 가지 설이 있다. 하나는 출소 이후에도 예비 검속 및 요시찰 감시 등으로 고통을 겪다 1941년 8월 노량진에서 일본인 고등경찰과 노상 결투 중에 강에 뛰어내려 세상을 떠났다는 것이다. 이는 조카 김기복이 《조선일보》(1945년 12월 5일 자)에 기고한 글에 근거한 것이다. 글에서 그는 "1941년 8월에 다시금 경성으로 오는 도중 노량진에서 용산경찰서원에게 발각되어 노상에서 결투를 하다가 김 의사는 악독한 경찰에 또다시 붙잡히는 것보단 차라리 자살하겠다고 한강철교까지 달려오다가는 푸른 물에 몸을 던져 장엄한 의지와 함께 세상을 떠나버리고 말았다 한다"고 밝혔다. 또 다른 설은 박태원의 《약산과 의열단》에 근거한다. 약산은 김익상이 출소 후 힘겹게 고향으로 돌아왔지만 이내 일본 형사에 의해 끌려가 행방불명되었다고 전한다.

놓쳐서는 안 되는 점은, 조선총독부에 폭탄을 던진 김익상의 출소 이후의 삶과 마지막을 특정하지 못할 정도로 우리는 그에 대해 모른다는 사실이다. 그의 유해를 수습하지 못했기에 국립서울현충원 무후선열제단에 마련된 위패 하나로 그를 위로할 뿐이다. 그의 위패 머리에는 국가공인 친일파 신태영과 이응준이 잠들어 있다.

그나마 다행스럽게도 김익상을 기리는 시민들의 노력으로 2022년 3월 28일 서울시 마포구 아현주민센터 입구에 '김익상 의사 본적지 터' 표석이 세워졌다. 그가 태어난 곳은 당시 행정구역상 경기도 고양군 공덕리로, 지금의 아현동 일대이다. 이런 까닭에 마포문화원이 황포탄 의거 100주년을 기념해 아현동 주민들과 뜻을 모아 표석을 건립했다. 조금은 느리더라도 역사란 결국 이렇게 제자리를 찾아가는 것 아닌가 하는 생각이 든다.

김학철 지사(金學鐵, 1916~2001)

지사 김학철의 삶은 어찌 이런 삶을 살 수 있었을까 싶을 정도로 파란만

장하다. '조선의용군 최후의 분대장' 김학철에 대한 글을 준비하며 1938년 10월 10일 조선의용대 창설 기념 사진을 다시 보았다. 아마도 묵직한 분위기였을 것이고, 다들 표정도 진지해 보인다. 그런데 청년 김학철의 얼굴에는 미소가 걸렸다. 한참을 봤다. 뭐라 설명할 수 없는 강직함이 그 미소에서 그대로 느껴진다. 그는 조국의 독립을 위해 본명까지 버린 채 싸우고 또 싸웠다.

김학철은 1941년 후좌장 전투*에서 총상을 입고 포로로 잡힌다. 이후 나가사키 형무소로 끌려가 수감 생활을 하는데, 전투 중 다친 다리가 곪아 결국 다리를 절단한다. 훗날 그는 곪은 상처에서 구더기를 젓가락으로 하나하나 잡는 것이 가장 고통스러운 일이었다고 말했다고 한다. 1945년 8월 9일 나가사키에 원자폭탄이 떨어지고 같은 달 15일 일왕 히로히토는 항복을 선언하지만, 김학철은 광복 후 50여 일이 지난 뒤에야 풀려난다. 그리고 기차를 타고 시모노세키까지 가서 관부연락선을 타고 고국에 돌아온다.

서울에 자리 잡은 김학철은 본격적으로 문인의 길을 걷는다. 하지만 좌우갈등 속에서, 대부분의 의열단 출신 지사들처럼 북으로 간다. 북에서 기자로 활동하지만 오래가지 못한다. 김일성에 반감을 드러내는 글을 썼다는 이유였다. 한국전쟁이 발발하자 압록강을 건너 중국으로 떠나지만, 그곳에서도 탄압을 당한다. 이번엔 모택동에게 반감을 드러냈다는 이유로. 그는 우상화된 1인 독재를 끊임없이 비판했다. 1966년부터 시작된 문화대혁명을 "인민이 굶어 죽는데 웬 우상숭배냐"라고 비판했고, 《20세기의 신화》에서는 "모택동과 김일성은 자살로 인민들 앞에 사죄해야 한다"라고까지 했다. 이로 인해 반동분자로 지목돼 10년간 옥고를 치른다.[3]

2001년 6월 조국을 방문한 그는 밀양에 자리한 박차정(朴次貞, 1910~1944)

---

* 1941년 12월 중국 허베이성 타이항산 자락의 후좌장胡家庄 마을에서 조선의용대 화북지대가 일본군의 기습에 맞서 벌인 항일 무장전투.

조선의용대 창설 기념 사진

의사의 묘를 찾는다. 묘 앞에 선 그는 울면서 말한다. "누님! 김학철이 왔습니다. 지난 1943년 중국에서 헤어진 지 58년 만에, 살아 계실 때 가장 철없이 굴었던 네 친구 가운데 저만 살아남아 이렇게 섰습니다."[4]

그리고 3개월 뒤인 2001년 9월 25일 향년 85세로 세상을 떠난다. 급격히 건강이 악화되자 그는 연명 치료를 거부하고 곡기를 끊었다. 유언에 따라 시신을 화장한 후 유골함 대신 우체국 종이 상자에 담아 두만강에 띄웠다. 우편 상자에는 "원산 앞바다 행 김학철(홍성걸)의 고향 가족 친우 보내 드림"이라고 적었다.[5]

김학철 지사는 지금까지도 대한민국 정부로부터 서훈을 받지 못했다. 북에서 잠시 활동했다는 것이 이유인데, 아무리 생각해도 옳지 않다. 김학철 지사의 유언을 생각한다. "편안하게 살려거든 불의에 외면을 하라. 그러나 사람답게 살려거든 그에 도전을 하라."[6] 우리 김학철 지사를 가슴에 품고 사람답게 살자.

02

의열단원 박재혁이 보낸 마지막 '연서'
나가사키항

《임정로드》와 《약산로드》, 《현충원 한 바퀴》, 《한국사로드》에 이어 《항일로드》까지 쓰게 된 계기는 단순하다. 이 책을 통해서라도 제대로 된 평가와 대접을 받지 못한 독립투사를 알리고, 마음 맞는 여럿이 함께 지사님들께 마음을 담은 술 한잔이라도 올리고 싶어서다. 그중 한 분이 의열단원 박재혁 의사(朴載赫, 1895~1921)다.

1895년 5월 17일 지금의 부산광역시 동구 범일동에서 태어난 박재혁 의사는 한마디로 상재를 타고난 천재였다. 노무현 대통령이 나온 부산상업학교(지금의 개성고) 졸업 후 친구 최천택·오택 등과 함께 비밀결사 구세단救世團을 조직해 경남 지역에서 독립투쟁을 벌이고자 했지만 금세 경찰에 탐지돼 모진 고초를 겪는다.

1916년 4월 부산 조선와사전기의 전차 차장에 취직했지만 더 넓은 무대에서 꿈을 펼치고 싶었다. 부산 왜관에서 친척이 경영하는 곡물점에서 일하다가 자본금 700원을 빌려 중국 상하이로 건너갔다. 상하이로 건너간 시기에 대해서는 기록마다 차이가 있는데, 1916년 겨울이라는 의견과 1917년 6월이라는 의견이 있다. 그러나 시기보다 더 중요한 것은 박재혁

박재혁 의사

이 왜 상하이로 가려 했는지, 그 이유다. 그는 영어를 익히기 위해 상하이에 가고자 했다. 당시 미국은 한인 유학생들에게 '정치 망명 유학생'이라는 신분으로 입국을 허가해 주었는데, 그는 대한의 독립을 위해 더 큰 역할을 하고자 더 큰 무대인 미국으로 가려 했던 것으로 보인다.

그러나 미국행을 준비하던 그의 꿈은 좌절된다. 미국행 배를 타기 직전에 모든 여비를 도둑맞은 것이다. 1917년의 일이었다. 결국 떠나지 못한 그는 새로운 길을 모색해야 했다. 동남아시아를 경유하다가 필리핀에서 미국으로 가는 배를 탈 생각을 했다. 박재혁은 친구 오택에게 부탁해 인삼 10근을 받았고, 이를 팔아 번 돈으로 여비를 마련했다. 그리고 홍콩을 경유해 싱가포르로 가서 미쓰이 물산三井物産 지점에 취직했다가, 필리핀 출장소로 전근했다. 1918년 6월 잠시 부산에 돌아왔지만 가을이 되자 바로 상하이를 거쳐 싱가포르로 향했다.

싱가포르에서는 남양무역주식회사에 근무했고, 그곳에서 본격적으로 인삼 사업에 뛰어들었다. 당시 '고려인삼'은 마치 달러와 같이 국제 통용화폐 역할을 할 정도로 귀했고, 무엇보다 아편으로 망한 청나라에서 아편 중독 치료에 특효약이라고 알려져 있었다. 국제무역의 중심지였던 싱가포르는 인삼장수 박재혁이 활동하기에 최적의 장소였던 것이다. 박재혁이 일본어와 영어, 중국어를 수준급으로 구사했기에 가능한 일이었다.

박재혁은 1920년 여름 친구 김병태를 통해 의열단장 김원봉으로부터 의열단 가입을 권고받고 의열단원이 됐다. 그해 여름 의열단은 국내 일제 기관 총공격을 계획하고 준비했지만, 밀정과 일본 경찰에 의해 거사를 시작하기도 전에 실패하고 만다. 의거를 준비했던 의열단원 수십 명이 대대적으로 검거됐고 모진 고문을 당했다. 특히 일제 부산경찰에 의해 체포된 단원들의 고초가 매우 컸다.

약산은 싱가포르에 있는 박재혁에게 전보를 쳐 상하이에서 만나자고 연락한다. 전보를 받은 박재혁은 곧바로 상하이로 돌아온다.《약산과 의열단》에 둘이 만나 나눈 이야기가 나오는데, 박재혁을 만난 약산은 동지들의 복수를 위해 부산경찰서장을 죽이고 오라고 명한다. 그런데 단순히 죽이는 데서 한걸음 더 나아가 다소 무리한 요청을 한다. "죽이되, 그냥 죽여서는 안 되오. 제가 누구 손에 무슨 까닭으로 하여 죽지 않으면 안 된다 하는

박재혁 의사 기항지 나가사키항 이곳에서 박 의사는 동지들에게 마지막 편지를 보냈다.

것을 알도록 단단히 수죄數罪를 한 다음에 죽이시오."⁷

의열단 명령을 받은 박재혁은 이를 수행하기 위해 고심한다. 그러다가 부산경찰서장 하시모토 슈헤이橋本秀平가 중국 고서를 좋아한다는 첩보를 입수하고, 자산을 정리해 중국 고서상으로 위장한다. '장사 천재' 박 의사의 면모가 드러나는 대목이다. 상대가 원하는 것을 정확히 파악하고 그에 맞춰 계획을 세우고 실천하는 것, 그것이 박 의사였다.

완벽하게 산둥 고서상으로 위장한 박재혁은 그 길로 일본 나가사키를 거쳐 부산으로 향한다. 김원봉에게 "가기허다수익可期許多收益, 불가기재견군안不可期再見君顔"이라고 적어 마지막 편지를 보낸다. "많은 수익은 기약할 수 있으나 그대 얼굴은 다시 볼 수 없을 것 같습니다"라는 뜻이다.

일견 연서처럼 보이는 이 편지는 유서였다. 거사를 앞두고 의열단 동지들에게 마지막으로 보낸, 유서와 같은 목적의 편지였다. 실제 이 편지가 동지들에게 전달된 뒤, 박재혁은 수익은 기약할 수 있다던 자신의 말처럼 부산경찰서 폭탄 의거에 성공한다. 1919년 11월 중국 지린에서 의열단이 창

나가사키항 이곳을 거닐었을 박재혁 의사를 생각한다.

립된 이래 처음으로 성공한 의거였다.

1920년 9월 나가사키와 대마도를 거쳐 어렵게 부산에 도착한 박재혁은 곧바로 부산경찰서로 향했다. 인삼과 홍삼을 주고 바꾼 고서들을 한가득 준비해 고서상으로 위장한 덕분에 어려움 없이 서장 면담을 잡을 수 있었다. 박재혁은 부산경찰서 2층에서 서장을 만난다. 작은 탁자를 사이에 두고 서장과 마주한 박재혁은 상하이에서 구입한 고서를 건넸다. 그러고는 봇짐에서 이런저런 고서를 꺼내 보여 준 뒤 마침내 의열단의 성명이 적힌 전단을 내밀며, 유창한 일본어로 서장을 향해 외친다. "나는 상해에서 온 의열단원이다. 네가 우리 동지를 잡아 우리 계획을 깨트린 까닭에 우리는 너를 죽이는 것이다."[8] 말을 마친 박재혁은 봇짐 바닥에 몰래 숨겨 온 폭탄을 꺼내 탁자 한가운데 바로 터트린다.

이 폭발로 하시모토가 큰 부상을 입고 후유증 등으로 사망했다는 설과 단순 부상에 그쳤다는 설이 존재한다. 분명한 점은 박재혁은 현장에서 의열단원으로서 하시모토의 죄를 꾸짖은 뒤 폭탄을 터트렸고, 이로 인해 중상을 입고 현장에서 체포되었다는 사실이다. 박재혁은 1심부터 3심까지 '살인미수죄'가 적용됐지만 부산 지방법원에서 무기징역을 선고받았다. 그리고 대구 복심법원에서 진행된 2심 재판에서는 원심이 파기되어 사형을 선고받았고, 1921년 3월 경성 고등법원에서 진행된 3심에서 사형이 확정됐다. 그는 의열단의 기개를 생애 마지막 순간까지 보이기 위해 사형을 앞두고 단식으로 목숨을 끊는다. 1921년 5월이었고 그의 나이 스물여섯에 불과했다.

1921년 5월 17일 자《동아일보》는 박재혁이 "사형선고를 받고 다시 대구감옥으로 가서 죽을 날을 기다리고 있던 중에 그전부터 신음하던 폐병으로" 세상을 떠났다고 보도했다. 하지만 이는 의사 박재혁이 단식으로 목숨을 끊었다는 사실이 알려지면 사회적으로 큰 파장이 있을 수 있기에, 일

1910년대 부산 중구 광복동 부산경찰서와 거류민단을 그린 엽서(위)와 현재 부산경찰서 터(가운데) 붉은 동그라미로 표시된 곳이 의거 현장이다. 현재 부산경찰서 터와 지형이 비슷하다. (엽서 ⓒ 한국저작권위원회)

박재혁의 의거를 알리는 현판 부산경찰서 터 앞에 있으니 부산에 갈 일이 있다면 꼭 걸음했으면 좋겠다.

제가 사망 원인을 폐병이라고 발표한 것으로 추정된다. 당시 일제는 독립투사가 순국하면 죽음의 원인을 감추기 위해 사인을 조작하거나, 시신을 양도하지 않고 유족의 동의 없이 화장하는 경우도 많았다.

나가사키를 거쳐 배를 타고 부산으로 갔을 박 의사를 생각하며 한참 나가사키항을 걸었다. 그는 어느 길을 걸었을까, 그는 어디에 묵었을까, 그는 이 길을 걸으며 어떤 마음이었을까. 항구를 따라 걸으며 1920년 9월, 박 의사가 동지들에게 보낸 마지막 편지를 떠올린다. "수익은 기약할 수 있으나 그대 얼굴은 다시 볼 수 없을 것 같습니다."

1921년 5월 11일 대구감옥에서 순국한 박재혁은 고향 부산의 한 공동묘지에 안장됐다. 정부는 1969년 10월 박 의사의 유해를 국립서울현충원 독립유공자 묘역 76번 무덤에 모셨다. 박 의사의 후손 및 박 의사를 따르는 후인들의 노력으로, 의거지인 부산경찰서 터에도 박 의사의 의거를 알리는 입간판이 세워졌다. 주소는 용두산으로 향하는 길목인 '부산광역시 중구 광복로85번길 15'다. 현재는 큼지막한 노래방이 자리해 있다. 이곳 역시 박 의사 생가 터인 '범일동 183번지'와 더불어 너무나도 귀한 곳이다. 부산에 간다면 꼭 들러 박 의사를 위해 소주 한잔 올렸으면 좋겠다.

03
세계유산이 된 지옥섬
군함도와 군함도 디지털 박물관

월요일 오후 군함도로 향하는 배에 올랐다. 평일인데도 200명이 넘어 보이는 사람들이 배에 오르고 있었다. 개인적으로 온 사람들만 이 정도면, 휴일이나 단체 관람이 있을 때는 얼마나 많은 사람들이 올까 싶었다. 나가사키 공식 관광 웹사이트의 "세계문화유산 군함도를 가까이서 보자!" 문구처럼, 세계의 유산이 된 군함도는 이제 나가사키 여행의 필수 코스가 되어 일본뿐 아니라 세계 곳곳에서 온 관광객을 빨아들이

군함도로 향하는 페리 평일임에도 꽤 많은 사람들이 있었다.

군함도 디지털 박물관 군함도를 더 잘 이해하고 느끼기 위해 꼭 들러 보기를 권한다.

광부용 목욕탕과 수영장 가는 아이들 광부용 목욕탕에는 석탄가루 제거용 바닷물 욕조와 온수 욕조가 있었으며, 몸을 헹굴 때는 민물을 사용했다고 설명한다. 군함도에는 주민들을 위한 25미터 야외 수영장이 있었다. 지금도 수영장 흔적이 남아 있다.

고 있다. 80여 년 전 조선인들이 강제 노역을 하던 군함도는 이제 크루즈를 타고 들어가 즐기는 반나절 일정의 관광 코스가 됐다. 군함도 크루즈는 여행 상품이 다양한데, 나는 그중 군함도 디지털 박물관이 포함된 상품(군칸지마 컨시어지)을 이용했다. 군함도를 더 잘 이해하려면 박물관에 들르는 게 좋다는 평을 보았기 때문이다.

박물관 입장이 포함된 상품을 이용하면 박물관에서 체크인을 하고 크루즈 티켓을 받아야 한다. 크루즈 출발 시간에 따라 체크인 시간이 안내되는데, 그 시간보다 여유 있게 가서 꼭 박물관을 둘러보길 권한다.

박물관은 상당한 시설을 자랑하는 3층짜리 신식 건물인데, 전시 내용을 보니 '디지털'이 붙을 만하다. 실제 군함도에 올라도 볼 수 없는 섬 구석구석을 디지털 기술로 재현해 놓아, VR 장비를 착용하고 가만히 앉아 있으면 마치 하늘 위에서 군함도 전체를 조망하는 느낌마저 든다. 섬에 살았던 이들의 종교와 생활상도 볼 수 있다.

다만 꼼꼼히 둘러볼수록 불쾌함이 밀려온다. 마치 거짓 선전에 놀아나는 기분이다. 1925~1945년에 이 섬에서 숨진 조선인은 122명으로 공개되어 있다. 일본 시민단체 '나가사키 재일조선인의 인권을 지키는 모임'의 한 회원이 섬을 방문했다가 발견한 정사무소(한국의 동사무소)의 화장 인허증에 근거한 수다. 이 공문서에는 이 시기에 숨진 일본인 1162명, 조선인 122명, 중국인 15명의 이름·본적·사망일시·사망원인 등의 정보가 담겨 있었다. 하지만 여기에는 인허증을 받은 공식적인 인원만 포함되었을 뿐, 비공식적으로 죽음을 당하거나 기록되지 않은 이들까지 포함하면 실제 희생자는 이보다 훨씬 많을 것이다. 그러나 박물관에는 도쿄 각 가정 TV 보급률이 10% 정도일 때 군함도는 전 가정에 TV가 있었다는 등 발전상에 대한 자랑만 있지, 조선인의 '조' 자도 찾을 수 없었다. 박물관에 전시된 자료와 영상만 보면, 지옥섬 군함도가 마치 세계에서 제일가는 천국의 섬처럼 표현됐다.

크루즈는 나가사키항 터미널이나 도키와常盤 터미널 등에서 출발하는데, 내가 탑승할 곳은 도키와 터미널이었다. 박물관에서 걸어서 5분 거리인데, 티켓을 수령할 때 가는 길을 매우 자세히 알려 줘 길을 찾기가 어렵지 않았다. 관광지가 된 군함도는 친절했다. 영어 가이드는 없다고 했는데 외국인 관광객이 많아서인지 한쪽에서 영어로 설명을 해주기도 하고, 한

군함도 투어사에서 나눠 준 자료 조선인들이 대부분 자발적으로 왔다고 설명한다.

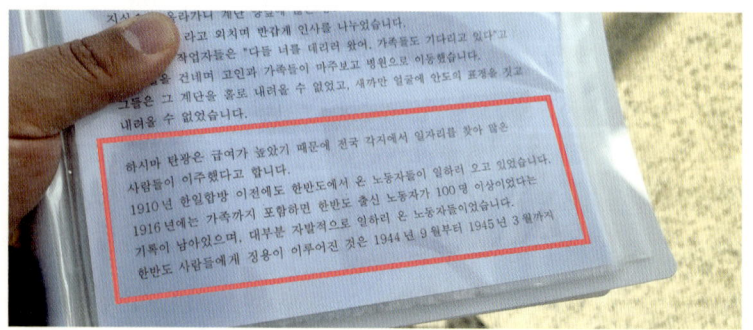

국인은 나밖에 없었는데 알아보고는 한국어로 된 설명자료를 따로 건네기도 했다. 물론 다시 회수해 가긴 했지만. 문제는 자료집에 담긴 내용이다. 1916년까지 조선인 100여 명이 자발적으로 왔고, 강제동원된 기간은 1944년 9월부터 1945년 3월까지 7개월뿐이라고 강조됐다.

군함도軍艦島(군칸지마ぐんかんじま)는 나가사키 항구에서 약 18.5킬로미터, 배로 40분 거리에 위치한 섬이다. 섬 모양이 전함처럼 생겼다 하여 군함도라는 이름이 붙었는데, 공식 명칭은 '하시마섬端島'이다. 원래는 암초였던 것을 1890년 미쓰비시가 사들여 1897년부터 1931년까지 총 여섯 번의 매립 공사를 거쳐 남북 480미터, 동서 160미터, 면적 6.3헥타르 규모로 확장한 인공섬이다.

1810년께 섬에서 양질의 석탄이 발견되었고, 이후 1890년 미쓰비시가 섬을 인수하면서 본격적인 채굴이 시작됐다. 약 1000미터에 이르는 해저 탄광에서 채굴된 석탄이 조선과 제철 분야에 에너지를 공급함으로써 일본의 산업 근대화에 크게 공헌했다. 이런 이유로 군함도는 세계문화유산에 등재되었고, 이후 일본인들은 이 섬을 더욱 중히 여기게 되었다.

섬에는 관리자와 노동자를 위한 숙소가 세워졌고, 비좁은 땅에 더 많은 노동자를 수용하기 위해 1916년 일본 최초의 철근 콘크리트 아파트가 들어섰다. 1950년대 이후 자국 노동자들의 편의를 위해 수영장과 학교, 점포, 병원, 영화관, 파친코 오락실까지 갖춘 하나의 작은 도시로 변모해 갔다. 오늘날 군함도를 소개할 때 마치 전 세계에 유례없는 파라다이스처럼 묘사하는 것은 이 시기의 모습이다. 실제로 이 작은 인공섬에 5200여 명의 주민들이 거주하며 세계에서 가장 높은 인구밀도를 기록하기도 했다.

그러나 1970년대 이후 석탄이 석유로 대체되면서, 군함도 또한 1974년 1월 15일 폐광되었다. 폐광과 함께 군함도는 완전히 비워졌고 일반인 출입 또한 오랜 시간 금지되었다. 그런데 잊혀 방치되던 섬이 2000년대 들어 언론에 소개되기 시작했고, 2009년 4월부터는 일본인 노동자를 위해 제공됐던 일부 구역에 한해 관광객의 방문이 허용됐다. 강제 노역에 동원된 조선인과 관련된 공간은 개방되지 않았다.

군함도는 2015년 7월 5일 유네스코 세계문화유산으로 등재되었다. 당시 일본 정부는 규슈, 야마구치 등 주로 일본의 서남부 지방에 중심적으로 분포하는 산업 유산 23곳을 하나로 묶어 '메이지 일본의 산업혁명 유산: 제철·철강, 조선, 석탄 산업(메이지 산업혁명 유산)'으로 등재시키려 기획했고 성공한 것이다. 이 목록에는 조선인 및 중국인 등을 강제 노역에 동원한 시설이 일곱 곳이나 포함되어 있어, 당시 우리나라를 비롯해 주변국에서 거세게 항의했지만 결국 등재가 되었다. 당시 일본 정부는 강제동원 등에 대한 역사 정보를 제공하기로 약속했으나, 아직도 이행하지 않고 있다. 한국 정부는 여러 차례 일본 산업유산 정보센터에 강제 노역의 역사 및 강제동원 피해자 증언 전시 등을 요구했지만, 연구용 자료를 비치했을 뿐이다. 이에 우리 정부는 2025년 7월 유네스코 세계유산위원회에 약속 이행 점검을 촉구하는 안건을 정식 의제로 발의했지만 부결됐다.

조선인들은 이곳을 지옥섬이라고 불렀다. 군함도에서 일했던 다수의 조선인 노동자들은 식민지 조선에서 끌려온 사람들과 나가사키에 수감된 죄수들이었다고 전해진다. 노동에 대한 정당한 대가를 받지 못했을 뿐 아니라 처우도 가혹했다. 해수면 아래 1000미터까지 내려가야 하는 좁디좁은 막장에 보내져 허리도 제대로 펴지 못한 채 12~15시간 가까이 고된 노동을 했는데, 배급된 식사는 하루에 깻묵 2개 정도였다. 불안정한 갱도는 붕괴사고로 이어졌고, 수없는 조선인 노동자들이 죽음을 당했다. 군함도로 향하는 마음이 무거울 수밖에 없다.

그럼에도 꼭 가보기를 추천한다. 기괴할 정도로 독특한 섬이다. 맑디맑은 날에 방문해도 잿빛 건물 때문인지 어디서도 느껴 보지 못한 우중충한 기운을 느끼게 된다. 인간의 욕망과 희망, 좌절, 죽음… 기괴한 섬 군함도

에는 여전히 그러한 감정들이 덕지덕지 붙어 단단하게 굳어 버린 것 같다. 섬에 발을 딛자마자 이곳에서 죽어 간 조선인을 위해 짧은 기도를 올렸다. 마음과 달리 태극기를 펼쳐 독립군들이 부른 곡조로 애국가를 부르지도, 술 한잔 올리지도 못한 것이 못내 아쉽다. 이곳을 파라다이스로 여기며 감탄하는 인사들이 너무 많아 용기를 내지 못했다.

국사편찬위원회가 정리한 강제동원된 조선인들의 삶을 보자.

"일본으로 징용된 조선인들은 대개 16~22세의 젊은 청년들이었고, 시기는 1943~45년에 집중되었다. 이들은 일본에 도착한 후 다시 열차나 트럭으로 각지의 탄광, 건설 현장, 군 시설 공사장

등에 배치되었는데, (중략) 이들의 일과 시간은 보통 오전 6시부터 오후 6~8시 정도로, 하루 12~14시간의 중노동이었고, 탄광은 원칙적으로는 12시간 노동제였지만 작업 할당량을 채우기 위해 15~16시간, (중략) 연속 30여 시간을 일하기도 했다. 또한 대개 농민이었던 이들은 짧은 훈련을 받은 후 일본인 광부들이 꺼리는 가장 깊은 곳, 또는 가스 발생이나 낙반 사고가 빈발하는 등 산업재해의 위험이 높은 곳에 배치되었기 때문에 부상과 사망 사고도 잦았다. 게다가 군대 경험자가 업무를 관리 감독하면서, 노동자들이 도주를 꾀하거나 조금이라도 일이 마음에 들지 않으면 그를 핑계로 구타를 자행했다." [9]

그러나 군함도 디지털 박물관에서도, 나가사키현 공식 관광정보 웹사이트에 게시된 군함도 관련 페이지에서도 이런 내용을 찾아볼 수 없다. 강제동원과 전범기업 이야기는 지워지고, 일본이 내세우고 싶어 하는 일본 근대화의 유산만이 강조되어 있다. 그들에겐 파라다이스, 조선인에겐 지옥섬이라 불렸던 군함도, 이곳에 끌려와 해수면 아래 1000여 미터까지 내몰렸던 조선의 청년들은 어디에 잠들었을까? 그들을 위해 술 한잔 올리지 못한 것이 지금도 서운하고 죄송할 뿐이다.

데지마 부두에서
나가사키 카스테라를 먹으며

해 질 무렵, 나가사키항 데지마 부두에 도착했다. 오후 내내 군함도에 다녀온 탓에 정신적으로나 육체적으로 상당히 지친 상태였다. 데지마 부두 끝자락에 위치한 벤치에 앉아 아침에 내린 커피와 전날 산 나가사키 카스테라를 꺼내 들었다. 설탕 결정이 콕콕 박혀 있는 폭신폭신 다디단 카스테라를 한 입 베어 물자 그제야 '살겠다'는 생각이 들었다.

450년의 역사를 지닌 나가사키 전통 카스테라다. 달걀, 설탕, 밀가루, 꿀, 조청, 우유 등을 적당히 섞은 반죽을 틀에 부어 오븐에 넣으면 누구라도 그럴싸한 카스테라를 만들 수 있지만, 나가사키 카스테라 특유의 폭신폭신 다디단 카스테라는 아무나 흉내 낼 수 없다. 정확히 누가 언제 만들

나가사키 카스테라 입에 넣는 순간 미소가 밀려온다. 그 맛이 좋아 틈날 때마다 먹었다. 사진은 시내에서 버스를 기다리며 먹는 모습이다.

1부 나가사키

데지마 가는 길과 데지마 입구 다리 나가사키항에서 데지마까지는 도보로 5분 거리다. 짧은 걸음에서 켜켜이 쌓인 나가사키의 역사를 볼 수 있다.

기 시작했는지는 알 수 없지만, 포르투갈 상인과 선교사가 들여온 '카스텔라'가 나가사키의 특색과 향토인의 손길을 만나 나가사키 카스텔라로 다시 태어났고, 카스텔라의 원조라 불리는 이베리아 반도의 카스텔라보다 더 유명해졌다.

 그리고 데지마 부두와 도보로 1분 거리에 그 옛날 포르투갈과 네덜란드 상인들이 거주했던 인공섬 데지마가 있다. 에도마치 거리에 데지마로 연결되는 다리가 있는데, 이 다리를 건너면 수백 년 전 상인들이 분주히 오갔을 그 거리로 타임슬립하는 기분이 든다. 네덜란드 동인도회사의 상관을 옛 모습대로 재현해 놓았기 때문이다.

데지마出島는 '바깥으로 향한 섬'이란 뜻이다. 1497년 리스본을 출발한 바스쿠 다 가마가 아프리카 남단 희망봉을 돌아 인도 항로를 개척한 이래, 유라시아 대륙 남쪽 바다는 포르투갈이 지배했다. 하지만 유라시아 대륙 우측 끝자락에 자리한 섬나라 일본은 포르투갈의 직접적인 영향력이 닿기엔 너무 멀고 접근이 쉽지 않았다. 이에 아직 국가 간 교역이 시작되기 전 포르투갈 상인과 선교사들은 다이묘大名들과 협력해 교역을 모색했다. 이 과정에서 이베리아 반도산 물건들이 열도에 내려졌다.

포르투갈 배에 실려 온 것은 물질적인 것들만이 아니었다. 이베리아 반도의 가톨릭 선교사들은 일본에 들어와 적극적으로 포교 활동을 벌였다. 그들은 언어와 문화를 익히며 일본 사회에 녹아들었고 일부 다이묘와 민중의 지지를 얻어 신도 수를 늘려 갔다. 특히 규슈 지역을 중심으로 가톨릭 신자가 증가했는데, 외부 종교의 영향력에 위기의식을 느낀 막부는 가톨릭을 탄압한다.

그러나 '천주님의 은혜'가 열도 곳곳으로 점점 더 거세게 퍼져 나가자 일본 막부는 포르투갈인들의 선교 활동을 비롯해 외국 세력의 영향력을 통제하기 위해 특정 지역에서만 교역이 가능하도록 제한했다. 나아가 나가사키 시내에 거주하고 있던 포르투갈인들을 한 곳에 모아 거주하게 했다. 그렇게 조성된 것이 바로 1634년에 축조를 시작해 1636년에 완성된 인공섬 데지마다.

가톨릭에 대한 막부의 탄압과 가혹한 세금 징수에 반발하여 1637년 가톨릭교도(키리시탄)를 중심으로 대규모 봉기 '시마바라島原의 난'이 일어난다. 도쿠가와 막부는 2~3만 명에 이르는 농민 및 키리시탄을 학살하고, 이후 가톨릭을 더욱 철저히 금지한다. 또한 1639년에는 포르투갈과의 교역을 금지하고 데지마에서 포르투갈인들을 추방한다.

이 틈을 상인의 나라 네덜란드가 파고들었다. 도쿠가와 막부가 1641년 히라도지마平戶島에 있던 네덜란드 상관을 데지마로 이전시키는데, 이후 1850년대에 일본이 항구를 개방할 때까지 200여 년 동안 네덜란드는 일본과 교역한 유일한 유럽 국가였다.

9000제곱미터의 작은 인공섬, 축구장보다 조금 더 큰 면적에 불과한 이 작은 섬 데지마를 통해 서양의 학문, 의학, 문화, 군사기술이 들어와 일본 근대화에 큰 역할을 한 것이다. 네덜란드 상인들이 유럽의 신물품, 중국의 실크, 인도의 면직물 등을 일본에 들여왔고, 그 대가로 일본에서 칠기와 자기, 은, 구리 등을 가져갔다. 이 과정에서 자연스레 서양 서적이 함께 전해졌고, 소위 남쪽 오랑캐의 학문이라 하여 남만학南蠻學으로 치부되던 것이 어느새 난학蘭學(네덜란드학)으로 불리며 학문으로 자리 잡았다. 이를 전문적으로 연구하는 학자들의 단체도 만들어졌고, 시간이 흘러 의학, 나아가 해부학으로 이어졌다. 18세기 난학자들은 일본 최초의 해부학서인《해체신서解體新書》까지 발간한다.

일본 정부는 1922년 '데지마 네덜란드 상관 터'를 국가사적으로 지정했고, 2025년 현재 데지마는 옛 모습이 복원돼 관광객들을 맞이하고 있다. 폭신폭신 다디단 나가사키식 카스테라를 한 입 베어 문 채 '코히(커피의 일본식 발음)' 한 잔 들고 데지마를 걸어 보길 추천한다. 일본이 어떤 과정을 거쳐 지금에 이르게 됐는지, 그 거리를 거닐다 보면 자연스레 생각하게 된다.

04
진정한 평화가 이뤄지려면
폭심지와 나가사키 원폭자료관

1945년 8월 9일 오전 11시 2분 폭격기 B29가 '팻 맨 Fat Man'이라 이름 붙인 원자폭탄을 나가사키에 투하했다. 원자폭탄은 지상 500미터 상공에서 폭발했다. 시가지는 폐허가 되었다. 나가사키시의 북부 일대는 불타 버렸고, 약 15만 명의 사상자가 발생했다. 비극적인 장소였던 그곳에 지금은 평화공원이 조성되어 세계에 평화를 호소하고 있다. 원자폭탄이 투하된 지점에 마련된 추모비(원폭순난자명봉안)와 높이 9.7미터 무게 30톤에 이르는 코발트색의 거대한 평화기념상이 상징적이다. 폭심지를 중심으로 북쪽에 평화기념상이, 남쪽으로 나가사키 원폭자료관이 있다.

나가사키 원폭자료관은 폭심지 남쪽에 자리해 있다. 자료관 상설 전시실에는 11시 2분을 가리킨 채 멈춰 버린 시계가 끊임없이 이어지는 방문객들의 걸음을 기다리고 있다. 이들 중 다수는 일본 전역에서 온 교복 차림의 학생이었다. 이들은 초롱초롱한 눈망울로 '1945년 8월 9일 우리들은 결코 이날의 사건을 잊어서는 안 된다'는 말을 가슴에 새기며 그날의 참상을 마주하고 있었다.

그런데 눈을 씻고 찾아봐도 '피해자' 일본에 대한 참상만이 강조됐을 뿐 전쟁을 일으킨 '가해자' 일본에 대한 언급은 없다. 일본이 일으킨 전쟁에 끌려와 총을 들고, 노역하고, 원자폭탄에 맞아 사망한 조선인에 대한 기록 또한 존재하지 않는다. 전쟁 중 일본은 150만 명에 이르는 조선인을 열도로 끌고 와 탄광이나 조선소로 보냈다. 또 일부는 학도병으로, 위안부로 전선에 보냈다. 2010년 '대일항쟁기 강제동원 피해조사 및 국외 강제동원 희생자 등 지원위원회'가 펴낸 자료에 따르면, 원폭에 피폭된 조선인 수는 히로시마에서 5만 명, 나가사키에서 2만 명으로 추정된다. 사망자는 약 4만

명으로 추정되지만 자료 소실로 정확한 피해 규모는 알 수 없다. 광복과 해방을 앞두고 한순간 쓰러진 조선인들의 영혼을 어찌 위로할 수 있을까?

나가사키 원폭자료관 바로 옆에 있는 '국립 나가사키 원폭사망자 추도 평화기념관'도 마찬가지로 일본의 피해만을 강조한다. 피폭 후 30년이 지난 1970년대에야 일본의 양심적인 시민들의 모임에 의해서 원자폭탄 낙하 중심지 한편에 조선인 희생자를 위한 추모비가 세워졌다(2021년에는 원폭자료관 입구에 한국인 원폭 희생자 위령비가 세워졌다). 추모비 옆 안내판에는 "강제연행 및 징용을 당한 조선인과 폭사하거나 피폭당한 조선인을 추도하기 위해 추도비를 세우며, 조선을 식민지로 만들고 무력으로 끌고 와 학대 혹사하여 강제노동 끝에 비참하게 죽게 한 전쟁 책임을 사과함은 물론 핵무기의 완전 철폐와 조선의 자주적인 평화통일을 염원한다"는 내용이 적혀 있다. 일본으로부터 공식 사과를 받지 못한 그날의 희생자를 생각하며 태극기를 펼친 채 조용히 소주 한잔 올렸을 뿐이다. 너무나도 죄송한 마음이다.

나가사키 원폭자료관의 시계 1945년 8월 9일 오전 11시 2분에 멈춰 있다.

우라카미 천주당과
나가이 박사의 집 '여기당'에서

폭심지에 가면 섭씨 수천 도의 열과 충격파에 불타고 무너진 우라카미浦上 천주당의 붉은 벽돌 기둥 일부가 전시되어 있는 것을 볼 수 있다. 왜 그 잔해가 이곳에 있는 것일까?

원래 우라카미 천주당은 나가사키의 폭심지에서 약 500미터 떨어진 지점에 자리해 있었다. 메이지 유신 이후 신앙의 자유를 얻은 천주교인들이 1925년에 건립한 것으로, 당시 동양 최대 규모의 로마네스크 양식을 딴 건축물이었지만, 1945년 8월 모든 것이 파괴됐다. 천주당 안에서 기도를 올리던 두 명의 신부와 신자 수십 명도 즉사했다. 우라카미 천주당 입구에는 원폭 당시 떨어져 나갔던 종탑이 그대로 보존돼 있다. 일부 잔해는 나가사키 원폭자료관에 옮겨져 전시되고 있다. 그날의 참상이 지금도 이어지고 있다는 사실을, 보는 순간 깨닫는다.

오늘날 우리가 보는 우라카미 천주당은 1959년에 이전하여 재건한 것이다. 성당 내부에는 원폭

폭심지에 남은 우라카미 천주당의 붉은 기둥

'천주당이 보이는 언덕'에서 보이는 우라카미 천주당

투하 당시 잔해로 남은 성상들을, 외부에는 머리와 몸체가 떨어져 나간 천사상과 잔해로 남은 돌조각들을 전시해 당시의 참상을 전하고 있다. 평화공원 북단에 있는 '천주당이 보이는 언덕天主堂の見える丘'에 가면 재건된 우라카미 천주당을 또렷이 마주할 수 있다.

평화공원 북단에서 도보 5분 거리에는 나가이 다카시(永井 隆, 1908~1951) 박사가 살았던 2첩짜리 단칸방 '여기당如己堂'도 있다. 나가이 박사는 나가사키 의과대학 조교수로 일하던 중 피폭당했다. 원폭으로 죽은 아내의 주검을 직접 양동이에 담아 땅에 묻었다. 이후 백혈병이 걸린 몸으로 어린 두 아이를 홀로 키우면서도 폭심지 주변을 돌며 다른 피해자를 돌보고 치료법을 연구했다. 이 여기당에서 《나가사키의 종》 등 여러 권의 책을 저술하여 전쟁의 참상을 세상에 알렸다. 그를 만나기 위해 헬렌 켈러와 일왕, 로마 교황의 특사가 방문하기도 했다. 그는 1951년 세상을 떠나며 시신을 기증했다. 생의 마지막 순간까지 의사로서 자신에게 주어진 사명을 버리지 않고 살다 간 의인이다. 1951년 5월, 폐허가 된 우라카미 천주당에서 치러진 장례식에는 2만여 명의 추모객이 찾아왔다.

그러나 나가이 박사 역시 한계가 존재했다. 권혁태 성공회대학 일본학과 교수는, 가톨릭 신자였던 나가이 박사가 원자폭탄에 부정적이면서도 원자력의 평화적 이용(원전)을 적극 지지했다고 말한다. 그는 원폭 투하를 '신의 섭리'이자 '번제燔祭(홀로코스트)'로 해석하고, 희생자를 하나님의 제단에 바치는 '어린 양'에 비유했으며, 살아남은 피폭자들은 하나님이 내린 시련에 감사해야 한다고 주장했다.[10] 그의 의도가 어떠했든, 이런 말은 결과적으로 일왕의 전쟁 책임과 미국의 원폭 투하 책임을 흐리게 하는 데 일조한다.

05
지켜야 하는 이유
나가사키 평화자료관

나가사키 평화자료관, 친일 청산을 위해 일생을 바친 선구자 고故 임종국 선생의 이름을 딴 임종국상 2022년 사회 부문 수상자가 나가사키 평화자료관이라는 발표를 보고 그 존재를 처음 알게 됐다. 임종국선생기념사업회는 선정의 이유로 "풀뿌리 시민운동이 동아시아의 과거 청산과 평화 실현에 기여한 공로"를 들었다. 나가사키 평화자료관이 극우 세력이 기승을 부리는 어려운 여건 아래서도 흔들림 없이 평화운동을 지속하고 있다는 점 또한 높이 평가했다. 그때부터였던 거 같다. 이곳에 한번쯤 가봐야겠다는 생각을 한 것이.

상투적인 말이지만 '나가사키를 방문하는 한국인이라면 반드시 들렀으면 좋겠다'는 생각을 했다. 2005년 개관한 '국립 나가사키 원폭사망자 추도 평화기념관'이 일본만을 피해자로 강조한 것과 달리, 그보다 앞서 1995년 나가사키 시민들의 힘으로 만든 이 자료관은 진짜 피해자의 모습을 보여 주기 때문이다. 체계적으로 잘 관리되고 있다는 느낌은 없지만, 강제동원 문제를 필두로 위안부, 난징대학살, 731부대, 원폭과 전쟁에 대한 집단적인 인식 등 일본 정부가 수십 년 동안 회피하거나 거부해 온 이슈를 피해자의 입장에서 정면으로 다룬다. 고마운 일이다.

다만 밝혀 둘 사실이 하나 있다. 나가사키 평화자료관 설립을 위해 애썼던 고故 오카 마사하루 목사에 관한 이야기다. 이 자료관은 조선인 피폭 피해자들의 실태를 규명하기 위해 노력한 오카 목사의 뜻을 기리며 세워졌다. 고인은 생전 '나가사키 재일조선인의 인권을 지키는 모임' 대표를 맡아 조선인 인권을 위해 노력했다. 말년에는 일본의 전쟁 가해 책임과 조선인 차별 문제 등을 다루는 자료관 건립을 구상했으나, 1994년 75세를 일기로 병사했다. 그가 사망한 지 1년 뒤 시민들이 힘을 모아 자료관을 개관했고, 그의 노력을 기려 이름도 '오카 마사하루 기념 나가사키 평화자료관'으로 지었다.

하지만 그가 사망하고 약 25년이 지난 2020년께 온라인에 그로부터 성추행 피해를 입었다는 한 여성의 글이 올라왔다. 고인의 지인이었다고 밝힌 피해자는 1994년 초 오카 목사가 동의 없이 자신을 껴안는 등 성추행을 했다고 말했다. 자료관 측은 해당 게시글을 확인한 뒤 피해자로부터 관련 내용을 재차 확인했고 행위에 관한 구체적인 상황은 밝히지 못했으나 사실상 오카 목사의 성추행 사실을 인정하고 서면으로 사과했다고 한다.

솔직히 이 부분을 쓰기까지 적지 않은 시간을 고민했다. 평화자료관의 역사와 현재만을 언급하는 것이 더 낫지 않을까 하는 생각도 했다. 그러나 이를 온전히 밝히는 것이 수십 년째 평화와 인권을 추구해 온 나가사키 평화자료관의 정체성에 맞는 일이라는 판단이 들었다. 더 많은 이들이 나가사키 평화자료관을 찾아 이곳을 지키고 발전시켜 나가기를 바란다. 나 역시 그럴 생각이다. 평화관의 설립 취지문을 생각한다.

> "받은 고통에서 가한 고통의 깊이를 깨닫는 것으로 나아가야만 평화를 구할 수 있다."

그 언덕에 서서 '키리시탄'을 생각한다
일본 26성인기념관

어머니의 영향으로 불교에 가까운 무교로 일생을 살아왔고, 일본에서도 굳이 종교적인 장소에 갈 생각은 없었다. 그런데 나가사키 시내를 걷다 우연히 마주친 한국인 성지순례단 일행의 평온하고 성스러운 표정에 감화돼, 준비한 일정을 망설임 없이 바꿨다. 나가사키 "그 언덕"에 다녀온 참이라는 그들이 왜 그런 표정을 짓게 됐는지 궁금해서다.

이른 아침 동틀 무렵, '그 언덕'에 올랐다. 나가사키 버스터미널 뒤쪽에 있는 NHK 나가사키 방송국 옆으로 꽤 가파른 비탈이 있는데, 그 길을 오르면 나가사키 시내가 내려다보이는 언덕이 나온다. 그 언덕에 발을 내딛는 순간 성스러운 기운이 종교의 유무를 떠나 벼락처럼 밀려오는데, 이유는 모르겠다. 동트는 아침, 이상할 정도로 성스러운 기운이 넘실대던 장소였다. 일본 26성인이 처형된 '니시자카西坂 언덕'이다. 이곳은 2012년 일본 가톨릭 교회 공식 순례지로 승인되었다.

일본 26성인은 도요토미 히데요시의 기독교 탄압 정책으로 죽음을 당한 키리시탄이다. 키리시탄キリシタン은 기독교인을 의미하는 포르투갈어 cristão에서 유래한 말로, 포르투갈 선교사들의 전도로 천주교를 믿게 된 일본 신자를 일컫는다. 이후 이들에 대한 대대적인 박해가 이뤄지면서 이 말은 핍박받으면서도 신념을 굽히지 않은 신자들을 의미하게 되었다.

이야기는 일본에 처음 가톨릭을 전파한 프란치스코 하비에르 신부로부터 시작된다. 그는 1506년 지금의 스페인 나바라주 부근에서 태어나, 1537년 베니스 교회에서 사제로 서품되었다. 1541년 4월 아프리카 남부 모잠비크를 거쳐 이듬해 5월 인도 고아에 도착해 선교활동을 했다. 그리

순교자를 만나러 오르는 그 언덕과 26성인 순교자 기념비 박해받는 이들에 대해 생각해 본다.

고 1547년 말라카(현재 말레이시아)에서 일본인 사토미 안지로를 만나는데, 이 만남을 계기로 일본으로 오게 된다. 1549년 8월 15일 하비에르는 기온노스(현재의 가고시마현 서부 지역)에 첫발을 내디뎠다. 그는 2년여 동안 열정적으로 선교활동을 펼치고 인도 고아로 돌아가지만, 그가 뿌린 가톨릭의 씨앗은 일본 열도에 싹을 틔웠다.

    그의 선교가 비교적 수월하게 이뤄질 수 있었던 것은 이미 일본이 화승총과 같은 서양 문물을 받아들이고 있었기 때문이다. 1543년 가고시마현에 도착한 포르투갈 선원들이 일본에 화승총 세 자루를 전해 주었는데, 그 위력을 목도한 각 지역 다이묘들은 화승총을 적극적으로 받아들였다. 이처럼 서양과 접촉하던 시대적 배경 속에서 선교는 모든 계층에서 이뤄졌다. 나가사키 지역 영주였던 오오무라 스미타다大村純忠는 일본 최초의 기독교 다이묘로 알려져 있다. 우리에게 너무나 익숙한, 임진왜란과 정유

재란에 모두 참전했던 고니시 유키나가小西行長도 기독교 다이묘였는데, 왜란 당시 그의 곁에 포르투갈 예수회 선교사 그레고리오 신부가 따르기도 했다.

히데요시가 처음부터 기독교를 박해한 것은 아니다. 오다 노부나가織田信長의 정책을 이어받아 초기에는 선교사의 활동을 어느 정도 묵인했다. 기독교를 서구 문물 수용, 일본 열도 통일, 조선 침략에 유용한 통제할 수 있는 자원으로 여겼던 것으로 보인다. 1587년 바테렌バテレン(선교사) 추방령을 내리면서 기독교를 공식적으로 억압하기 시작했지만, 초기에는 집행이 느슨했고 선교사들은 계속 은밀하게 활동했다.

그런데 1596년 '산 펠리페호 사건'이 터진다. 스페인 선박 산 펠리페호가 시코쿠四國 해안가에 좌초했다. 히데요시는 좌초된 배의 모든 교역물자를 압수할 것을 명령했다. 이 과정에서 선원 중 한 명이 일본 관리에게 세계지도를 펼쳐 보이며 스페인은 강대한 국가라면서, 기독교가 세계 정복을 위한 선봉 역할을 한다고 말했다는 이야기가 전해진다. 히데요시는 '통제되지 않는 외부의 힘'에 의해 자신이 구축한 세계에 예상치 못한 균열이 발생할 수 있음을 감지했다. 그는 즉각적인 대응이 필요하다 생각했고, 교토와 오사카 등지에서 활동하던 프란치스코회 선교사와 일본인 예수회원, 신자 등 24명을 체포한다.

히데요시는 본보기로 일본 기독교의 성지였던 나가사키에서 이들의 사형을 집행하기로 했다. 그들은 교토에서 시작해 오사카를 거쳐, 시모노세키, 후쿠오카, 나가사키까지, 1000킬로미터에 이르는 길을 한겨울에 3개월 동안 걸어서 가야 했다. 이미 말할 수 없는 가혹한 징벌을 받은 뒤였다. '외부의 힘'인 기독교를 믿지 말라는 강력한 경고를 보여 주고자 했던 것이다. 이것이 히데요시에 의해 이뤄진 일본 최초의 기독교 박해 사건이다.

체포된 키리시탄이 나가사키로 향하는 길, 신자 두 사람이 스스로 원해

두 개의 탑이 인상적인 성 필립보 성당

서 순교의 길에 동참한다. 이 26명은 1597년 2월 5일, 바다가 굽어보이는 언덕에 세워진 십자가에서 처형된다. 가장 나이 어린 순교자는 12세였다. 교토 프란치스코 수도원의 시종으로 사제들이 체포되었을 때 나이가 어려 제외되었지만 스스로 잡혀가기를 청했다. "내 십자가는 어디에 있는가"라는 말을 남긴 소년 순교자의 마지막 모습도 그 언덕에 새겨져 있다. 동트는 아침, 이곳 니시자카 언덕에 서서, 조선을 침공한 히데요시에게 죽음을 당한 키리시탄을 한번쯤 생각해 보자.

26성인기념관에는 26성인에 대한 자료 외에도 일본 기독교 역사에 대한 자료들이 많다. 한국어 팸플릿도 구비되어 있으니 요청하면 된다. 특히 '숨은 가톨릭 신자'라는 뜻의 가쿠레隱れ 키리시탄이 만든 마리아 관음상과 기도에 활용된 미륵상을 볼 수 있다. 미륵상은 우리나라 삼국시대 반가사유상을 떠올리게 하는데, 박해를 피해 예수상 대신 사용한 것이라 한다.

기념관 바로 뒤쪽에는 성 필립보 성당도 있다. 두 개의 탑이 상당히 인상적인데, 스페인 건축가 가우디의 영향을 받았다고 한다. 왼쪽의 탑은 지상에서의 기도가 하늘로 올라가는 걸 뜻하며 오른쪽 탑은 하늘에서 자비로운 성령이 내려오는 걸 나타낸다. 성당을 가만히 보고 있으면 스페인 사그라다 파밀리아 성당이 자연스레 떠오른다.

오우라 천주당 앞에 서서

니시자카 언덕에서 순교한 26성인을 기리기 위해 건립된 오우라大浦 천주당이라는 곳이 있다. 천주당 정면은 니시자카 언덕을 향해 있으며, 일본에서 가장 오래된 목조 성당으로, 일본 국보로 지정된 건물 중 유일한 서양식 건물이다. 파리 외방전교회에서 파견된 퓌레 신부가 성당 건립을 주도했고, 뒤이어 부임한 프티장 신부가 그 뜻을 이어갔다. 이곳은 1864년에 완공되었으며, 1873년에 금교령이 해제되기 전까지 가쿠레 키리시탄들이 신앙을 고백하는 장소였다. 보통 오우라 천주당으로 부르지만, 공식 명칭은 '일본 26성인 순교자 천주당'이다.

바로 다음 쪽에서 살펴볼 옛 글로버 저택으로 향하는 길목에 있으니, 오우라 천주당을 먼저 방문하고 해가 진 뒤 글로버 저택을 둘러보는 것을 추천한다.

06

일본 근대화의 조력자
그의 집에는 '늙은 늑대' 사진이 있다
글로버 가든

　나가사키를 여행한다면 반드시 방문할 곳, 100년도 더 된 일본과 서양의 절충식 주택들을 볼 수 있는 곳, 해 질 녘에 특히 아름답다, 마치 위대한 개츠비가 된 것 같다 등등의 후기를 보고 저물녘 전차를 타고 글로버 가든으로 향했다. 오우라천주당역에서 도보로 8분 거리인 글로버 가든은 추천대로였다. 오를수록 "와~" 하는 탄성이 절로 나왔다. 가장 핵심 장소인 글로버의 옛집에 들어서기 전까지는 그랬다.
　하지만 글로버의 옛집, 정확히는 응접실을 좌우로 나누는 중앙 벽면 상단을 마주하는 순간 "엥?" 소리가 튀어나왔다. 그곳에 너무나 익숙한 조선 초대 통감 이토 히로부미의 청년 시절 사진이 있었기 때문이다. 도대체 무슨 이유로 글로버의 옛집에 조선 망국의 주인공, '늙은 늑대'로 불렸던 이토의 사진이 걸려 있는 걸까?
　우선 이 집의 옛 주인, 토머스 글로버(Thomas Blake Glover, 1838~1911)부터 알아보자. 일본인들은 그를 구라바グラバ라 불렀고, 글로버 가든은 구라바의 정원이라는 뜻의 '구라바엔グラバー園'으로도 불린다. 글로버는 스코틀랜드 출신 상인으로, 1859년 불과 21세의 나이로 나가사키에 도착해 무역을 시작했다. 그는 서양의 신기술과 물자를 일본에 적극 도입하고 개

글로버 옛집 응접실의 조슈 5걸 사진

토머스 글로버 사진이 들어간 글로버 가든 티켓

화파와 적극적으로 교류하며 일본 근대화에 크게 기여해 '일본 근대의 아버지'라는 평가를 받기도 한다. 특히 무기 상인으로 활동하며 부를 쌓았는데, 메이지 유신의 중심 세력 중 하나인 사쓰마번(현재의 가고시마현 일대)도 그의 주요 거래처였다. 나가사키에 서양식 도크를 건설해 나가사키가 선

1부 나가사키 67

박 도시로서의 기반을 다지는 데 큰 역할을 하기도 했다. 메이지 유신 이후에는 다카시마 탄광*을 운영하고 채탄 및 차 무역 등을 하며 일본 근대화에 지속적으로 기여했다. 흥미롭게도 글로버는 일본 맥주 산업의 태동과도 관련이 있는데, 그가 관여한 '재팬 브루어리'는 오늘날 유명한 기린 맥주로 발전했다.

1863년, 조슈번(현재의 야마구치현 일대) 측에서 글로버에게 접근한다. 조슈번은 해외 출국을 금지하는 막부의 정책을 무릅쓰고 젊은 인재들을 영국으로 유학보내고자 했고, 글로버에게 밀항을 도와 달라고 요청했다. 소위 조슈 5걸이라 불리던 청년들이다. 글로버는 이들의 밀항과 유학을 주선한다. 청년들은 영국에서 정치·교육·철도산업·조선산업·화폐산업 등 분야를 가리지 않고 다양한 학문을 익혔다.

나를 경악하게 했던 사진은 이들이 영국 런던에서 유학하던 시절 찍은 것으로, 그들의 이름은 엔도 긴스케, 이노우에 마사루, 이토 히로부미, 야마오 요조, 이노우에 가오루다. 그런데 조슈번이 위기에 처했다는 소식이 전해지자 이토와 이노우에는 유학생활을 채 1년도 채우지 못하고 먼저 귀국한다. 이들의 귀국을 도운 것도 글로버였다.

글로버는 조선 사업에 공격적으로 투자했고, 일본 여성과 결혼해 일본인들의 환심도 샀다. 조슈뿐 아니라 사쓰마, 구마모토, 사가 등의 번에 여러 척의 군함을 팔아 이득을 챙기기도 했다. 특히 1860년대 중반 조슈번과 사쓰마번이 에도 막부를 타도하고 신정권 수립을 목표로 '도막운동'을 일으키자 미국 남북전쟁 당시 사용된 윈체스터 연발 소총 등 신무기를 두 번에 걸쳐 집중적으로 공급한다. 글로버가 살던 집을 포함해 글로버 가든은 2015년 메이지 산업혁명 문화유산으로 포함되었다. 나가사키 조선소

* 나가사키시 다카시마高島섬에 있는 해저 탄광으로, 일본 근대 석탄산업의 시작점으로 평가받는다. 이곳 역시 세계유산으로 지정되었다.

글로버 가든에서 내려다보이는
나가사키항과 나가사키 조선소

의 일부 시설과 다카시마 탄광도 포함되었으니, 그가 일본의 근대화에 미친 영향을 파악할 수 있는 대목이다.

그 사이 그가 영국으로 밀항을 보냈던 조슈파는 이토와 이노우에를 필두로 일본 정가를 이끄는 주요 인물이 됐다. 그러니 그가 살던 집에 조슈 5걸의 사진이 있는 것이지만, 그들의 사진을 보면 일본의 근대화 과정에서 희생된 조선, 그리고 이토를 격살한 안중근이 떠오른다.

글로버 가든의 가장 높은 곳에서는 나가사키 조선소가 한눈에 보인다. 전범기업 미쓰비시 중공업의 주요 시설로 태평양전쟁 당시 일본 군함을 건조하고 어뢰를 제조하던 곳이다. 1945년 8월 나가사키에 투하한 원자폭탄이 애초 겨냥했던 곳도 바로 이곳이었다. 이 조선소에 최소 5975명의 조선인이 강제동원되었고, 이 중 원폭 피해를 입은 조선인은 최소 13명이다. 히로시마 조선소에는 2800여 명의 조선인이 강제동원되었는데, 이 중 원폭 피해자는 45명이다.[11] 아름다운 정원을 거닐고 풍광을 감상하는 것도 좋지만, 잠시라도 그들을 기억해 보자.

푸치니와 나비부인 동상 앞에 서면
아리아 <어느 갠 날>이 흘러나온다

글로버 가든 중앙에 분위기 좋은 야외 카페가 있다. 카페에 앉아 있으니 어디선가 아리아 <어느 갠 날Un bel dì vedremo>이 흘러나온다. 음률을 따라 시선을 돌리니 한쪽에 하얀색 양복을 입은 남자의 조각상이 눈에 들어온다. 이탈리아 작곡가 푸치니를 형상화한 동상으로, 관람객이 동상에 다가가면 이 음악이 흘러나온다. 푸치니는 오른손으로 모자를 쥔 채 어딘가를 응시하는데, 그의 시선 끝자락에 기모노를 입은 여성이 있다.

여성은 사내아이에게 어딘가를 가리키는 모습을 하고 있다. 동상의 기단에 '미우라 다마키의 상'이라고 음각되어 있다. 미우라 다마키는 일본의 프리마돈나로 푸치니의 오페라 〈나비부인〉에서 여주인공 초초상 역할을 맡았던 인물이다. 초초蝶々는 일본어로 나비를 뜻하며, 극중에서 나비부인을 부르는 이름이다. 여성과 사내아이가 함께 선 모자상은 〈나비부인〉 속 장면을 구현한 것이다. 실제 역사와는 차이가 있지만, 글로버와 일본인 부인의 이야기가 〈나비부인〉의 모티프가 되었다고 전해지기도 한다.

〈나비부인〉은 미국인 장교와 일본인 여성의 비극적인 사랑을 다루는데, 두 주인공의 결혼식 장면에서 일본 국가인 〈기미가요君が代〉가 연주되고, 여주인공은 일본 전통 복식 기모노를 입는다. 한편 공영방송 KBS가 2024년 광복절 새벽에 〈나비부인〉을 방영했다가 시청자들의 거센 비판을 받고 "제작진의 불찰"이라는 성명과 함께 사과한 일이 있었다.

미우라 다마키 동상 오페라 〈나비부인〉에서 여자 주인공 초초상 역할을 맡았다.

하루쯤 온천도 좋다
아일랜드 나가사키와 안경교

조금은 부끄러운 이야기인데, 사십 줄이 넘을 때까지 부모님을 모시고 해외에 나가 본 적이 없다. 답사를 핑계로 매년 해외에 나갈 때마다 그 사실이 늘 마음에 남았다. 무엇보다 부모님의 기력이 매해 다르게 쇠하는 걸 보니 세월의 흐름이 직접적으로 느껴졌다. 그래서 항일로드 답사 일정 중 초반 사흘의 나가사키 여정을 부모님과 함께했다. 귀한 경험이었다. 남들은 다 하지만 애써 하지 않았던 일반적인 것들을 찾아 나섰다. 유명하다는 나가사키 카스테라와 지역 음식도 먹었고, 시내를 다닐 땐 명물인 트램도 탔다. 그리고 온천도 갔다. 나가사키는 부모님 혹은 아끼는 이들과 함께 여행하기 너무나 좋은 곳이라 몇 자 보탠다.

특히 나가사키 시내에서 약 한 시간 거리의 이오지마伊王島에서 보낸 이틀이 매우 특별했다. 석탄 채굴지였던 이오지마는 다른 탄광지와 마찬가지로 산업이 변화하면서 폐광됐다. 이후 방치되다시피 했던 섬에 '아일랜드 나가사키'라는 리조트가 생기고 온천도 개발되어, 지금은 일본 현지인들의 휴가지가 됐다.

이곳에서 보낸 하룻밤을 따로 추천하는 이유는 섬에 머물며 야외 온천을 포함해 세 가지 형태의 온천을 즐길 수 있기 때문이다. 이날 부모님은 고맙다는 말과 "온천을 해서 그런지 10년은 젊어진 것 같다"는 말을 여러 번 하셨다. 바다를 바라보며 즐길 수 있는 온천도 있는데 좋다는 말이 절로 나온다. 섬에서 숙박을 하면 당일 저녁과 아침도 준다. 나가사키 지역 특산물을 중심으로 만든 요리다.

아일랜드 나가사키에서 무료 셔틀을 제공하기 때문에 시내에서 쉽게 들

안경교 일본 최초의 아치형 석교다.

어올 수 있다. 버스를 타는 곳은 JR 나가사키역 뒤쪽, 나가사키 힐튼호텔 건너편 버스 정류장인데, 인근에 맥도널드도 있다. 셔틀을 기다리며 부모님과 나란히 버스정류장 앞 벤치에 앉아 나가사키 카스테라와 맥도널드 커피를 먹었던 시간이 기억에 남는다. 예약 및 버스 운행 시간은 웹사이트에서 확인할 수 있다.

자전거를 빌려 섬을 한 바퀴 돌아보는 것도 추천한다. 곳곳에 조용한 카페가 있으니 어디든 좋은 곳에 들어가면 된다. 바닷바람을 느끼며 마시는 커피가 일품이다. 포카리스웨트 광고에나 나올 법한 '이오지마 등대'와 흰 벽이 눈에 띄는 '마고메 성당'도 좋다. 오래도록 잊지 못할 추억을 사진으로 남길 수 있다.

일정에 여유가 있다면, 나가사키시를 관통해 흐르는 나카시마강中島川을 따라 걸어보자. 강을 따라 산책로가 만들어졌는데, 강변을 걷다 보면 '이런 곳이 진짜 걷기 좋은 곳이구나'라는 찬사가 절로 나온다. 안경교眼鏡橋, 메가네바시도 가보면 좋겠다. 수면에 비친 다리의 아치가 안경처럼 보여 안경교라고 한다. 1634년 승려 모쿠스뇨조黙子如定에 의해 만들어진 일

1부 나가사키 73

광영사 은행나무가 아름다운 곳이다.

나카시마강 주변 안내도 걷기 좋은 곳이니 강을 따라 걸어 보자.

본 최초의 아치형 석교라고 한다. 눈에 불을 켜고 다리 주변에서 돌을 찾는 청년들의 모습이 많이 보이는데, 하트 모양의 '하트 스톤'을 찾는 거란다. 산책로에서 안경교를 배경으로 사진을 찍으면 개인 SNS용 인생사진도 얻을 수 있다.

데지마에서 안경교까지는 나카시마강을 따라 1.1킬로미터에 불과하다. 강변 따라 걷는 것도 추천한다. 안경교에서 멀지 않은 곳에 광영사光永寺, 고에이지라는 절도 있다. 늦은 가을 무렵에 가면 감탄이 절로 나오는 은행나무를 볼 수 있다. 휴대폰을 꺼내 연신 셔터를 누르는 스스로를 발견하게 된다.

2부 — 후쿠오카

01
윤동주와 송몽규의 마지막 장소 후쿠오카 형무소

　　　　　　시인 윤동주(尹東柱, 1917~1945)와 청년 문사 송몽규(宋夢奎, 1917~1945)의 순국지, 후쿠오카 형무소다. 1945년 이곳에서 윤동주는 2월에, 송몽규는 3월에 사망했다. 둘 다 스물여덟이었다.

　윤동주와 송몽규가 순국한 후쿠오카 형무소는 대부분 철거되고 그 부지에는 주택과 공공시설이 들어서 있다. 그리고 후쿠오카 형무소 좌측 공터에 신축한 것이 지금의 후쿠오카 구치소다. 후쿠오카 지하철 후지사키역藤崎駅 2번 출구로 나와 5분만 걸어가면 주택가 끝자락에 자리한 후쿠오카 구치소 정문을 마주하게 된다. 구치소가 지하철역과 너무나 가까워 놀랍다. 동네를 걷다 보면 구치소 바로 옆에 있는 가나쿠즈강金屑川을 따라 산책하는 시민들도 쉬이 마주친다.

　그렇다 보니 구치소 앞까지 가서 태극기를 펼치고 술을 올리기가 여러모로 제약이 많다. 구치소에 도착해 서성이는 순간 구치소 정문을 통과하는 직원들이 불편한 시선으로 이방인의 행동을 주시한다. 주차장 바깥쪽에서 구치소 펜스에 잔을 올려 놓고 예를 갖추고 있자면, 거리를 오가는 시민들이 '왜 여기서 술을 올리지?' 하는 의아한 눈빛을 보낸다.

윤동주와 송몽규의 순국지 후쿠오카 형무소 터에서 올린 술 한잔

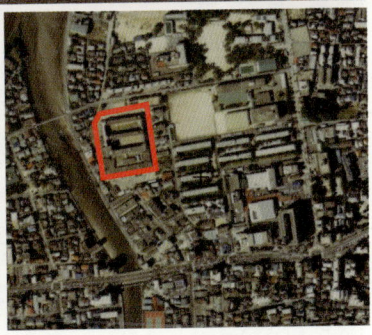

후쿠오카현 니시구 인근의 1940년대(왼쪽)와 1980년대 이후(오른쪽)의 항공사진
후쿠오카 형무소(왼쪽)와 지금의 구치소(오른쪽) 위치가 다르다는 것을 알 수 있다.

그래도 방법이 없는 것은 아니다. 후쿠오카 구치소 뒤쪽에 크진 않지만 마음 편히 동주와 몽규를 그리며 술 한잔 올릴 수 있는 공간이 있다. 바로 모모치니시百道西 공원이다. 실제 그곳에서 동주를 기리는 일본인들이 '윤동주 시를 읽는 모임'을 하고, 추도 모임을 수십 년째 잇고 있다고 한다. 그러니 정문이든, 구치소 뒤쪽에 위치한 모모치니시 공원이든 어디서든 좋다. 그들을 기리며 술 한잔 올렸으면 좋겠다.

사촌지간이었던 두 사람은 생전에 명동소학교, 은진중학교, 연희전문학교에서 동문수학했다. 특히 윤동주는 1941년 일본에서 유학하며 릿쿄대학에 다녔으나, 이듬해 송몽규가 교토제국대학에 입학하자 교토 도시샤대학으로 옮겨 함께 활동했다. 교토와 도쿄에서 윤동주와 송몽규의 자취를 따라 걸은 이야기는 뒤에서 더 자세히 풀었다.

교토에서 함께 활동했던 두 사람은 1943년 7월 '재교토 조선인 학생 민족주의 그룹 사건'의 주요 인물로 검거되어 2년 형을 선고받고 이곳 후쿠오카 형무소에 수감된다. 그것이 마지막이었다. 윤동주 사후 부친 윤영석과 당숙 윤영춘이 사망 전보를 받고 와서 시신을 인도받아 화장했다. 그의 유해는 1945년 3월 6일 길림성 명동촌 인근 공동묘지에 안장되었다. 송몽규 역시 다른 곳에 안장되었다가 윤동주의 곁에 모셔졌다.

지난여름 만주 명동촌 언덕에 자리한 두 사람 묘에서 참 많이 울었다. 윤동주를 기리는 여럿이 모여 함께 〈참회록〉을 읽는데 눈물만 나왔다. 망해버린 조국을 위해 마지막까지 무엇을 해야 할지 고민하고 싸우고 행동했던 청년들이 그렇게 떠난 것이다. 이제는 터만 남은, 그들이 순국한 이곳에서 두 사람 생각하며 술 한잔 깊이 올린다.

윤동주가 일본으로 유학 가기 전 고향 북간도에서 쓴 마지막 시 〈참회록〉을 덧붙인다.

파란 녹이 낀 구리 거울 속에
내 얼굴이 남아있는 것은
어느 왕조의 유물이기에
이다지도 욕될까.

나는 나의 참회의 글을 한 줄에 줄이자.
──만 이십사 년 일 개월을
　　무슨 기쁨을 바라 살아왔던가.

내일이나 모레나 그 어느 즐거운 날에
나는 또 한 줄의 참회록을 써야한다.
──그때 그 젊은 나이에
　　왜 그런 부끄런 고백을 했던가.

밤이면 밤마다 나의 거울을
손바닥으로 발바닥으로 닦아보자.

그러면 어느 운석 밑으로 홀로 걸어가는
슬픈 사람의 뒷모양이
거울 속에 나타나온다.

02
명성황후를 시해한 칼
구시다 신사와 성복사

      1895년 10월 8일 새벽 5시경, 무장한 일본 낭인들이 경복궁으로 들이닥쳤다. 그들은 경복궁 가장 안쪽의 건청궁으로 향했다. 목적지는 안채인 곤녕합이었다. 낭인들은 명성황후를 찾아내 칼로 찔러 무참히 살해하고 시신에 석유를 뿌려 불사른 뒤 뒷산에 유기했다. 우리가 을미사변이라 부르는 명성황후 시해 사건을 당시 낭인들은 "여우 사냥"이라고 불렀다.

      1895년 을미년 당시 정세는 복잡 미묘했다. 일본은 청일전쟁(1894~1895)에서 승리해 랴오둥 반도를 얻었지만, 곧바로 러시아·프랑스·독일 삼국이 얻어 낸 땅을 청에 돌려주라고 압박하자 따를 수밖에 없었다. 일제 스스로도 자신들이 아직 대국인 러시아와 전쟁을 할 형편이 못 된다고 본 것이다. 이를 주시했던 것이 조선 왕실의 명성황후다. 명성황후를 중심으로 한 민씨 일가는 친일파를 면직하고 친러파를 기용했다. 조선에서의 정세가 불리해지고 있다고 느낀 일제는 주한공사에 육군 중장 출신인 미우라 고로三浦梧楼를 임명했고 이때부터 명성황후 시해 공작 사건이 준비됐다.

      시해 당일 새벽 명성황후를 찌른 칼은 히젠토肥前刀다. 한쪽 면에만 날

이 서 있는 칼로, 에도 시대 초기에 만들어졌다고 한다. 길이는 120센티미터, 그중 칼날만 90센티미터이며, 칼집에는 "일순전광자노호 一瞬電光刺老狐"라고 새겨져 있다고 알려졌다. 한순간에 번개처럼 늙은 여우를 베었다는 뜻이다. 이 히젠토를 당시 명성황후의 침전에 들이닥친 낭인 중 하나인 토오 가쓰아키가 1908년 후쿠오카 소재 구시다 신사 櫛田神社에 기증했으며, 봉납 기록에는 "조선 왕비를 이 칼로 베었다"는 글이 적혀 있다고 전해진다. 히젠토는 현재 일반에 공개되지 않고 있다.

이 히젠토를 구시다 신사에서 보관하고 있다는 소식이 알려지자 2010년 우리나라에 민간 차원의 '히젠토 환수위원회'가 발족했다. 일제강점기 불법 반출된 문화재 환수를 위해 노력한 혜문 스님 등을 중심으로 히젠토 환수·폐기 운동이 진행됐다. 하지만 일본 외무성은 위원회가 지속적으로 문의해도 공식적인 답을 내놓은 적이 없다. 구시다 신사 역시 히젠토의 존재 자체를 감춰 버리겠다는 듯 히젠토에 대한 어떠한 입장도 내놓지 않고 있다.

구시다 신사는 후쿠오카 최중심부에 자리한 하카타역 博多駅에서 도보로 15분 거리에 있다. 시내 한가운데 있는 1300년의 역사를 지닌 신사로, 후쿠오카 지역 최대 축제인 '하카타 기온 야마카사 博多祇園山笠'의 피날레

구시다 신사 경내에 있는 하카타 역사관

인 '오이야마追い山'의 출발점이기도 하다. 매년 7월 1일부터 15일까지 열리는 이 축제는 1톤이 넘는 가마를 어깨에 메고 달리는 행진으로 유명하며, 이를 보기 위해 일본 전역에서 무수한 인파가 구시다 신사를 중심으로 몰려든다.

구시다 신사 도리이(관문)를 바라보고 좌측에 하카타 역사관이 있다. 후쿠오카 지역 전통 공예를 비롯해 기온 야마카사에 대한 다양한 자료를 볼 수 있다. 히젠토 역시 구시다 신사 대신 이곳에 보관 중이라는 말도 있다.

구시다 신사에서 400미터 거리에 12세기 말에 세워진 성복사聖福寺, 쇼후쿠지라는 절도 있다. 히젠토를 구시다 신사에 바친 토오 가쓰아키가 양심의 가책을 느끼자, 지켜보던 그의 조모가 명성황후의 영혼을 기리기 위해 성복사에 구리로 된 관음상을 바쳤다는 이야기가 전해진다. 그러나 이 관음상 역시 일제가 일으킨 전쟁 중 무기를 만들기 위해 공출됐고, 훗날 관음상이 있던 자리에 석상으로 된 새로운 관음상이 세워졌다.

구시다 신사와 하카타 역사관을 거쳐 성복사 관음상까지 찾아가 볼 것을 추천한다. 걸음이 이어지고 이어져야 없던 길이 만들어지듯, 다른 나라의 황후를 살해한 칼을 보관하고 있는 이 비정상의 정상화 또한 이뤄질 것이라 생각한다.

친일파 우범선과
애국자 고영근이라는 남자에 대해

1895년 10월 8일 새벽 공사관 수비를 담당하던 일본군, 그리고 일본군 교관과 내통하던 우범선 이하 훈련대 병력, 일본인 낭인이 동원돼 명성황후는 죽음을 당했다. 우범선은 명성황후의 시체를 불태우라고 지시한 것으로 알려졌다.

2009년 9월호《신동아》에 따르면 도치기현의 작은 도시 사노시佐野市의 사노시 향토박물관에 소장되어 있는 '스기무라군의 일기杉村君日記'에도 우범선이 명성황후의 사체를 소각하라는 지시를 내렸다는 기록이 남아 있다.

> "우범선이 곤녕전에 도착하니 명성황후는 이미 칼에 베여 마루에 쓰러진 채로 후후 숨을 쉬고 있었다. 장사들은 사진을 보며 왕비를 확인하려고 했으나 왕비는 두 손으로 얼굴을 가린 채 조금 있다가 절명했다. 우범선은 구연수와 하사관에게 명해 왕비의 사체를 이불 위에 얹고 그 위에 다시 이불을 덮어 새끼줄로 묶어 옆 창고에 넣었다. 곧 사체를 동산 기슭으로 옮겨 석유를 끼얹어 태웠다. 타다 남은 뼈는 하사관이 못에 갖다 버렸다."[12]

을미사변에서 결정적 역할을 한 우범선이란 남자를 잊어선 안 된다. 조선훈련대의 제2대대장이었던 그는 당시 경복궁에 침입한 일본 낭인들을 데리고 들어가는 역할을 맡았다. 을미사변 이후 한국 땅에 살 수 없었던 우범선은 이듬해인 1896년 1월 가족을 남겨 두고 일본으로 망명한다. 사카

이 나카라는 일본 여자와 결혼도 하지만 1903년 11월 24일, 히로시마현 구레시 와쇼정 2079번지(현재의 와쇼 17번지)로 알려진 집에서 살해된다. 그를 죽인 사람은 조선에서 온 고영근(高永根, 1853~1923)이었다. 고영근은 범행 직후 와쇼 파출소에 가 자수한다. 그는 우범선을 살해한 이유로 "국모시해의 원수를 갚기 위해서"라고 말했다.

놓쳐서는 안 되는 사실은, 우범선을 살해한 고영근을 살리기 위해 명성황후의 남편이자 조선의 황제였던 고종이 직접 나섰다는 점이다. 고종은 당시 주한 특명전권공사 하야시 곤스케林權助와 당시 일본 추밀원 의장이었던 이토 히로부미에게 선처를 요청한다. 결국 고종의 로비가 통해 최초 사형을 선고받았던 고영근은 5년간의 복역 후 1909년께 한국으로 돌아온다. 하지만 1년 뒤 조선은 망국한다. 이 시기 고영근의 행적도 명확하지 않다. 다만 1919년 1월 고종이 생을 마감한 뒤 그는 1922년 홍릉을 지키는 능참봉에 임명된다. 고종과 명성황후의 유해를 지키는 묘지기가 된 것이다.

고종과 명성황후를 향한 고영근의 충정은 여기서 그치지 않는다. 1922년 12월 그는 닷새간 야밤에 인부들을 동원해 방치되어 있던 황제 능비에 '고종태황제', '태황후' 등 여덟 글자를 새겨 넣은 뒤 비각 안에 세웠다. 고종의 묘비에 '황제'를 쓰지 못하게 하고 '대한' 앞에 '전前'자를 붙이라 했던 일제 때문에, 고종 사후 4년이 넘도록 묘비를 세우지 못하고 있었다. 그런데 그가 조선 땅에서 아무도 해내지 못한 일을 결국 해낸 것이다. 일제는 발칵 뒤집혔고, 고영근 역시 이 일로 인해 1923년 3월 파직되고 만다. 그는 자신의 일을 다 마쳤다는 듯 한 달 뒤 사망한다.

그가 어디에 매장됐는지는 정확한 기록이 없다. 고종과 명성황후의 묘 아래 묻혔다는 기록이 있지만 정확하진 않다. 다만 2014년 11월 25일 자 《경인일보》는 《동아일보》 기록을 바탕으로 고영근이 최초 서울 불광동에 매장됐으나 일제 시대에 도시계획으로 수원으로 이장됐다는 기록이 남아 있다고 밝혔다.

2024년 초, 영화 〈파묘〉가 선풍적인 인기를 끌었다. 영화에서 배우 유해진 씨가 연기한 인물의 이름이 고영근이었다. 우범선을 살해한 고영근에서 차용한 인물이다. 그리고 고영근의 무덤을 찾는 나의 여정이 시작됐다. 2월의 어느 주말, 그의 무덤을 찾아 집을 나섰다. 수원 계명고등학교 뒤쪽에 자리한 야산을 헤맨 끝에 그의 무덤을 어렵게 찾았다. 현장에서 무덤을 보고 크게 놀랐다.

고영근 지사 친일파 우범선을 처단했지만 그는 온전히 인정받지 못했다.

가시가 촘촘히 박힌 아까시나무 수십 개가 무덤에 뿌리내린 상태였다. 가장 황망했던 것은 무덤 정수리 부분에 약 1.5미터짜리 아까시나무가 박혀 있었다는 것이다. '저렇게 둬서는 안 된다'는 생각이 들었다. 고영근 지사에게 술 한잔 가득 부어 올린 뒤 무덤에 올라가 쇠말뚝처럼 박힌 아까시나무를 잡고 뽑았다.

하지만 심각한 문제가 있었으니, 이런 상황을 전혀 예상하지 못해 장갑이나 삽, 가위 등을 준비하지 않았던 것이다. 무덤에 박힌 아까시나무는 두 손으로 아무리 잡고 흔들고 용을 써도 꼼짝을 하지 않았다. 결국 두 손으로 뿌리 부분의 흙을 하나하나 걷어냈고, 드러난 뿌리를 온 힘을 다해 잡아챘다. 무덤 곳곳에 박혀 있던 다른 가시나무도 같은 방법으로 다 제거했다. 집에 돌아와 보니 두 손 가득 피멍이 들었고, 온몸이 가시에 긁힌 상처투성이였다. 그래도 고영근 지사 무덤 정수리에 박힌 아까시나무를 뽑아냈으니 되었다.

친일파 우범선을 처단했지만 그의 활동은 망국 이전에 이뤄졌다는 이

> **고영근 지사의 묘** 야산을 헤맨 끝에 그의 무덤을 찾아 소주 한잔 가득 올렸다.

유 등으로 온전히 인정받지 못했다. 소주 가득 부어 뿌리며 말했다. "지사님, 너무나 뒤늦게 찾아왔습니다. 죄송합니다. 하지만 마음 다했습니다. 부디 해방된 조국에서 편히 잠드세요. 다음에는 더 많은 시민들과 함께 오겠습니다."

오래된 땅에 남은 백제의 흔적
미즈키 유적

백제의 마지막 왕은 의자왕(미상~660, 재위 641~660)이다. 660년에 사비성이 함락되고 의자왕이 수모를 당한 뒤 당나라로 끌려가면서 백제가 멸망했기 때문이다. 하지만 이후로도 부흥운동이 이어졌으니, 663년 백강전투로 완전히 사라지기 전까지 백제는 여전히 살아 있었다고 볼 수 있다. 당시 백제부흥군을 이끌었던 이는 의자왕의 아들 부여풍이었다. 그는 일본에 있다가 백제로 귀환해 백제 부흥군의 지도자로 추대되었다.

부흥전쟁 초기에는 사비성과 웅진성을 거의 되찾을 뻔할 정도로 기세가 좋았다. 하지만 단결해도 부족할 상황에서 백제부흥군을 실질적으로 이끌던 귀실복신과 승려 도침 사이에 불화가 발생했다. 복신이 도침을 사살함

미즈키 유적 지금은 터만 남은 미즈키(수성)의 축조에는 백제 출신 유민들이 참여하였고, 자연스레 백제 성벽과 같은 기술이 사용되었다.

으로써 정리되는 듯했으나 백제군의 내분을 신라군이 파고들었다. 신라군은 부흥군이 점령했던 땅을 하나둘 다시 확보하기 시작했다. 이에 부흥군은 왜에 원군을 요청했고, 나카노오에 왕자(훗날의 덴지 일왕, 668년 즉위)는 수만에 달하는 왜군을 원군으로 보낸다. 그런데 진짜 문제는 내부에서 발생한다. 부여풍이 실권자였던 복신을 반란죄로 몰아 처형해 버린 것이다. 결국 왜군의 힘을 빌려 역전하려 했던 부흥군의 꿈은 백강전투에서 참패하면서 무너진다. 백강전투로 모든 것을 잃은 부여풍은 고구려로 탈출하고, 부흥군의 거점인 주류성(현재의 충남 서천군 한산 일대 추정) 역시 나당 연합군의 공격에 넘어가고 만다. 700년 넘게 이어져 온 백제의 이름이 역사에서 완전히 사라지고 만 것이다.

백강전투 이듬해인 664년 나카노오에는 나당 연합군이 하카타(현재 후쿠오카현 북서부 일대)를 통해 규슈 지역 정치·행정의 중심지인 다자이후大宰府로 공격해 올 것을 대비해, 다자이후의 북서쪽 평야 지대 한가운데 토루土壘(흙으로 쌓은 둑) 형태의 방어 시설인 수성水城, 미즈키을 쌓게 했다. 미즈키는 토루 앞에 해자를 두고 물을 채운 구조로,《일본서기日本書紀》에는 "큰 제방을 쌓고 물을 저장하게 하였으며, 이를 수성水城이라 부른다"고 기록되어 있다. 665년에는 오노성과 기이성, 나가토성 등을 쌓게 했다.

성의 축조에는 백제부흥운동 실패 후 왜로 망명한 백제 출신 유민들이 참여하였고, 자연스레 백제 성벽과 같은 축조 기술이 채용됐다. 그러나 이렇게 준비했던 백제 스타일의 성은 실제 전투에 사용되진 않았다. 1274년에 원나라의 요구로 고려와 원의 연합군이 하카타만까지 진격했지만, 다자이후까지 진입하지 않고 퇴각해 미즈키에서 전투는 일어나지 않았다.

규슈 역사박물관은 미즈키 유적에 대해 중국의 만리장성과 유사한 구조물이라며, 폭 약 60미터의 외해자와 길이 약 1.2킬로미터에 폭은 약 80미터, 높이는 약 9미터인 2단 흙제방으로 이루어져 있다고 설명한다. 미즈키는 주변 지형과 유기적으로 연결되어 여러 방어 시설과 함께 내륙으로의 침입을 막는 역할을 했다.

  이곳에 서볼 것을 추천하는 이유는, 1400여 년 전 백제인의 숨결이 여전히 이곳 미즈키 유적을 비롯해 열도 전역에 전해지기 때문이다. 만주 벌판에 서면 고구려와 발해의 기상이, 일본 열도에 서면 백제인의 선진 문명이 아로새겨진다.

규슈의 역사를 만나는 시간
다자이후 정청과 규슈 국립박물관

미즈키에서 차로 10분 거리에 다자이후 정청과 규슈 국립박물관이 있다. 다자이후는 지역 이름이자 7세기부터 12세기까지 운영된 행정기구 명칭이기도 하다. 다자이후 정청은 이 행정기구의 중심 건물로, 관리들이 정무를 보던 본청이었다. 다자이후는 고대 이래로 규슈 지역의 정치 중심지이자 경제·문화적으로도 중요한 곳이었다. 특히 신라나 당 등 외국 세력을 외교·군사적으로 상대할 때 규슈의 관문이자 방어의 최전선으로 기능했으며, 당시에는 '서쪽의 수도'로 불릴 만큼 번영했다. 이러한 배경에서, 백제부흥군을 지원하기 위해 보낸 수만 병력이 패하자 나카노오에가 백제

다자이후 정청 지금은 주춧돌과 터만 남아 있다.

유민들을 동원해 백제식 산성을 쌓고, 규슈 일대를 총괄하는 행정 기구를 설치했다. 이것이 다자이후의 유래다.

그러나 시간이 흘러 다자이후의 역할은 축소되었고, 이곳으로 부임되는 것을 '좌천'으로 인식하는 경향 또한 늘었다. 나라 시대인 740년에 당대의 귀족인 후지와라노 히로츠구藤原広嗣가 다자이후로 좌천된 것에 불만을 품고 반란을 일으키기도 했다. 그리고 지금은 다자이후 정청 주춧돌과 터만 남아 있다.

다자이후 정청 터 인근에 규슈 국립박물관이 있다. 도쿄, 교토, 나라에 이어 2005년 네 번째로 설립된 국립박물관으로, 다른 박물관과 달리 미술품보다는 역사의 흐름을 강조하는 역사박물관이다. 무엇보다 규슈라는 지역 특색을 감안해 한국과 중국 등 주변국들과의 문화 교류 관련 전시에도 상당한 신경을 쓰고 있다. 백제인의 숨결이 남은 미즈키를 살핀 뒤 다자이

토비우메(날아온 매화) 다자이후 천만궁에 있는 6000그루의 매화나무 중 가장 유명하다.

후 정청과 규슈 국립박물관까지 둘러보면, 한반도와 일본 및 규슈의 지난 역사를 한눈에 살펴볼 수 있다. 함께 보기를 추천한다.

하나 더! 박물관 인근에 다자이후 천만궁天滿宮, 텐만구이 있다. 10세기에 건축된 이 신사는 문학과 배움의 신으로 신격화된 9세기 정치가이자 학자 스가와라노 미치자네菅原道眞를 모신 곳이다. 학문의 신을 모신 곳이다 보니 입시철이 되면 전국에서 몰려든 수험생과 부모들로 발 디딜 틈이 없다고 한다. 특히 신사 경내에 6000그루의 매화나무가 심어져 있어, 겨울 끝자락에 매화가 피기 시작하면 아름다운 경관이 펼쳐진다고 한다. 개인적으로 꼭 확인해 보고 싶은 풍광이다.

3부 — 시모노세키

01
영화 <허스토리>의 진짜 현장
야마구치 지방법원 시모노세키 지부

2022년 6월부터 서초동 법원으로 출근하고 있다.《오마이뉴스》법조 담당인 까닭인데 덕분에 의미 있는 재판을 볼 일이 많다. 2023년 5월 11일 서울고등법원에서 취재한 재판도 그중 하나다.

야마모토 세이타라는 이름의 일본인 변호사가 증인으로 출석해 장장 세 시간에 걸쳐 대한민국 법원이 일본 정부의 손을 들어줘서는 안 되는 이유를 설명했다.

"이번 사건은 법규 위반으로 인해 초래된 심각한 인권침해다. 피해자들은 수십 년에 걸쳐 일본 재판소와 미국 재판소 또 국제 재판소 중재 등 여러 방법을 시도했다. 마지막 수단으로 국내 재판소에 호소하며 소송을 제기한 것이다."

야마모토 세이타 변호사는 1953년생으로, 1992년 위안부와 근로정신대 피해자 등 열 명이 일본 정부를 상대로 사죄와 배상을 요구하며 제기한

야마구치 지방법원 시모노세키 지부 어디서나 흔히 볼 수 있는 이 곳에서 역사적인 판결이 나왔다.ⓒ そらみみ

소송, 일명 '관부關釜재판'*에서 피해자 측을 대리했다. 그는 시모노세키 지방법원(1심) 재판부로부터 역사적인 일부 승소 판결을 받아 냈다. 피해자들이 당시 상륙한 지역이 시모노세키였던 까닭에 시모노세키 지방법원에 소송을 제기했다. 시모노세키 지방법원은 중소도시 어디서나 흔히 볼 수 있는 크지 않은 규모에, 바로 옆에는 지역 검찰청이 자리해 있고 담장 너머로 초등학교와 고등학교도 있다. 1998년 이 평범한 법원에서 역사적인 위대한 판결이 나온 것이다.

6년 동안 진행된 이 재판에서 일본 1심 재판부는 원고 측이 제기한 다섯 가지 청구 중 '입법 부작위에 의한 국가배상책임'을 인정했다. 1993년 일본군 위안부 모집의 강제성을 처음 인정한 고노 요헤이 관방장관의 담화 이후에도 일본 정부가 배상 의무를 다하지 않았다는 이유에서였다. 이 과

---

* 일본 하관下關(시모노세키)과 대한민국의 부산釜山을 오가며 재판이 진행되어 붙여진 이름이다.

정이 2018년 개봉한 영화 〈허스토리〉의 줄기가 됐다.

하지만 역사는 전진하지 못했다. 일본 재판부는 일본 정부의 뜻에 따라 승소 판결을 뒤집었다. 우리 법원 역시 국가면제 등을 이유로 위안부 피해자를 외면해 왔다. 이 책에서 시모노세키 법정을 이야기하는 이유는 단순하다. 부산과 시모노세키를 오가며 소송에 임했던 피해자들의 위대한 걸음을 기억하기 위해서다. 시모노세키 법원 앞에서 위안부 피해자들을 위한 술 한잔 올렸으면 하는 바람이다.

관부재판 판결로부터 25년 뒤, 대한민국 법정에 증인으로 선 야마모토 변호사는 시종일관 불법행위를 국가면제에서 예외로 두는 것은 국제법 위반이 아니라고 주장했다. 대한민국 법정에서 일본 정부를 상대로 손해배상 청구를 제기한 것이기에 국가면제가 쟁점이 되었기 때문이다. 국가면제란 한 국가 또는 국가의 재산이 다른 국가 법원의 재판 대상이 되지 않는다는 국제관습법이다.

부관 페리 1905년부터 1945년까지 부산과 시모노세키 항로를 오가던 정기선을 '관부연락선'이라 불렀다. 이 항로는 1945년 미국의 공습으로 운영이 중단되었다가, 한일 국교 정상화 이후 1970년부터 다시 배가 오갔다. 사진은 2002년 취항을 시작한 성희호다. 비행기 대신 뱃길로 가봐도 좋겠다.© Kei365

보고 싶은 김복동 할머니 위안부 피해자로서 아픔을 겪었지만 일생을 인권운동가로 살며 여성인권 회복을 위해 노력했다.

당시 일본 정부는 국가면제를 주장하며 '페리니 사건'을 근거로 들었다. 페리니 사건은 국가면제를 적용해, 제2차 세계대전 중 독일이 이탈리아인 루이지 페리니에게 자행한 불법행위에 대해 배상할 책임이 없다고 본 판결이다. 독일군에 의해 강제 노역에 끌려갔던 페리니는 1998년 자국 법원에 독일 정부를 상대로 손해배상 청구 소송을 제기했다. 1심과 2심은 국가면제에 해당한다며 기각했다.

하지만 2004년 이탈리아 대법원은 "기본적 인권의 침해는 국가면제를 포함한 다른 상충하는 법보다 우선한다"[13]며 원심을 파기했다. 우리는 어땠을까? 2016년 12월 일본군 위안부 피해자 이용수 할머니와 고故 곽예남·김복동 할머니의 유족 등 열여섯 명이 일본 정부를 상대로 손해배상 청구 소송을 냈지만, 2021년 4월 한국 1심 재판부는 국가면제가 인정된다는 이유로 소송을 각하했다. 다행히 피해자들과 야마모토 변호사 등 관련자들의 노력으로, 2023년 11월 23일 대한민국 법원(서울고등법원)은 일본군 위안부 피해자들이 일본 정부를 상대로 제기한 손해배상청구소송 항소심에서 1심 판결을 뒤집고 원고 청구를 부분 인용해 인당 5000만 원에서 2억 원의 위자료를 지급하라고 일본 정부에게 명령했다.

물론 일본이 이행하는 게 중요하다. 페리니 사례에서 독일은 이탈리아 대법원의 판결에 대해 2008년 국제사법재판소에 제소했고, 2012년 국제사법재판소는 다수 의견으로 독일의 국가면제권을 인정했다. 그러자 이탈리아 의회는 국제사법재판소의 판결을 존중해 자국 법원에 국가면제 적용을 강제하는 법률을 제정했다. 이에 이탈리아에서 법률에 대한 위헌법률심판이 청구되었고, 이탈리아 헌법재판소는 2014년 재판관 전원일치 의견으로 위헌 판결을 내렸다. 하지만 독일은 아직 페리니에게 배상하지 않았다. 일본은 상고를 포기했지만 우리 정부에 항의하면서 아직 위자료 지급을 이행하지 않고 있다.

재판부는 판결을 선고하며 "피고는 전쟁 중 군인들의 사기 진작 등을 목적으로 위안소를 설치·운영하면서, 당시 10·20대에 불과하였던 이 사건 피해자들을 기망·유인하거나 강제로 납치하여 위안부로 동원하였다"고 말하며, 한반도에서 일어난 위안부 동원 과정에서의 불법행위를 인정했다. 그러면서 "피고의 위와 같은 행위는 대한민국 민법상 불법행위에 해당하고, 이 사건 피해자별 위자료는 원고들이 이 사건에서 일부 청구로 주장하는 각 2억 원은 초과한다고 봄이 타당하다"라고 강조했다. 아울러 "1965년 청구권 협정이나 위안부 관련 2015년 한일합의 등이 위 손해배상청구권을 소멸시킬 수 있는지 여부, 소멸시효의 완성 여부 등은 피고가 변론하지 않아 이 사건의 쟁점 자체가 되지 않는다"라고 덧붙였다.

또한 재판부는 1심 판결을 뒤집은 만큼, 이러한 결정을 내린 이유를 별도 설명 자료를 내서 자세히 설명했다. 특히 최대 쟁점이었던 국가면제에 대해 재판부는 "현재까지 형성된 국제관습법상 일본국에 대한 대한민국의 재판권을 인정함이 타당하다"며 구체적인 사례를 덧붙여 입장을 밝혔다.

> "UN 국가면제협약, 유럽 국가면제협약 및 미국, 영국, 일본 등 다수 국가의 국내법 입법 내용에 더하여 이탈리아 법원의 페리니 판결, 브라질 최고재판소의 판결, 2022년 선고된 우크라이나 대법원 판결 등 '법정지국 영토 내 인신상 사망이나 상해를 야기하는 등의 불법행위'에 관하여 가해 국가의 국가면제를 인정하지 않는 내용의 국가 실행이 다수 확인된다."

선고 후 위안부 피해자 이용수 할머니는 "내 소원은 할머니들이 눈감기 전에 일본이 진심으로 사죄하고 판결에 따라서 법적 배상을 해주는 것"이라면서 "할머니가 한 분이라도 더 계실 적에 일본이 잘못을 뉘우치고 사죄하고 법적 배상을 해야만 우리 일본과 한국은 이웃이 되는 것"이라고 목소리를 높였다. 남은 것은 대한민국 법원의 선고에 따른 일본 정부의 이행이다.

항소심 선고 후 한 달 반, 2024년 1월 정의기억연대와 민주사회를 위한 변호사모임 등 시민사회단체는 해당 판결문의 영어, 일본어 번역본을 공개했다. 한글과 영어, 일본어로 된 항소심 판결문의 주문 첫 줄은 아래와 같다.

제1심 판결을 취소한다.
The judgment of the first instance is revoked.
第1審判決を取り消す.

02
시모노세키에 새겨진 선조들의 위대한 발걸음
조선통신사 상륙지

감개무량. 간몬關門해협에 발을 내딛는 순간 느껴지는 감정이다. 그도 그럴 것이 수백 년 전 조선의 통신사들이 대한해협을 건너 지금 내가 서 있는 이곳에 발을 내디뎠으니 어찌 감개무량하지 않을 수 있나.

통신사는 조선의 왕이 일본의 막부 장군에게 보낸 공식 외교사절로, 조선 시대를 통틀어 총 20회(전기 8회, 후기 12회) 파견되었다. 정사와 부사, 종사관 등 삼사三使를 필두로 외교사절, 학자, 도공, 화원, 예인 등을 포함해 최소 328명에서 최대 504명에 이르는 대규모였다. 임진왜란 이후의 조선 통신사는 전기에 비해 규모가 커졌다. 조선 전기 통신사 파견의 주된 목적은 왜구 문제 해결이었다. 조선은 통신사를 통해 일본 내 정황을 파악하고자 했다. 그 대표적인 결과물이 1443년 통신사에 종사관으로 참여한 신숙주가 일본에 다녀온 경험을 바탕으로 쓴《해동제국기海東諸國記》다. 해동제국이란 조선 동쪽 바다 건너 여러 나라들이라는 뜻으로, 일본의 혼슈, 규슈, 이키섬, 대마도, 류큐 제도 등을 통칭하는 표현이다. 신숙주는 이들 지역의 지세·국정·국교 등을 매우 자세히 기록했다.

간몬해협에 세워진 조선통신사 상륙비 '조선통신사 상륙 엄류 터(朝鮮通信使上陸淹留之地)'라고 써 있다.

1590년, 임진왜란 직전 파견된 통신사행의 최우선 임무는 도요토미 히데요시의 동향을 탐지하는 것이었다. 그러나 귀환 후 정사 황윤길과 부사 김성일은 히데요시의 전쟁 도발 가능성에 대해 서로 반대되는 보고를 했다. 동인과 서인이 대립하는 정치 상황과 맞물리면서, 일본 정탐의 결과는 오히려 혼란만 가중시켰다. 임진왜란 후 통신사 파견은 강화 교섭, 포로 교환, 국정 탐색, 조총 등 무기류의 대량 구매와 같은 전략적 목적이나 막부 장군의 습직(계승) 축하를 목적으로 이루어졌다.

통신사는 목적지인 교토와 에도(지금의 도쿄)로 향하는 길에 이곳 시모노세키에 들렀다. 1763년 말 조선통신사 종사관 서기로 이곳에 발을 디딘 퇴석 김인겸(金仁謙, 1707~1772)은 《일동장유가日東壯遊歌》에서 시모노세키를 이렇게 묘사한다.

"산도 낮고 물도 적어 / 산수도 빼어나고, / 여염도 즐비하다. / 평지가 전혀 없어 / 갯가의 크고 작은 집들 / 돌을 쌓아 올려 / 삼사 장[약 9~12미터]씩 높게 하고, / 그 위에 집을 지어 / 집과 집이 닿아 있고 담장이 이어져 있다."[14]

화원 이성린의 〈사로승구도〉 중 '적간관(赤間關)'
적간관은 시모노세키(下関)의 옛 이름이다.

통신사를 태운 배가 간몬해협으로 들어서면 시모노세키에서 많게는 100여 척의 안내선이 환영했다. 일본은 왜 이렇게 조선통신사를 환영했던 것일까? 이 또한 정치적 목적이 다분했다. 외교적 상징인 통신사를 통해 막부는 자신들의 불안정한 체제를 공고히 하고자 했다. 수백 척의 배를 동원해 대규모 환영 행사를 거행한 것은 이러한 정치적 효과를 극대화하기 위한 전략이었다.

그러나 18세기에 접어들면서 동아시아 정세가 안정되자 통신사 파견 역시 점차 의례적인 성격을 띠게 된다. 특히 18세기 이후 통신사는 정치적 목적보다는 양국 문인들 간의 학문적·문화적 교류에 집중한다. 이런 추세가 고착되면서 점차 양국 모두 통신사 파견의 절실함을 느끼지 못하게 되었다. 결국 일본의 수도인 에도까지 가서 쇼군을 알현하고 국서를 교환하던 통신사 사절은 규슈의 변방인 대마도對馬島, 쓰시마섬에서 국서를 교환한 1811년의 역지통신易地通信을 끝으로 막을 내렸다. 이후 양국은 다시 대마도 역지통신을 추진했지만 재정적 어려움 등으로 실행되지 못했다. 이러한 교류의 흔적을 선명하게 느낄 수 있는 공간이 바로 시모노세키

간몬해협 전경 아카마 신궁에서 바라본 모습이다.

간몬해협 입구에 자리한 조선통신사 상륙비다.

아무도 관심 갖지 않는 비석 앞에 서서 유심히 비를 보고 있자 한 노신사가 다가와 한국인이냐고 물어 왔다. 놀랍게도 우리말로. "한국인입니까?" "그렇습니다. 어떻게 아셨어요?" "조선말 앞에서 글을 읽고 있길래 한국인인 줄 알았지요." "한국에서 오셨어요?" "아닙니다. 일본에 살고 있는 조선사람입니다."

대화는 여기까지였다. '일본에 사는 조선사람'이라고 스스로를 규정한 뒤 그는 즐겁게 여행하라는 인사를 남기고 떠났다. 그는 어디 출신일까? 일제 식민 치하에서 일본으로 이주하거나 강제로 동원된 조선인들은 이후 '한국 국적'을 가진 사람, '조선적'을 가진 사람, '일본 국적'을 가진 사람으로 분류된다. 이들을 포괄적으로 재일조선인이라 부른다. 내게 말을 건 노신사의 아버지 혹은 그 위 세대 또한 일본이 조선을 병합한 1910년 이후 자발적으로 혹은 강제동원되어 일본으로 건너왔다가, 고향으로 돌아가지 않고(또는 못하고) 일본 국적을 취득하거나 조선적을 가진 채로 일본에 정착했을 것이다.

패전 후 일본은 1947년 '외국인 등록령'을 공포하고 시행했다. 재일조선인은 일본 국적이 있다 하더라도 외국인으로 간주한다는 규정에 따라, 외국인 등록 대상이 되었다. 등록을 하려면 국적을 신고해야 했는데 재일조선인들에게는 심각한 문제가 있었다. 당시 한반도는 일본으로부터 해방되었지만 완전한 독립을 이루지 못한 채 미소 양국에 의해 남과 북으로 분단된 상태였다. 이런 상황에서 재일조선인은 국적을 '조선'이라 신고했다. 조선이라는 국가가 아니라 민족적 의미의 조선이었다.

1948년 조선 땅에 대한민국과 조선민주주의인민공화국 두 정부가 수립되었다. 그러나 일본 정부는 두 국가 모두 승인하지 않았고 재일조선인들은 계속 조선 국적을 유지할 수밖에 없었다. 그러다 1952년 샌프란시스코 강화조약이 발효되면서 일본 국적도 상실하고, 이들은 국적 없이 일본에 거주하는 외국인이라는 불안정한 신분이 되었다. 이후 1965년 한일협정으로 일본 정부가 대한민국을 승인하면서, 외국인 등록상의 국적을 조선에서 대한민국으로 변경하거나 선택하는 사람이 늘었다.

하지만 여전히 스스로를 '조선인'이라 부르는 이들이 존재했고, 이날 시모노세키 조선통신사 상륙비 앞에서 만난 노신사 역시 민족적 정체성으로 자신을 조선인이라 칭한 것일 테다. 물론 조선이라는 말을 북한을 뜻하는 조선민주주의인민공화국으로 여기는 사람들 또한 존재한다.

바닷가에 앉아 시모노세키와 후쿠오카를 잇는 간몬대교와 해저터널을 꽤 오래 바라보았다. 여러 목적을 가지고 뱃길을 건너온 조선통신사, 훗날 부산과 시모노세키를 잇는 관부연락선을 타고 자의든 타의든 이곳으로 건너온 조선 청년들이 떠올랐다.

붉디붉은 아카마 신궁에서 조선통신사를 기억하다

조선통신사 상륙비 바로 뒤쪽에 일곱 살 어린 나이로 바다에 몸을 던져 자결한 안도쿠 일왕(1178-1185)을 기리는 신사, 아카마 신궁赤間神宮이 있다. '아카赤'라는 말에서 드러나듯 붉은 건물이 도드라진 곳이다. 조선통신사 일행은 이곳을 숙소로 사용했다. 아카마 신궁에는 조선통신사 화원 이성린(李聖麟, 1718~1777)의 〈사로승구도槎路勝區圖〉 사본이 있다고 한다. 조선통신사 화원 기록 중 대표적인 것으로 꼽히는 〈사로승구도〉는 총 30폭으로, 부산에서 일본의 에도에 이르기까지 각 도착지의 경관과 명승지, 사행 중 현지에서 본 인상적인 장면이 담겨 있다. 통신사가 머물렀던 아카마 신궁에서 사본이나마 직접 볼 수 있다면 느낌이 또 다를 텐데, 아쉽게도 일반 공개를 하지 않는다. 그래도 진본은 국립중앙박물관에서 소장하고 있고, 박물관 웹사이트에서 볼 수 있으니 참고하자.

03
조선의 운명을 왜 당신들이…
청일강화기념관

　　　　　　청일전쟁에서 승리한 이토가 이홍장을 불러다 그 유명한 시모노세키 조약을 맺은 곳에 왔다. 재밌는 건 역사를 뒤흔든 그 장소가 춘범루春帆樓라는 음식점이라는 것이다. 지금도 성업 중인 고급 복어요릿집이다. 여담이지만 시모노세키 지역 특산물이 바로 복어다. 시모노세키 곳곳에서 복어 요리를 아주 쉽게 접할 수 있다는 뜻이기도 하니, 시간을 내서 복어탕과 복어지리를 먹어 볼 것을 추천한다. 다만 시모노세키에서는 복어ふぐ, fugu를 일본식 발음인 '후구'가 아니라 '후쿠'로 발음한다. 복福자와 음이 같기 때문이다. 복어를 먹으면 복이 들어온다는 이유라고 한다. 식당에 들어가 복을 부르는 '후쿠'를 시켜 먹자.
　　청일강화회담이 열렸다는 이유로 춘범루 한편에 이토의 동상이 세워져 있고 바로 옆에 강화기념관도 있다. 시모노세키 강화기념관, 청일강화기념관으로도 부르지만, 정식 이름은 일청강화기념관이다. 기념관에는 청일강화조약 1조가 전시되어 있는데, 내용을 보자. "청국은 조선국이 완전무결한 독립 자주국임을 확인한다. 따라서 자주독립을 훼손하는 청국에 대한 조선국의 공헌貢獻·전례典禮 등은 장래에 완전히 폐지한다." 일제가 우

춘범루 옆에 있는 이토 히로부미와 무쓰 무네미쓰의 흉상 조선의 운명이 외인들의 손에 의해 정해졌다.

강화기념관에 전시된 청일강화조약 1조 보통 '시모노세키 조약'이라고 부르지만, 정식 명칭은 '청일강화조약'이다.

호적으로 조선의 독립을 요구하는 것처럼 보이지만, 조선 병합의 최대 걸림돌이었던 청의 간섭을 배제하고 일본이 조선을 지배하겠다는 의미다.

청일전쟁에서 완패한 청나라는 1895년 3월 북양대신 이홍장李鴻章을 강화 전권대사로 일본에 파견했다. 일본의 전권대사는 이토 히로부미, 부대사는 무쓰 무네미쓰陸奧宗光였다. 일본은 처음부터 매우 강경했다. 청나라에 조선 종주권 포기, 막대한 배상금, 영토 할양 등을 요구했다. 당연히 이홍장은 배상금과 영토 할양을 줄이려 했으나 패전국이기에 협상력이 부족했다. 협상이 진행 중이던 3월 24일, 이홍장이 시모노세키 시내를 걷다가 일본인 청년에게 권총 공격을 받아 중상을 입는 일이 발생했다. 일본은 협상국 인사의 신변을 보호하지 못한 것에 유감을 표명하며 일부 조건을 다소 완화하겠다고 말했지만, 실질적으로 달라진 내용은 없었다.

결국 1895년 4월 17일 조약은 체결되었다. 청나라는 조선에 대한 종주권을 포기하고 조선의 독립을 인정한다, 일본은 청나라로부터 랴오둥 반도와 대만 등을 영원히 할양받는다, 일본은 청나라로부터 군비 배상금으로 고평은庫平銀 2억 냥을 받는다는 것 등이 주요 내용이었다.

그러나 일본의 확장을 반대한 러시아, 프랑스, 독일이 삼국간섭을 통해 랴오둥 반도를 청에 반환하도록 일본을 압박했고 일본은 3천만 냥을 추가로 받는 조건으로 그에 동의했다. 조선은 삼국간섭 이후 러시아의 힘을 인식했고, 1896년 2월 아관파천을 통해 일본의 내정간섭에서 잠시 벗어났다. 하지만 고종이 다시 환궁할 때까지 러시아의 간섭 아래 놓여 있었다. 러시아와 일본은 조선을 두고 대립했고, 그 결과 1904년에 이르러 러일전쟁이 발발했다. 이 과정에서 을미사변이 일어나 일제 낭인들에 의해 명성황후가 시해되는 참변도 발생했다. 청-일 간의 조약이 조선에 외세의 간섭과 내정 혼란을 가속화한 계기가 된 것이다.

그러나 일본 입장에서는 청을 꺾고 아시아의 맹주로 부상하는 결정적 계기가 된 조약이기 때문에, 그 의의를 기념하기 위해 시모노세키 춘범루에 청일강화기념관을 세워 1937년 6월 개관한 것이다. 기념관을 둘러본 뒤 밝게 웃는 이토와 구겨진 이홍장의 얼굴을 봤다. 씁쓸하면서도 묘한 마음이 밀려오는 역사의 현장이다.

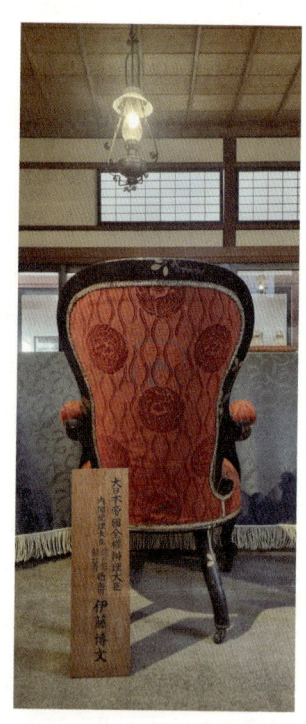

이토의 의자 강화기념관에는 회담 당시 이토가 앉았던 의자까지 전시되어 있다.

그 유명한 간몬해협을
걸어서 건너 보자

조선통신사 상륙지에서 간몬해협을 따라 걷다가 "와~" 탄성을 자아내는 장면을 마주했다. 족히 수백 미터는 되어 보이는 초대형 선박이 눈앞을 지나고 있었다. 장관이었다. 좁은 곳은 폭이 약 600미터 정도인 해협으로 이렇게 거대한 배가 다닌다니! 하지만 규슈와 혼슈 사이에 자리한 이 좁은 해협이 큰 바다를 지나 열도로 들어오는 길목이기 때문에 여기를 지날 수밖에 없다. 전략적 요충지라는 뜻이다. 이것이 조선통신사의 길이 간몬해협으로 이어진 이유이고, 12세기 말 겐페이 전쟁(1180~1185)이 간몬해협에서 펼쳐진 까닭이다. 이 때문에 시모노세키 방면 간몬대교 아래쪽에 자리한 히노야마 공원에 겐페이 해전을 묘사한 동상이 세워졌다.

동상 바로 옆에는 여전히 날 서 보이는 '조슈포'도 있다. 이름에서부터 조슈번에서 사용된 것임을 알 수 있는 거대한 포들이 해협을 조준하고 있다. 1863년에 조슈번은 미국, 영국, 프랑스, 네덜란드 4국 함대를 포로 공격했고, 이듬해인 1864년에는 4국 연합 함대가 시모노세키를 포격하고

점령한다. 이른바 시모노세키 전쟁이다. 조슈번은 외세와의 전쟁에서 패했지만 오히려 해외에서 새로운 지식과 기술을 적극적으로 도입해 군비와 군제를 현대화한다. 또한 사카모토 료마와 나카오카 신타로 등의 중개로 1866년 3월 7일 사쓰마번과 삿초 동맹薩長同盟을 맺어 막부를 종식시키고, 이는 결국 메이지 유신으로 이어진다. 자세한 내용은 바로 다음 장에서 다룬다.

메이지 유신을 통해 근대화를 이룬 일본은 조선을 침탈하고 점령했다. 그리고 일제에 나라를 빼앗긴 조선의 청년들은 관부연락선을 타고 수없이 이곳 간몬해협을 통과했다. 그중에는 와세다대학을 나와 극작가로 이름을 날린 김우진과 〈사의 찬미〉로 유명한 배우이자 성악가 윤심덕도 있었다. 이들은 1926년 함께 이곳 시모노세키를 출발해 간몬해협을 지나 대한해협에 들어섰을 때 바다로 몸을 던졌다.

지금은 그 간몬해협 위로 다리가 놓였고 아래로는 해저터널이 생겼다. 이름은 각각 간몬대교와 간몬터널로, 간몬대교는 차로만 건널 수 있지만 간몬터널로는 걸어갈 수 있다. 간몬터널은 길이가 780미터에 이르는데, 시모노세키에서 모지항 방면으로 걸어서 약 20분 정도 걸린다. 안내상으

조슈포 간몬해협을 향해 있는데, 어쩐지 날 서 있는 듯 느껴진다.

간몬해협 해저터널 간몬터널을 걸으면서 이 해협을 거쳐 이루어진 교류와 충돌을 생각해 본다.

로는 15분이라 하지만 경사가 있어서 실제 걷다 보면 '이거 정말 15분 만에 갈 수 있는 거 맞아?' 하는 생각이 계속 든다. 아무튼 걸음을 잇다 보면 중간에 후쿠오카현과 야마구치현을 나누는 경계도 만난다. 사진을 찍기 위해 줄 선 사람들이 꽤 있는데, 시모노세키 쪽은 복어 표시가, 모지항 방면은 JR모지항역이 그려져 있다. 모지항은 1889년 메이지 시대에 개항해 일본의 3대 항구로 손꼽혔던 곳으로, 지금은 옛 건물을 활용한 레트로 관광지가 됐다.

 터널을 걷다 보면 불현듯 머리 위로 거대한 선박이 오간다는 사실이 떠오른다. 인간의 기술이 경이롭게 느껴지기까지 한다. 물론 그런 감상 때문에 이 터널에 가보기를 추천하는 것은 아니다. 이곳에서 일본의 역사가 펼쳐졌고, 이곳이 한반도와 조선의 관계에서 주요한 관문이었기 때문이다. 조선통신사의 왕래부터 일제강점기 강제동원의 비극까지, 이 좁은 해협을 오가며 교류도 충돌도 있었다. 이 터널은 마치 과거와 현재를 잇는 듯한 느낌을 준다.

04
메이지 유신을 이끈 두 집단을 이해하지 않고서는
조슈번과 사쓰마번

여기 사진 한 장이 있다. 1872년에 촬영된 사진으로, 가운데 일본 전통의상을 입고 앉아 있는 남성을 제외하고 나머지 인물들은 모두 서구식 양복 차림이다. 왼쪽부터 기도 다카요시, 야마구치 마스카, 이와쿠라 도모미, 이토 히로부미, 오쿠보 도시미치다. 일본이 서양과 맺은 불평등 조약을 재협상하기 위해 메이지 정부가 파견한 이와쿠라 사절단의 주요 인물들이다. 일본의 근대를 이끈 메이지 유신을 이야기하면서 왜 이 사진을 꺼내 들었을까? 한 명 한 명이 일본 메이지 유신의 주역이기 때문이다.

특명 전권대사였던 이와쿠라 도모미岩倉具視를 비롯해 메이지 유신의 유신삼걸維新三傑 중 한 사람이자 일본제국 제1·3·5대 내무경을 지낸 오쿠보 도시미치大久保利通, 마찬가지로 유신삼걸이자 일본제국 제2대 내무경을 지낸 기도 다카요시木戸孝允, 우리에겐 너무나 악명 높은, 안중근 장군 손에 처단된 일본 제4·6대 내무경이자 초대 내각총리대신을 지낸 이토 히로부미伊藤博文, 일본제국 초대 회계검사원장을 지낸 야마구치 마스카山口尚芳다.

이와쿠라 사절단 한 명 한 명이 메이지 유신의 주역이다.

1871년 12월 23일 이와쿠라 사절단이 일본 요코하마를 출발한다. 그리고 1년 8개월 21일째 되는 1873년 9월 13일 요코하마로 돌아온다. 사절단은 미국·영국·프랑스·벨기에·네덜란드·프로이센·러시아·덴마크·스웨덴·이탈리아·오스트리아·스위스 등 서구 12개 국가를 공식 순방했다. 방문한 국가마다 황제와 여왕, 대통령, 총리 등 국가 원수를 면담했다. 귀환길에는 지중해와 수에즈 운하를 지나 인도·싱가포르·베트남·홍콩·상하이 등에 기항했다. 불평등 조약 재협상에는 실패했지만, 12개국 120개 도시를 순방하며 각국의 문물을 흡수함으로써 일본의 근대화 경로를 결정지은 여정이었다.

이와쿠라 사절단의 표면적인 목적은 메이지 유신 이후 일본과 조약을 맺은 서구 제국 수장들에게 일왕의 국서를 전달하는 것이었다. 하지만 진짜 목표는 최혜국 대우 등으로 점철된 불평등 조약을 개정하는 것이었다. 반강제로 개항하면서 수용할 수밖에 없었던 불평등 조항을 '만국공법(국제법)'의 취지에 맞게 바꾸는 게 진짜 목표였다. 그리고 이를 바탕으로 서구의 선진 문물을 습득하겠다는 것이 두 번째 목표였다.

3부 시모노세키 113

그러나 첫 순방지인 미국에서부터 그들이 세운 목적은 어긋났다. 미국은 일본의 요구에 콧방귀도 뀌지 않았다. 사절단은 새로운 지침을 받기 위해 오쿠보를 본국으로 보냈고, 그 사이 미국 전역의 철도와 공장 시설을 돌았다. 미국을 경험한 사절단은 대서양을 건너 유럽으로 향했다. 두 번째 순방국인 영국에서는 50여 곳이 넘는 공장을 들렀다. 그들은 자세히 기록했고, 이후 일본은 영국제 철도 기관차와 군함, 대포를 주문했다.

사절단은 유럽의 여러 나라를 방문한 뒤 프로이센으로 향했다. 특히 프로이센의 수상 비스마르크를 통해 큰 영감을 얻었다. 작은 나라가 대국이 되기 위해서, 어떤 방식을 취해야 하는지를 목도했다.

이와쿠라 사절단은 미국과 유럽을 시찰한 내용을 1878년 100권 분량의 《특명전권대사 미구회람실기特命全權大使 美歐回覽實記》로 간행했다. 이 책은 일본의 정치·경제·산업·군사·문화·과학·교육 등 전 분야에 영향을 미쳤고, 한·중·일 삼국이 사용하는 유럽과 미국 지명의 한자식 표기에도 영향을 끼쳤다. 이들은 일본의 근현대를 이끈 핵심적인 인물로 평가받는다. 그런데 이들에게도 뿌리가 있었으니, 바로 정한론의 선구자 조슈번의 요시다 쇼인과 죽어서 더 사랑받은 사쓰마번의 사이고 다카모리다.

그렇다면 이 인물들을 배출한 조슈번과 사쓰마번은 어떤 곳이었을까? 조슈번은 왕을 중심으로 하는 정치를 꿈꾸며, 서양 문물의 수용과 내정 개혁을 적극 추진한 세력이었다. 사쓰마번은 강력한 군사력을 기반으로 실리를 중시하는 외교와 근대적 무력 전략을 강조한 세력이었다. 서로 적대적 관계였던 두 번은 사카모토 료마(坂本龍馬, 1835~1867)의 중재로 손을 잡았고, 이 동맹이 메이지 유신의 동력이 되었다.

조슈번의 요시다 쇼인(吉田松陰, 1830~1859)

하기萩市라는 도시가 있다. 2025년 3월 기준 추계 인구가 4만여 명에 불과한, 야마구치현의 작은 도시다. 그런데 이곳이 일본 정치사에 미친 영향은 이루 말할 수 없을 정도다. 메이지 유신의 정신적 스승으로 평가받는 요시다 쇼인의 활동 무대였기 때문이다. 하기의 옛 지명이 바로 조슈번이다.

요시다 쇼인의 초상화

요시다 쇼인은 1830년 9월 20일 무사 가문에서 출생했고 본명은 요시다 도라지로였다. 스무 살 무렵부터 전국을 유랑하며 일본을 부강하게 하기 위한 학문과 군사 전략을 탐구했다고 알려졌다. 특히 청나라에서 아편전쟁으로 기존 질서가 무너지는 것을 보고, 서양의 학문과 기술을 배워야 한다고 생각했다. 자연스레 서양식 군사 기술과 개국론, 존왕사상 등에 깊은 관심을 가졌다. 그는 결국 일왕을 높이고 외세를 배척해야 한다는 존왕양이 사상을 확립한다.

그러다 사건이 터진다. 1854년 페리 제독이 반강제로 일본의 문호를 열어젖히자 요시다 쇼인은 나룻배를 훔쳐 타고 페리 제독의 흑선 선단 중에서 해안에 당도하지 않은 기함 포와탄USS Pawhatan으로 밀항을 시도한다. 하지만 거절당해 쫓겨나고, 이후 자수해 조슈번으로 압송되어 14개월간 감옥 생활을 한다. 감옥 안에서 쇼인은 강의를 하고, 밀항 동기와 사상적 배경을 담은 《유수록幽囚錄》을 썼다. 이는 훗날 정한론征韓論의 토대가 되었다. 당시 그의 나이는 24세였다.

"태양은 떠올랐다가 반드시 지며, 달은 차면 반드시 기우는 것처럼 국가 또한 번영했다가 쇠락하는 것이다. 따라서 국가를 지키기 위해서는 가지고 있는 것을 잃어버리지 않도록 할 뿐만 아니라, 없는 것을 얻어 늘릴 필요가 있다. 지금 서둘러 무비를 정비하고 함선과 총포의 계략을 세우고 에조지를 개간하여 다이묘를 봉하고 틈을 봐서 캄차카, 오츠크를 탈취하고 류큐도 타일러 내지의 제후와 마찬가지로 참근시키고 회동하지 않으면 안 된다. 또 조선을 옛날과 마찬가지로 공납하도록 촉구하고 북으로는 만주의 땅을 분할하여 빼앗고 남으로는 타이완, 필리핀의 여러 섬을 우리 수중에 넣어 점차 진취의 기세를 보여야만 할 것이다."[15]

석방 후 쇼인은 고향 조슈번으로 돌아와 '소나무 아래 마을 글방'이라는 뜻의 사설 교육기관 쇼카손주쿠松下村塾를 연다. 1857년부터 1859년까지 불과 2년 남짓한 짧은 기간이었지만 그의 제자들은 메이지 유신의 주역이 되었다. 쇼카손주쿠 한쪽 벽에는 쇼인과 제자들의 초상화 및 사진이 걸려 있다. 이토 히로부미를 비롯해 일본 군제개혁을 주도해 총리까지 역임한 야마가타 아리토모, 조슈번 혁신군을 창설한 다카스기 신사쿠, 한일합병 당시 총리였던 가쓰라 다로, 기도 다카요시, 구사카 겐즈이, 마에바라 잇세이 등 일본 정계를 이끈 인물들이 쇼인의 제자였다. 2015년 유네스코는 일본 정부의 요청에 따라 이곳을 메이지 산업혁명 유산으로 지정했다.

쇼인은 "죽어서 영원히 이름을 남길 수 있다면 언제든지 죽어도 좋다. 살아서 위대한 뜻을 이룰 수 있다면 언제든지 살아서 그 뜻을 이루면 된다"[16]라는 말을 남겼다. 그는 자신이 말한 바를 실천했다. 도쿠가와 막부의 체제를 무너뜨려야 한다는 생각으로, 막부의 핵심 인물인 마나베 아키카츠 암살을 모의하다가 반역죄로 몰려 29세의 나이로 처형됐다. 채 서른을 채우지 못하고 사망했지만, 사후에 제자들을 통해 더욱 거대한 존재가 되었다. 당시 18세로 쇼카손주쿠의 막내였던 이토는 목이 잘린 스승의 시체를

쇼카손주쿠 벽에 걸린 쇼인과 제자들 불과 2년 남짓 짧은 기간이었지만 그의 제자들은 메이지 유신의 주역이 되었다. ⓒ m-louis

껴안고 스승의 유지를 잇겠다고 맹세했다고 전해진다. 이후는 익히 아는 대로다. 쇼인의 정신을 이어받은 메이지 유신의 주역들이 정한론, 나아가 1940년대에는 대동아공영론大東亞共榮論을 펼치며 주변국들을 향한 무제한적인 야욕을 드러냈다. 피해의 중심에 우리 한반도가 있었다.

사쓰마번의 사이고 다카모리(西郷隆盛, 1827~1877)

일본 근현대사를 다룬 드라마나 애니메이션을 보다 보면, 짙은 눈썹에 풍채 좋은 남성이 매번 등장한다. 열에 아홉은 사이고 다카모리다. 일본 역사에서 '마지막 사무라이'로 불리는 인물로, 메이지 유신을 이끈 핵심 인물 중 하나지만 반란을 주도한 뒤 1877년 세이난 전쟁에서 패배 후 자결했다. 그의 나이 49세였다. 반역자로 죽었지만 1898년 공식적으로 복권되어 오늘날까지도 일본인이 사랑하는 국민적 영웅으로 추앙받고 있다. 실제 그의 고향 가고시마뿐 아니라 일본 도쿄 우에노上野 공원에도 그를 형상화한 동상이 세워져 있다. 개 동상도 함께 있는 우에노 공원 동상이 특히 인기가 많다.

사이고 다카모리는 사쓰마번의 중심 인물로, 조슈번의 기도 다카요시와 손잡고 막부 타도를 주도했다. 그리고 1868년 메이지 유신이 실현되는 데 결정적인 역할을 해 오쿠보 도시미치, 기도 다카요시와 함께 유신삼걸로 불린다. 하지만 유신 후 정부가 급격히 서양화와 근대화를 추진하자 불만을 품었다. 무엇보다 1871년 '폐번치현廃藩置県'*으로 사무라이 계급이 실질적으로 해체되고, 징병제를 비롯해 서구식 교육 제도가 도입되자 큰 위기감을 느꼈다. 결국 1873년 정계를 떠나 고향 가고시마로 낙향했다.

우에노 공원에 있는 사이고 다카모리와 개의 동상

낙향한 사이고는 사학교私學校를 설립해 무사를 교육하고 양성했다. 한편 정치적 동지였던 오쿠보 도시미치는 내무성을 설치하고 초대 내무경을 맡아 신정부를 장악한 뒤, 재정 부담을 줄이기 위해 1876년 무사들에게 지급되던 녹봉제를 폐지했다. 사무라이 계급의 반발이 고조되었고 각지에서 반란이 일어났다. 연이어 칼의 휴대를 금지하는 '폐도령廢刀令'까지 발표되자 불만은 더욱 커졌고 사무라이 계급은 사이고를 중심으로 결집했다. 2만여 명의 무사들이 모인 사이고의 사학교는 신정부에게 위협적인 존재로 여겨졌다.

1877년 1월 오쿠보는 가고시마현에 정찰 병력을 파견하고, 조슈번의 하급 무사 출신 야마가타 아리토모에게 지시해 가고시마현 무기고의 탄약을 오사카 진대로 대량 반출했다. 탄약을 빼돌린 것이 발각되면서 사이고 암살설이 퍼졌고, 이에 격분한 사학교 학생들은 반군을 일으켰다. 1877년 2월 15일 사이고를 중심으로 한 반군이 가고시마현에서 출병하자 메이지 신정부는 2월 19일 신정부군을 파병하고 토벌령을 발포했다. 반군은 2월 21일부터 약 1만 4000명의 병력으로 구마모토성熊本城을 포위하고 약 4000명의 구마모토 진대와 장기전에 돌입하는 한편, 구마모토현과 가고시마현을 비롯한 규슈 일대에서 신정부군과 전투를 벌였다. 이것이 메이지 유신 이후 일본에서 발생한 마지막이자 가장 대규모 내전인 세이난 전쟁이다.

　7개월간 이어진 이 전쟁에서 신정부군은 각지의 전투에서 승리를 거두었다. 결과적으로 징병제로 징집된 신정부군이 사이고 반군의 사족 무사들을 제압하는 성과를 거둔 것이다. 세이난 전쟁에서의 패배로 사무라이 계급은 완전히 몰락했다. 한편 패퇴한 다카모리는 신정부군에 밀려 가고시마현에 돌아와 저항하다가 1877년 9월 24일 시로산城山, 시로야마에서 할복했다. 오쿠보는 이듬해인 1878년 세이난 전쟁에 참전했던 사무라이에 의해 암살됐다.

　사이고 다카모리가 태어나고 죽음을 맞이한 가고시마는 한마디로 사이고 다카모리의 도시다. 시청 인근에 있는 높이 10.5미터, 무게 30톤에 이르는 대형 동상을 비롯해 세이난 전쟁 기념관, 최후 자결 장소인 시로야마 전망대, 세이난 전쟁 유적지도 다수 남아 있다.

　물론 그가 떠난 뒤에도 사쓰마번 출신 인사들은 메이지 시대 해군을 이

* 번을 폐지하고 전국을 부와 현으로 일원화해 중앙정부가 통치한다는 정책. 이로 인해 각 번에 소속되어 있던 사무라이들은 해고되어 생계 수단을 잃게 되었다.

끌며 일본 군부의 한 축을 차지했다. 러일전쟁 당시 일본 육군 총사령관 오야마 이와오大山巖, 러일전쟁 승패의 결정적 분기점이 된 동해해전에서 당시 세계 최강의 발틱 함대를 괴멸시킨 도고 헤이하치로東鄕平八郎, 사이고 다카모리의 친동생으로 메이지 신정부의 최장수 해군 대신을 지낸 사이고 쓰구미치西鄕從道 등이 대표적 인물이다. 메이지 유신을 거쳐 일본 권력의 최중심부에 자리 잡은 사쓰마 출신 인사들은 제국주의적 일본 해군의 기초를 닦았고, 정한론을 내세우며 일제의 팽창주의 외교 노선에 선봉장 역할을 했다. 바로 옆 나라 조선은 직접적인 영향을 받을 수밖에 없었다.

대표적인 것이 1875년에 일어난 운요호 사건이다. 그해 9월 일본 군함 운요호가 사전 통보 없이 강화도 해역에 접근한다. 정찰 및 수로 측량을 이유로 내세웠으나 사실상 무력 시위가 목적이었다. 강화도 초지진에 경계 중이던 조선군은 운요호가 임의로 접근해 오자 영해 침범으로 간주하여 포격했다. 이에 운요호는 압도적인 화력으로 대응해 초지진 포대를 점령한다. 이 사건이 빌미가 되어 조선은 이듬해인 1876년 2월 일본과 강화도조약(조일수호조규)을 맺는다. 불평등조약이었다. 조약에는 조선이 자주국임을 명시했지만 부산 이외에 2개 항구를 개항하고, 일본인의 치외법권을 인정하며, 해안 측량을 허용한다는 내용이 포함됐다. 강화도조약으로 일본은 조선 반도에 대한 영향력을 본격적으로 확대했고, 이는 1905년 일제가 조선의 외교권을 박탈한 을사늑약과 1910년 한일합방으로 이어진다. 메이지 유신을 이끈 두 집단 조슈번과 사쓰마번 출신 인물들이 그 중심이었다.

4부 — 히로시마

01
모두가 기억해야 할 비극의 흔적
히로시마 평화기념공원과
한국인 희생자 위령비

2024년 노벨평화상은 일본의 반핵 시민단체인 '일본 원수폭 피해자 단체 협의회日本被団協, 니혼 히단쿄'가 수상했다. 노벨문학상 수상자가 작가 한강이었으니, 아시아의 두 나라 한국과 일본이 각각 노벨문학상과 노벨평화상 수상자를 배출한 것이다.

노벨위원회는 "핵무기 없는 세상을 만들기 위한 노력과 핵무기가 결코 다시 사용되어서는 안 된다는 것을 증언을 통해 보여준 공로"로 니혼 히단쿄에게 평화상을 수여했다. 현재 진행 중인 전쟁을 포함해, '핵무기 사용 금기nuclear taboo'가 위협받는 현실에 경종을 울리기 위한 것으로 보인다. 예르겐 바트네 프뤼드네스 노벨위원회 위원장은 시상 기념 연설에서 다음과 같은 말을 했다.

"고통과 슬픔, 트라우마와 함께 일하면서 저는 이야기와 기억의 힘을 인식하는 법을 배웠습니다. 폭력적이거나 충격적인 역사적 사건을 개인적으로나 집단적으로 기억하는 방식에 따라 한 사회가 앞으로 나아갈지, 아니면 과거에 갇혀 있을지가 결정됩니다.

(중략) 잊지 않는 것은 우리의 의무입니다. 이야기와 기억을 미래 세대에게 전수하는 것은 우리의 책임입니다. 우리 사회가 쉽게 망각하는, 고통스럽고 불편한 이야기와 기억도 말입니다."[17]

니혼 히단쿄는 제2차 세계대전 당시 히로시마와 나가사키에 투하된 원폭 생존자들이 결성한 풀뿌리 민간단체다. 1959년 설립 이래 70년 동안 세계에 핵무기 폐기와 피해자 지원을 지속적으로 호소해 왔다. 냉전이 절정이던 시기에 유엔 군축특별총회에 세 차례에 걸쳐 대표단을 파견해 더 이상 피폭자가 나오지 말아야 한다고 호소했고, 이후 모든 국가의 핵무기금지조약TPNW 가입을 촉구하는 국제 서명 운동도 벌였다. 미마키 도시유키 대표는 수상 소식을 듣고 히로시마 시청에서 한 기자회견에서 "핵폐기와 항구적 평화의 실현이라는 메시지가 전달됐으면 좋겠다. 지금 세계 정세가 매우 복잡하지만, 우리는 더욱 전진해야 한다"라고 소감을 밝혔다.

니혼 히단쿄의 평화상 수상 소식이 전해지고 딱 한 달 반 뒤에 히로시마 평화기념공원을 찾았다. 평일이었음에도 교복을 입은 학생들과 외국인 관광객이 상당히 북적여 놀랐다. 특히 히로시마 원자폭탄 피해의 상징과 같

히로시마 평화공원

은 원폭돔을 보는 이들이 끊이지 않았다. 원폭돔은 원래 1915년에 히로시마 지역 산업을 홍보하기 위해 세운 산업장려관 건물이었다. 안내문에는 "원폭돔의 원래 건물은 체코인 건축가 얀 레첼의 설계로 1915년에 완공되었으며, 특징적인 녹색 돔으로 시민들에게 사랑을 받았다"라고 적혀 있다.

1945년 8월 6일 오전 8시 15분, 미군의 B-29 폭격기가 '리틀 보이'라고 불리는 원자폭탄을 사상 최초로 히로시마 상공에 투하했다. 원폭은 히로시마현 산업장려관에서 남동쪽으로 약 160미터 떨어진 지점의 상공 약 580미터에서 폭발했다. 이로 인해 건물은 대부분 붕괴하고 불에 탔으며, 관내에 있던 전원이 즉사했다. 그러나 위쪽에서 거의 수직으로 충격파를 맞은

현재의 원폭돔(위)과 1945년 8월 히로시마 상업전시관의 모습(아래) 폭발의 충격과 열로 인해 대부분 파괴되었으나 중앙의 돔형 철골 구조와 일부 외벽이 남아, 핵무기의 참화를 보여 주고 있다.

덕분에, 건물의 일부 외벽과 철골 구조는 어느 정도 형태를 유지할 수 있었다. 최상부에 남은 철골의 형태 때문에 언제부터인가 시민들 사이에서 원폭돔이라고 불리게 됐다.

원폭돔을 두고 논쟁이 있었다. 한쪽은 "위험하기도 하고 피폭의 비참한 기억을 떠올리게 하니 철거하자"고 주장했고, 다른 한편에서는 "비극의 흔적을 후세에 남겨야 한다"고 주장했다. 한동안 의견이 팽팽히 맞섰지만, 시가지가 부흥하고 피폭당했던 건물들이 하나둘 사라지자 남겨 두어야 한다는 주장에 점점 더 힘이 실렸다. 결국 1966년 히로시마 시의회는 원폭돔을 보존하기로 결의했다. 이에 따라 보존 공사를 위한 모금운동이 벌어졌고, 이후 여러 차례에 걸친 보존 공사 끝에 피폭 당시의 모습을 간직한 지금의 원폭돔이 되었다. 1996년 12월 원폭돔은 인류 역사상 처음 사용된 핵무기의 참화를 보여 주는 증거물로서, 핵무기 폐기와 세계 영구 평화를 호소하는 기념물로 인정받아 유네스코 세계유산에 등록됐다. 현장에서 골조만 남은 원폭돔을 바라보면, 단 한 명도 살아남지 못했다는 비극이 절절하게 다가온다.

12만 2100여 평에 달하는 히로시마 평화공원에서 가장 인상 깊었던 것을 하나만 꼽으라면, '한국인 원폭 희생자 위령비'다. 평화공원에 오기 전부터 가장 보고 싶었던 곳이기도 하다. 조선인 희생자들을 위해 한국 소주를 올리고 싶었다. 파면된 대통령 윤석열이 2023년 일본을 방문했을 당시 기시다 후미오 전 일본 총리와 함께 한일 정상 최초로 공동 참배한 비석이기도 하다.

거북 받침돌이 인상적인 높이 5미터의 이 위령비는 일본에 거주하는 한국인을 위한 단체 재일본대한민국민단(민단) 히로시마 본부 주도로 1970년 4월에 세워졌다. 본래 공원 바깥에 있었으나, 재일 한국인과 일본 시민 단체 요청으로 1999년 7월 공원 안쪽으로 이전했다. 위령비는 평화기념공원 북서쪽에 자리해 있으며, 그 옆에는 위령비가 세워진 유래를 설명하는 안내석이 있다. 안내석에는 다음과 같은 내용이 새겨져 있다.

> "제2차 세계대전이 끝날 무렵 히로시마에는 약 10만 명의 한국인이 군인, 군속, 징용공, 동원학도, 일반시민으로서 살고 있었다. 1945년 8월 6일 원폭 투하로 인해 2만여 명의 한국인이 순식간에 소중한 목숨을 빼앗겼다. 히로시마 시민 20만 명 희생자 중 1할에 달하는 한국인 희생자 수는 묵과할 수 없는 숫자다. 폭사한 이 희생자는 공양도 제대로 받지 못하고 그 영혼은 오랫동안 구중을 헤매고 있던 차 1970년 4월 10일 재일본대한민국거류민단 히로시마현 본부에 의해 비참한 죽음을 강요당한 영혼들을 편히 잠들게 하고 원폭의 참사를 두 번 다시 되풀이되지 않기를 희구하면서 평화의 땅 히로시마의 일각에 이 비를 건립했다."

'대한독립'이 새겨진 유기잔에 소주를 가득 부어 올렸다. 한 잔으론 아쉬워 두 번째 잔을 올렸고, 두 번째 잔으론 죄송해 세 번째 잔을 올렸다. 세 번째 잔은 부족한 듯싶어 네 번째 잔을 올렸고, 걸음이 쉬이 떨어지지 않아 다섯 번째와 여섯 번째 잔도 올렸다. 그리고 "다음에 여럿이 함께 오겠습니다"라는 말과 함께 마지막 잔을 술잔 가득 올렸다. 연이어 일곱 잔을 올리고, 일곱 번 절을 하니 지나던 푸른 눈의 관광객이 다가와 무슨 일이냐며 관심을 보였다. "한국인 희생자를 위로하는 비석인데, 알아주는 이 하나 없고 나도 그간 모르고 살아 온 것이 죄송해서 술을 이렇게 따랐다"라고 답했다. 그는 위로한다는 듯이 위령비를 바라봤다.

놓쳐서는 안 되는 사실이 있다. 히로시마에서 원폭 피해를 당한 조선인 중에는 경남 합천에서 온 사람들이 다수라는 것이다. 일제강점기에 합천

한국인 원폭 희생자 위령비 1945년 8월 6일 원폭 투하로 인해 2만여 명의 한국인이 순식간에 소중한 목숨을 빼앗겼다.

출신 징용자 대부분이 히로시마 등으로 끌려갔기 때문이다. 그래서 합천을 '한국의 히로시마'라고 부르기도 한다. 가까스로 살아남은 합천 출신 피폭자들은 일본에서 극심한 차별로 고통을 겪었다. 슬프게도, 전후에 조국으로 돌아와서도 상황은 그리 다르지 않았다. 피폭된 사람은 병을 옮긴다는 등의 부정적 인식 때문에 결혼이나 취업도 하기 힘들었다. 그들은 원폭 피해자라는 사실을 숨긴 채 의료 지원도 제대로 받지 못하고 가난과 병고 속에서 살았다.

1990년대 이후 생존자들과 유족들이 합천원폭피해자회를 결성했고, 1996년 원폭 피해자 입주 시설인 합천원폭피해복지회관이 세워졌다. 하지만 우리나라는 여전히 원폭 피해자에 대해 국가 차원에서의 위로와 관심이 부족하다. 다만 2026년께를 목표로 합천에 총 사업비 59억 2600만 원을 들여 추모관과 추모비, 추모광장을 짓는 쪽으로 가닥이 잡힌 상황이라고 한다. 부디 희생자의 넋을 위로할 수 있는 부끄럽지 않은 시설이 마련됐으면 하는 바람이다.

마라토너 황영조가 남긴 고마운 말

1992년 바르셀로나 올림픽에서 청년 황영조가 우승했다. 1936년 베를린 올림픽에서 우승한 손기정 선수 이후 최초의 올림픽 마라톤 우승이라 열 살이 안 됐을 무렵인데도 강렬했던 기억이 선명하다. 그는 결승선을 3킬로미터 정도 남긴 몬주익 언덕 내리막길에서 폭발적으로 스피드를 끌어올리며 1위로 결승선을 통과했다.

이로부터 2년 뒤 1994년 10월 9일 그가 또 우승했다. 히로시마 아시안게임이었다. 그는 결승점을 통과한 뒤 인터뷰에서 "일제에 징용으로 끌려오거나 원폭으로 희생된 재일교포들의 한이 서린 히로시마 하늘에 태극기를 휘날리게 해 더없이 기쁩니다"라고 말했다. 그가 결승선을 통과한 곳이 바

마라토너 황영조가 태극 마크를 달고
결승점을 통과한 히로시마 평화공원

국립 히로시마 평화기념관 피해 중심 전시로 핵무기의 종식을 촉구하지만, 일본의 전쟁 가해 사실은 보이지 않는다.

로 히로시마 평화공원 입구다. 입구에 서서 그날 황영조의 걸음과 그를 보며 기뻐했던 재일조선인들을 생각했다.

평화공원 입구에는 히로시마 평화기념관이 자리해 있다. 정식 이름은 국립 히로시마 원폭희생자 추도 평화기념관이다. 중국의 난징 대도살기념관처럼, 꽤 긴 줄을 서서 들어갈 만큼 사람들이 많은 것이 인상적이었다. 기념관에 들어서는 순간 피해자의 입장에서 기록된 비극적인 상황을 마주하게 된다. 기념관이 완전하고 불가역적인 핵무기 종식을 목표로 하고 있음을 강조하는 것일 테다. 2017년과 2019년 대대적으로 전시물과 자료를 갱신해서인지 기념관은 매우 단정하고 깨끗하다. 특히 2층에서는 평화공원 전경이 한눈에 들어온다. 비극적이지만 아름다운 공간이다.

하지만 이곳 역시 다르지 않다. 자신들이 입은 상처만을 부각한다. 더 나아가, 오히려 자신들을 전쟁 가해자가 아닌 피해자로 만들려 한다. 오직 미국의 히로시마와 나가사키 원폭 투하로 입은 자신들의 피해를 부각하는 주장만 있을 뿐, 목숨을 잃은 수많은 식민지 조선인들에 대한 가해 사실은 어디에도 없다. 우리는 무엇을 해야 할까? 살아남은 자가 함께 풀어내야 할 과업이다.

02
조선 침공의 근거지
히로시마성 내 히로시마 대본영

솔직히 말하면 구글 지도를 보다가 원폭돔 인근에 히로시마성이 있다는 사실을 알고 '여기까지 왔는데 가볼까' 하는 가벼운 마음으로 향했다. 그런데 히로시마성 한가운데 대본영 터가 있었다. 한반도 땅에서 벌어진 청일전쟁 당시 한시적으로 설치된 대본영이다. 우리 동학군을 진압하고 한반도 땅에서 벌어진 청일전쟁을 지휘한 일본군의 본부 역할을 했던 곳이 이제 주춧돌만 남아 있다.

대본영大本營은 전시 또는 사변 중에 임시로 설치된 일제의 최고 통수 기관으로, 1945년 8월 15일 일본이 패전하기까지 청일전쟁, 러일전쟁, 중일전쟁, 태평양전쟁 등 주요 전쟁 때마다 설치·해산되었다. 이곳 히로시마 대본영은 1894년 6월 한반도 지배권을 두고 벌어진 청일전쟁을 통합 지휘하고자 설치된 것이다. 같은 해 9월 일왕 메이지가 도쿄에서 히로시마로 옮겨 왔고, 그의 명령이 대본영 명의로 각각 육군부와 해군부로 나누어 전군에 전달되었다.

그런데 왜 이곳 히로시마, 그것도 히로시마성 한가운데 대본영이 존재했을까? 히로시마는 1868년 메이지 유신 이후 일제의 부국강병 정책에 따라 근대적인 군사도시로 성장한다. 이를 상징적으로 보여 주는 것이 1886년 1월 군제 개편으로 창설된 히로시마 주둔 제5사단이다. 당시 일본 육군은 전국을 관할 구역별로 나누어 사단을 설치했는데, 제1사단은 도쿄, 제2사단은 센다이, 제3사단은 나고야, 제4사단은 오사카, 제6사단은 구마모토에 배치되었다. 제5사단이 주둔한 히로시마는 일본의 아시아 침략 전쟁을 뒷받침하는 주요 병참 거점으로 기능하며 크게 성장했다. 그리고 군사기지로 급부상한 히로시마는 조선 반도의 불행한 역사를 이끄는 도시가 된다.

일제는 전선에 병력을 원활하게 투입하기 위해 산요철도(고베-히로시마-시모노세키를 잇는 노선)와 우지나항(현재의 히로시마항) 등 기반 시설을 정비

히로시마성의 천수각과 외해자 히로시마성의 천수각은 원래 5층 목조형이었으나 1945년 원폭으로 소실되었다. 현재의 천수각은 1958년 콘크리트로 복원한 것이다.

히로시마 대본영 터

했다. 히로시마 인근 구레시에는 해군기지가 설치되었다. 히로시마와 구레는 청일전쟁부터 태평양전쟁까지 일본의 육·해군을 떠받치는 중심축 역할을 했다. 구레는 친일파 우범선이 고영근에게 척살당한 도시기도 하다.

1894년 전라도 고부에서 전봉준의 지휘 아래 동학농민군이 일어나자 조선 정부는 청에 파병을 요청했고, 청은 군대를 보냈다. 그러자 일본 역시 곧바로 히로시마에 주둔하던 제5사단을 조선에 투입하기로 결정했다. 일본과 청이 1885년 맺은 텐진 조약에 따라 한쪽이 조선에 파병할 경우 상대에게 통보해야 했지만, 청이 파병하면서 일본에 알리지 않았다는 것이 명분이었다.

처음에 일본은 조선에 거주하는 자국민 보호를 명분으로 500명 내외의 병력을 파병하려 했으나, 이토가 파병 규모를 8000여 명으로 확대한다. 조선에서 독자적으로 군사작전을 수행할 수 있어야 한다는 이유였다. 6월 하순까지 8000명에 달하는 일본군이 서울-경기에 집결했다. 7월 23일 일본군은 경복궁을 점령한 뒤 조선 정부의 군대를 강제로 무장해제시키고, 곧바로 아산 인근 풍도 앞바다에서 청국 함대를 공격한다. 그리고 1894년 8월 1일 일본은 청에 선전포고한다. 이에 청도 같은 날 선전포고를 한다.

청일전쟁 당시 히로시마 대본영의 메이지 일왕을 그린 그림

전쟁은 일본의 일방적인 승리로 끝을 맺는다.

청일전쟁 이후 일본은 한반도를 거점으로 삼아 만주와 중국 대륙 등으로 침략을 확대하며 제국주의 노선을 본격화했다. 일본은 병력과 군수물자의 중심지 히로시마를 통해 각 전선에 병력을 보냈고, 전쟁이 확대되면서 노동력이 부족해지자 조선의 청년들을 히로시마와 나가사키로 강제동원했다. 그리고 이렇게 강제동원된 수많은 조선인들이 히로시마와 나가사키에서 터진 원자폭탄에 의해 고향 땅에 돌아가지 못한 채 희생되었다.

강제동원된 조선인들은 고향으로 돌아가지 못했지만, 전후 히로시마는 군수 산업을 기반 삼아 중공업과 자동차 산업 중심의 공업 도시로 발전했다. 대표적인 예가 조선인 노동자를 동원해 총기 부품 등을 생산하던 동양공업주식회사(동양기계제작소)다. 동양공업은 전후 자동차 산업으로 전환해 히로시마 경제를 대표하는 기업으로 성장한다. 오늘날의 마쓰다자동차다.

5부 — 오사카

01
천하영웅 윤봉길이
마지막 한 달을 보낸 곳
오사카성

오사카성 도요토미 히데요시 신사 뒤쪽에 비석이 하나 있다. 일본 육군의 오사카 위수구금소가 있었던 자리임을 알려 주는 비석이다. 바로 이곳이 스물다섯 청년 윤봉길이 생의 마지막 한 달을 보낸 장소이다.

지하철역부터 오사카성까지 걸어오며 정말로 많은 한국 관광객을 만났다. 그런데 이곳을 찾는 사람은 아무도 없었다. 아마 잘 몰라서, 알려지지 않아서 오지 못하는 것일 테지만, 대한을 살린 천하영웅 윤봉길이 생의 마지막 한 달을 보냈던 곳임을 생각하면 참으로 안타까울 따름이다.

오사카성은 임진왜란을 일으킨 장본인이자 교토에 조선인 코무덤을 만들게 한 당사자인 히데요시가 만든 성이다. 오사카성이 곧 히데요시의 상징과 같다. 이런 오사카성을 수많은 한국인들이 오가는데, 오사카성 외곽에 자리한 윤봉길의 흔적을 알고 찾아오는 이가 없었다. 까마귀만 을씨년스럽게 울어댈 뿐이었다.

윤봉길(尹奉吉, 1908~1932)은 1932년 4월 29일 홍커우 의거로 일본 경찰에 붙잡혔다. 상하이 법정에서 사형이 확정되고 의거 현장인 홍커우 공

윤봉길 의사 일제 감시대상 인물카드

원에서 공개처형될 예정이었다. 그러나 일제는 윤 의사의 죽음이 남은 독립투사들에게 더 큰 자극이 될 수 있다고 판단하고, 사형을 일본에서 집행하기로 한다.

윤봉길은 상하이 일본 헌병대 사령부 지하에 6개월 넘게 구금되어 있다가 1932년 11월 18일 일본으로 이송된다. 우편 수송선 타이요마루 편으로 고베항에 도착해 오사카성 내 육군 위수구금소에 수감되어 한 달 동안 독방 생활을 한다. 사형 집행지가 일본 육군 제9사단의 주둔지인 가나자와로 결정되면서 12월 18일 오사카 헌병대에 의해 이송된다. 그는 가나자와 제9사단 위수구금소에서 하루를 보내고, 다음 날인 12월 19일 오전 7시 27분에 미간에 총을 맞고 미쓰코지산 육군 작업장에서 순국한다. 이에 대한 자세한 이야기는 7부 〈가나자와〉 편에서 다뤘다.

윤 의사가 오사카 육군 위수구금소로 이감되었다는 사실은 알려져 있지만, 위수구금소의 정확한 위치가 어디인지는 그동안 밝혀지지 않았다.

윤봉길 의사 수감지 터 오사카성 도요토미 히데요시 신사 뒤쪽에 있는 공터가 윤 의사 수감지 터이다. 그에 관한 흔적은 없지만, 쓰루 아키라 추도비와 이곳이 위수구금소였음을 알리는 안내문이 있다.

오사카성 내 도요토미 히데요시 신사 부근으로 추정되긴 했으나, 명확한 근거가 부족했다. 그런데 일본의 반전 작가 쓰루 아키라의 추도비가 세워진 자리가 오사카 위수구금소 자리였음이 확인되면서, 윤 의사가 생의 마지막 한 달을 보낸 장소가 바로 이곳임이 밝혀졌다. 이러한 내용은 독립기념관 연구원들의 조사로 알 수 있었다.

그런데 쓰루 아키라(鶴彬, 1909~1938)는 누구일까? 그는 반전의 메시지를 낸 센류川柳 작가다. 센류는 일본 전통 시의 한 종류로, 사회를 익살스럽게 풍자하는 것이 특색이다. 《오마이뉴스》 시민기자 김보예 선생이 자신의 기사에서 쓰루 아키라의 센류를 소개했는데 아래와 같다.[18]

血を喀いてシキをあがればくびになり
피를 토하며 갱도를 올라왔더니 해고

奴隷ども集めて兵器こさえさせ
노예들 모아 병기 장만

1930년 1월 10일, 쓰루 아키라는 만 21세의 나이로 가나자와 제9사단 보병 7연대에 입영한다. 9사단은 시와카라 대장과 우에다 육군 중장이 이끄는 부대였다. 그는 7월 일본 공산청년연맹 기관지 《무산청년無産青年》을 소지하고 있다가 적발되어, 1931년 6월 13일에 열린 군법회의에서 치안유지법 위반 판결을 받는다. 그리고 가나자와에서 오사카로 이송되어 오사카성 내 위수구금소에 1년 8개월간 수감된다. 앞서 말했듯 1932년 4월 의거를 일으킨 윤 의사는 같은 해 11월 20일 오사카 위수구금소에 한 달간 수감되었다가 12월 18일 가나자와로 이송된다. 윤 의사와 반전 작가 쓰루 아키라는 1932년 11월 20일부터 12월 18일까지 같은 공간에 있었던 것이다. 쓰루 아키라는 1938년 사망했고, 2008년 9월 14일 사후 70주년을 기념해 이곳에 비석이 세워졌다.

오사카성 천수각과
제4사단 사령부 미라이자

오사카성 천수각에 오르면 한국말이 곳곳에서 들려온다. 오사카성 중에서도 도요토미 히데요시가 살았던 천수각이 유명한데, 지금 천수각은 역사박물관으로 쓰이면서 그의 생애와 업적에 대해 전시한다. 물론 임진왜란에 대한 내용도 포함돼 있다.

히데요시가 살던 시절의 천수각은 검은 옻칠을 한 판자와 금박 기와, 금장식을 덧붙인 5층 8단의 호화로운 누각형 천수각이었다. 그러나 1615년 도쿠가와 이에야스가 이끄는 에도 막부와 벌인 '오사카 여름 전투'로 인해 도요토미 가문은 멸망하고 천수각과 함께 오사카성도 불타 버렸다. 지금

제4사단 사령부 청사 미라이자의 현재 모습 조선 침략의 선봉 부대가 있던 곳은 쇼핑몰이 되었고, 이곳에 수많은 한국인들이 오간다.

의 천수각은 1931년 복원된 것으로, 원래는 목조 건물이었으나 재건 당시 주민 투표 결과에 따라 콘크리트로 복원했다고 한다.

천수각을 나와 윤 의사 수감지 터로 향하다 보면 좌측에 근대식 건물인 미라이자 오사카성ミライザ大阪城이 있다. 1931년 일본 육군 제4사단 사령부 청사로 건립된 건물이다. 제2차 세계대전 패전 후 오사카 경시청(1946~1958)으로 사용되다가 곧 오사카 시립박물관(1960~2001)으로 사용되었고, 2017년부터는 복합 쇼핑몰로 업종이 변경되었다.

아이러니한 점은 일본 육군 제4사단이 전쟁을 벌이고 주둔했던 중국, 태국, 한국에서 온 관광객들이 이 쇼핑몰의 주된 고객이라는 사실이다. 제4사단은 청일전쟁과 러일전쟁에 참전했으며, 1937년경에는 관동군에 배속돼 중국과 전투했고, 제2차 세계대전 당시에는 방콕에 주둔했다. 구글 리뷰에도 '한국인이 이곳을 참 좋아하는 건 재밌는 일'이라며 비꼬는 글이 종종 올라온다. 오사카성 천수각과 미라이자가 그런 곳이었다는 것만 잊지 않으면 좋겠다.

02
《표본실의 청개구리》염상섭의 선언
"목숨을 걸고 독립을 선언한다"
덴노지 공원

     덴노지天王寺 공원은 오사카 사람들의 일상을 살필 수 있는 아주 평화로운 공원이다. 덴노 지역에서 가깝고 공원 안에 오사카 시립미술관과 동물원도 있어 어느 계절이든 가족들과 함께 휴일을 보내기 좋은 곳이다.
 이곳에서 1919년 3월 19일 조선인들이 대한 독립선언을 했다.《표본실의 청개구리》로 유명한 소설가 염상섭(廉想涉, 1897~1963)이 선언서를 작성하고 낭독했다. 그의 곁에는 조선인 노동자들이 함께했다.
 도쿄 게이오대학에 재학 중이던 염상섭은 자신이 작성한 독립선언서를 조선인들에게 나누어 주고자 15일 도쿄 기후역 부근 미즈다여관에서 선언서를 등사했다. 17일에는 오사카 유학생 백봉제, 이경근과 함께 선언서와 격문을 추가로 제작했다. 모든 준비를 마친 염상섭은 "만사를 제치고… 오라. 오라. 오사카에 있는 형제여!"라는 격문을 돌린다. 하지만 거사 당일, 공원에 모인 조선인 노동자들에게 독립선언서를 나눠 주고 선언서를 낭독하자마자 현장에 잠복해 있던 일본 경찰들에게 붙잡혔다.

염상섭 독립선언서 '오사카 거주 한국노동자 일동 대표 염상섭'이라는 서명이 눈에 들어온다.

> "우리 한국은 사천 삼백 년의 존엄한 역사가 있고 일본은 한국에 뒤지기가 실로 천여 년이다. 다만 이를 통해 보아도 조선민족은 야마토 민족과 하등 상호 관련하는 바 없음은 췌언할 필요가 없을 뿐 아니라 (중략) 사나운 것이 무서워 그에 복종하기에는 너무나 자유의 존엄성을 지나치게 깨달았다. 어찌 주저할 바 있으랴. 즉 이에 목숨을 걸어 독립을 선언하는 바이다."
>
> — 오사카 거주 한국노동자 일동 대표 염상섭

이날 체포된 이는 염상섭을 포함해 모두 24명이었다. 염상섭은 독립선언서 230장, 격문 1장, '대한독립'이라 새겨진 깃발 1개, 일본어로 된 독립선언서 13장을 몸에 지니고 있었다.

3·1운동의 확산으로 가뜩이나 예민해진 일제는 수만 명의 조선인들이 거주하는 오사카 한복판에서 노동자과 함께 독립시위를 도모한 염상섭을 엄벌에 처하려 했다. 하지만 일제가 우려했던 시가행진이나 충돌은 발생

5부 오사카

하지 않았다. 결국 주동자인 염상섭과 시위 준비를 도운 이경근, 백봉제만 출판법 위반 혐의로 기소하고, 덴노지 공원에서 체포된 나머지는 석방했다. 일본 법원은 1심에서 염상섭에게 금고 10개월, 이경근과 백봉제에게 금고 3개월 15일을 선고했지만 그해 6월 열린 2심 재판에서 무죄 판결을 내렸다. 일본의 국헌을 문란케 한 것은 인정되지만 출판법을 위반하지 않았다는 것이 주된 논리였다.

염상섭은 감옥에서도 선전전을 펼치며 독립운동의 기치를 이어 갔고, 석방된 뒤에는 노동운동을 지향하며 요코하마의 한 인쇄소에 노동자로 취업했다. 그러다 1920년 《동아일보》 창간에 맞춰 기자로 발령받고 귀국했다.

염상섭은 떠났지만 그가 주도한 오사카 3·19선언은 오사카 한인노동자들에게 불을 지폈다. 차별을 당연시 여기며 버텼던 조선인 노동자들은 염상섭 체포를 계기로 서로가 서로에게 영향을 끼치며 각성했고, 이는 1920년대 오사카에서 벌어진 노동운동과 항일운동으로 이어졌다.

무엇보다 염상섭이 독립선언서를 낭독한 덴노지 공원은 3·1운동 기념일을 비롯해 5월 노동절, 8월 국치일, 9월 간토 대지진 조선인 학살일 등 항일 집회의 중심지가 되었다. 특히 1927년 6월 1일 열린 조선총독 폭압정치 규탄대회에는 4000여 명이 참가했다. 이 대회는 1925년 11월 검거된 조선공산당원에 대한 가혹행위, 전남 완도군 소안도 소안학교 강제폐쇄 등 국내에서 벌어진 식민통치의 모순을 배경으로 일어났다. 이를 기점으로 같은 해 7월과 8월에도 연설회가 이어졌고, 이후 오사카 조선인노동조합이 반제반일운동을 적극적으로 전개하는 계기가 되었다. 하지만 현재의 덴노지 공원 어디에서도 관련 흔적을 찾을 수 없다.

가정이지만 '오사카 한국노동자일동 대표 염상섭' 대신 '게이오대학 한국유학생일동 대표 염상섭'으로 오사카 한복판에서 대한의 독립을 외쳤다면 어떤 결과가 나왔을까? 오사카 거주 조선인 노동자들이 이토록 격분해

석방 기념으로 일본인 간수와 함께 촬영한 사진 가운데가 염상섭이다.

하면서 움직였을까? 염상섭이 당초 도쿄 대신 오사카를 선택한 것 역시 조선인 노동자들이 중심이 된 지역이 도쿄가 아닌 이곳 오사카였기 때문이다. 물론 도쿄에서 2·8독립선언이 이뤄진 탓에, 도쿄보다는 오사카가 상대적으로 일제의 감시를 피하기 쉬웠다는 것도 이유였을 것이다.

고국에 돌아온 염상섭은 1921년 《표본실의 청개구리》를, 1931년에는 그의 대표작으로 평가받는 《삼대》를 발표해 한국 문학사에서 주요한 위치를 차지한다. 그는 동아일보 이후 조선일보, 매일신보에 근무하다가, 1936년에 《만선일보》*의 주필 겸 편집국장으로 초빙되어 만주로 건너갔다. 1939년 그만두긴 했지만, 독립에 열성을 다했던 한 노동자이자 지식인이 일제 기관지의 편집국장을 지낸 것이 그가 걸은 행보에서 가장 이해할 수 없는 지점이다.

* 일제가 1937년 10월 만주에서 창간한 친일 신문으로 조선어로 발행되었다.

조선인들의 외침이 울려 퍼진 곳
오사카 중앙공회당

오사카 시청 인근에 붉은 벽돌의 아치가 눈에 띄는 오사카 중앙공회당이 있다. 이곳에서 1923년 9월의 간토 대지진 당시 자행된 조선인 학살 규탄 운동이 일어났다(간토 대지진에 대해서는 8부 〈도쿄〉 편에서 자세히 설명했다). 당시 학살 사건으로 많은 조선인들이 일본을 떠나 고향으로 돌아갔다. 남은 한인들은 살아남기 위해 결속했고 조선인 학살 사건의 진상을 밝히고 희생자를 추모하는 노력을 펼쳤다. 오사카 조선노동동맹회가 주최한 '조선인 학살 규탄대회'가 1924년 3월 10일 이곳 중앙공회당에서 열렸다. 오사카 거주 한국인 7000여 명이 참가하고, 김태엽 및 30여 명의 연사가 연설했다. 이를 계기로 간토関東 대지진 조선인 학살 사건의 진상이 간사이関西 지방에까지 널리 알려질 수 있었다.

오사카 중앙공회당

03
그 많던 조선인들은 어디로 갔나?
이쿠타마 공원 지하 방공호와
오사카 육군 조병창

오사카 다니마치큐초메역谷町九丁目駅에서 도보로 4분 거리에 이쿠타마生玉 공원이 있다. 일본 도심에서 흔히 볼 수 있는 조용하고 아담한 공원이다. 그런데 이 공원 한가운데 석재로 만든 동판이 하나 세워져 있다. 동판에는 제2차 세계대전 말에 건설된 지하 방공호(지하호)에 대한 설명이 적혀 있는데, 조선인이 강제동원되었다는 것을 밝히고 있다.

> "이 지하 방공호 건설에는 당시 식민지 지배하에서 '강제 연행 등으로 동원된 조선인들이 가혹한 노동에 종사하도록 강요당했다'는 증언이 있다."

민족문제연구소에 따르면, 이 방공호는 1991년 재일조선인 1세인 이현주 씨가 '조선인 강제연행 진상조사단'에 증언하면서 그 존재가 세상에 알려졌다. 진상조사단은 일본인과 재일조선인이 함께 결성한 단체로, 오사카 지역의 강제연행(강제동원) 실태를 조사하며 생존자의 증언을 듣는 과정에서 우연히 이 방공호의 존재를 처음으로 확인한 것이다.

앞서 살핀 대로 오사카는 제4사단의 주둔지다. 일제강제동원피해자지원재단이 작성한 〈오사카 지역 군수공장의 조선인 강제동원 실태〉에 따르면, 전시를 대비해 수많은 군수공장과 제철소가 운영됐고 이곳들에서 생산된 물자들을 나르기 위한 항만과 철도산업도 분주히 돌아갔다. 진상조사단의 조사에서도 본토 결전에 대비해 오사카 지역 군수공장 건설에 2만 명이 넘는 조선인이 동원됐다는 사실이 확인된다.[19]

가장 유명한 것이 오사카성 홀 인근에 위치한, 당시 아시아 최대 병기공장이었던 오사카 육군 조병창이다. 조병창은 화포와 탄환, 폭약, 항공기 부품 등 전쟁물자를 만들고 검사, 연구하던 시설이다. 이곳에서만 조선인 노동자 1300명 이상이 강제동원된 것으로 확인됐다. 오사카 육군 조병창은 1945년 8월 14일 격렬한 폭격으로 괴멸되어 지금은 화학 분석장으로 사용되던 시설(전 자위대 오사카 지방 연락부) 등 일부만 남아 있다. 본관이 있던 자리에는 다목적 경기장인 오사카성 홀이 들어섰고, 진료소가 있던 부지에는 오사카 국제평화센터(피스오사카)가 세워졌다.

오사카에는 조병창을 비롯해 군수공장이 밀집해 있었다. 태평양전쟁 기간 동안 미군은 일본 본토를 본격적으로 폭격했는데, 군수공장이 많은 오사카는 주요 목표 중 하나였다. 실제로 미군의 일본 본토 공습 횟수는 2000회 이상으로 알려져 있다. 이런 상황에서 일제는 본토 공습에 대비해 도시 곳곳에

오사카성 홀 오사카 육군 조병창 본관 자리에는 오사카성 홀이 들어섰다.

이쿠타마 방공호 내부 ⓒ 소라노 요시히로(오사카부 조선인강제연행 진상조사단)

방공호를 건설하기 시작했고, 각지에서 수많은 조선인이 강제로 동원되었다.

《통일뉴스》 2018년 8월 7일 자 기사에 따르면, 《조선신보》는 나가노현 나가노시 마쓰시로松代 대본영 지하 방공호 건설에 동원된 조선인 2600여 명의 이름과 주소, 나이, 생년월일, 본적지 등이 적힌 명단을 공개했다. 이 명단은 일본인 교수가 1990년대 초 미국 의회도서관에서 발견해 사본으로 보관해 오다 북한의 '조대위(조선일본군성노예 및 강제연행피해자문제대책위원회)'에 전달한 것이라고 한다.[20]

그렇다면 여기 이곳 이쿠타마 방공호에는 몇 명의 조선인이 강제동원되었을까? 이 방공호는 안전문제 등을 이유로 입구를 시멘트로 막아 놓은 상태이다. 해방 이후 80주년을 맞이하고 있지만, 이 방공호와 같은 현장에서 벌어진 조선인 강제동원과 희생에 대한 본격적인 조사와 연구는 여전히 미진하다.

5부 오사카 149

04
조선 청년 조명하를 그리며 오사카의 어느 골목에서

2018년 12월부터 공익 목적의 현충원 투어를 진행하고 있다. 이 글을 쓰는 2025년 6월 현재, 국립서울현충원과 국립대전현충원을 포함해 현충원 투어만 50차까지 진행했으니, 6년 넘게 두 달에 한 번 꼴로 시민들과 함께 걷고 있는 것이다. 시작은 단순했다. 일제에 맞서 싸우고 또 싸운 독립투사들이 국가공인 친일파 발밑에 묻힌 사실을 알고 가만히 보고만 있을 수 없었다. 그래서 한 명에게라도 더 알려야겠다는 생각으로 시작한 것이 어느새 지금에 이르렀다. 투어 때마다 전체 코스에 다소 차이가 있지만 서울현충원 투어의 마지막은 거의 동일하다. 바로 청년 조명하 의사(趙明河, 1905~1928)의 무덤이다. 친일파 발밑에 잠든 여러 지사님들께 죄송한 마음은 같지만, 아무런 도움도 받지 않고 혼자 단도를 던져 의거에 성공하고 순국한 조 의사의 무덤 앞에서는 유독 더 그렇다.

조명하 의사는 1928년 5월 14일 오전 9시 55분, 대만 타이중 도심 한가운데 위치한 도서관 앞에서 일왕 히로히토의 장인이자 일본 육군 대장이었던 구니노미야 구니요시(久邇宮邦彥王, 1873~1929)에게 독을 바른 단검을 던졌다. 구니노미야는 8개월 뒤인 이듬해 초 세균 감염에 의한 복막염으

조명하 의사

로 사망한다. 조 의사가 던진 단검에 묻은 독이 사망의 원인이 됐다. 하지만 현장에서 체포된 조명하 의사는 구니노미야의 죽음보다 앞서 타이베이 형무소에서 순국한다. 그의 나이 스물셋에 불과했다. 고향에는 부인과 어린 아들만 남았다.

보훈처 공훈록에 따르면 조명하는 1905년 황해도 송화에서 태어났다. 어려서 한학과 신학문을 익혔고 1920년 학교를 졸업한 뒤 친척이 운영하는 한약방에서 일을 도우며 공부에 몰두했다. 1926년 스물한 살에 군청 서기 임용시험에 합격해 신천군청에서 서기로 근무했다. 어린 나이에 면사무소도 아니고 군청 서기로 선발된 것을 보면, 뛰어난 인재로서 평탄한 삶을 살 수도 있었을 것이다. 하지만 그해 일어난 6·10만세운동이 그의 인생을 바꾸었다. 가을이 되자 그는 항일운동에 투신하기 위해 안정된 삶을 포기하고 일본 오사카로 건너간다. 적을 알아야 제대로 싸울 수 있다는 고민과 선택의 결과였다. 그가 조국을 떠나던 날 아들이 태어났다.

2023년 5월 김상호 조명하의사연구회장(대만 슈핑과기대 교수)과 조명하 의사의 장손 조경환 선생이 한국외국어대학교에서 '나의 조부, 조명하 의사'를 주제로 대담을 나눴다. 대담에서 김 교수는 조명하 의사가 조국을 떠나던 날에 대해 이렇게 말한다. "조국을 떠나시던 날에 마침 아드님이 태어나셨어요. 그때는 보통 처갓집에서 아기를 낳았고, 그래서 어머니와 함께 미역 등 산후조리에 필요한 음식을 들고 처갓집으로 가셨습니다. 대문 앞에 도착하니 아기 우는 소리가 들렸습니다. 그런데 조명하 의사가 머뭇거리고 들어가지 않아서 어머니가 '빨리 안 들어가 보고 뭐 하냐?' 하고 다그치셨지요. (조명하 의사는) '어머니, 제가 할 일이 있어 떠나야 합니다' 하고 말씀하시고 그 자리를 떠나셨습니다. 조명하 의사는 집 안으로 들어간다면, 내가 지금 나라를 위해서 큰일을 하려는데, 아기를 품에 안으면 마음이 변할까 봐, 그냥 발길을 돌리신 것입니다. 저는 완전히 영화의 한 장면이라고 생각합니다. 막 태어난 아들의 얼굴을 보면 마음이 약해지고 발목이 잡힐까 봐, 마음을 모질게 먹은 것이지요. 그렇게 태어나신 아드님이 조혁래趙赫來 선생이신데, 2017년에 돌아가셨습니다."**21**

　아들의 얼굴조차 확인하지 않고 일본까지 건너왔지만, 일본에서의 생활은 녹록하지 않았다. 오사카상공전문학교 야간부에 다니며 전기제작소, 메리야스 공장과 상점에서 일했지만 뜻을 펼칠 기회가 닿질 않았다. 1년 정도 오사카에 머물던 조 의사는 이듬해인 1927년 11월 중국 상하이로 떠날 것을 결심한다. 상하이에 자리한 대한민국 임시정부에서 새로운 길을 모색하고자 한 것이다. 그는 상하이로 향하는 여정의 경비를 마련하기 위해 중간 기착지로 대만에 들렀다.

　조 의사는 1927년 11월 7일에 대만 지룽항에 도착했다. 그리고 배에서 내린 다음날 바로 오사카의 지인 김태준에게 안부를 전하기 위해 일본어로 편지를 썼다. 조 의사는 신분을 숨기려고 보내는 이의 이름을 '아키가와 도미오明河豊雄'라고 적었다. 편지에는 "가을 날씨가 추워졌습니다. 그

동안 여러모로 불편을 드렸습니다. 생활 속에 축복이 있기를 바랍니다. 소생은 선생 덕분에 바다와 육지 여행길은 모두 별일 없었습니다. 안심하셔도 되겠습니다"라는 내용이 적혔다.[22] 신문 기사에서 편지글을 보고 '어떻게 이렇게 담담할까'라는 생각을 한 적 있다. 조명하 의사는 이미 죽을 각오를 하고 독립투쟁에 목숨을 걸었다. 자신의 의거로 가족에게 화가 미칠 것을 걱정해 일본과 대만에 있는 동안 황해도의 고향 가족에게 편지를 보내면 언제나 읽고 반드시 태워 버리라고 했다. 아마 이 편지도 지인에게 피해가 가지 않도록 평범한 말들로 인사를 전한 것이 아닐까 생각해 본다.

대만 타이중시에 자리 잡은 조명하는 일본인이 운영하는 부귀원富貴圓이라는 찻집에서 일본 사람인 척하고 배달 일을 하며 기회를 엿봤다. 참으로 놀랍게도 그는 의거에 성공하기 위해 비도술을 연마했다. 조명하는 단도를 던지고 또 던지며 기회가 오기를 기다렸다. 그리고 마침내 기회가 왔다. 구니노미야가 특별 검열사 자격으로 대만에 온다는 소식을 접한 조명하는 찻집 점원 복장을 한 채 환영 인파 속에 숨어들었다. 그리고 의전 차량이 커브를 돌며 속도를 줄이는 그 시점에 맞춰 구니노미야에게 칼을 던졌다. 당시 구니노미야는 여덟 대 차량 중 두 번째 무개차(지붕 없는 차)에 탑승했다. 조명하 의사는 차량에 뛰어올라 칼을 던졌지만 실패했고, 재차 칼을 던져 구니노미야의 목덜미와 어깨에 찰과상을 입혔다. 당시 현장에서 조 의사는 군중들을 향해 "여러분들은 두려워하지 말라, 나는 단지 조국 대한을 위해 복수를 한 것이다. 대한민국 만세"라고 외친 뒤 일본 군경에게 체포됐다. 당시 일제는 배후를 캐기 위해 갖은 수를 썼지만 조 의사는 생의 마지막 순간까지 단독 의거임을 강조했다.

조 의사는 1928년 10월 10일 타이베이 형무소에서 순국한다. 순국 직전 형리가 마지막 할 말이 없는지 묻자 이렇게 말했다. "나는 삼한의 원수를 갚았노라. 아무 할 말은 없다. 죽음의 이 순간을 나는 이미 오래전부터 각

1928년 5월14일 09:55 거사 순간이 실린 신문 (사진: 김상호 교수 제공)

오하고 있었다. 다만 조국 광복을 못 본 채 죽는 것이 한스러울 뿐이다. 저 세상에 가서도 독립운동은 계속하리라."[23]

거사 순간의 사진이 실린 신문 기사를 김상호 교수가 입수해 2021년 광복절을 앞두고 공개했다. 사진을 보면 한 청년이 남성들에 둘러싸여 있다. 주변에 서 있던 아이들은 무슨 일인가 싶어 두리번거리는 듯하고, 시민들은 붙잡힌 남성에게서 시선을 떼지 못한다. 의거 현장을 담은 참으로 귀한 사진이다. 대만에서는 타이중 의거지와 타이베이 순국지에서 조명하 의사의 흔적을 좇아 걸을 수 있지만, 아쉽게도 일본에서는 조 의사의 행적과 관련된 곳을 찾을 수 없다.

우리 역사는 조명하 의사를 온전히 기억하지 못했다. 그가 한인애국단이나 의열단 등 어떤 항일단체에도 속하지 않았고, 어떤 도움이나 지원도 없이 처음부터 끝까지 단독으로 거사를 준비하고 실행했던 까닭이다.

개인적으로 오사카에 갔을 때 조명하 의사에게만큼은 술 한잔 꼭 올리고 싶어서 그가 걸었을 것으로 추정되는 곳을 애써 찾고자 했으나, 그가 다닌 오사카상공전문학교가 있던 자리조차 찾지 못했다. 다만 답사 후 이 책을 집필하는 과정에서 조명하 의사가 다녔던 오사카상공전문학교가 오사카성 인근 오사카 상공회의소 바로 옆 건물에 자리했었다는 정보를 접했다. 구글 위성 지도에서 확인해 보니 실제 그곳에 '오사카부립 무역전문학교가 처음 설립된 장소大阪府立貿易專門学校発祥の地'라고 새겨진 비석이 보였다. 무역전문학교가 상공전문학교인지는 더 확인이 필요하나, 위치 등을 고려할 때 타당한 부분이 있다. 조각을 채우는 것이 후인들의 과제다. 참고로 구글 좌표는 34.684949, 135.511553이다.

1963년 우리 정부는 조명하 의사에게 3등급인 건국훈장 독립장을 추서했다. 1978년에는 대만에 거주하는 동포들이 의거 50주년을 기념해 타이베이 한국학교에 조명하 의사 흉상을 세웠다. 1988년에는 경기도 과천 서울대공원 입구에 조 의사의 동상이 세워졌다. 조 의사의 유해는 순국 후 3년 뒤인 1931년 4월 중순 고향 공동묘지에 안장되었다가 한국전쟁 후 월남한 후손들에 의해 국립서울현충원 독립유공자 44번 묘역에 모셔졌다. 아래는 조 의사에게 술 한잔 올릴 수 있는 장소만 따로 정리한 것이다.

- 국립서울현충원 조명하 의사 묘: 국립서울현충원 독립유공자 44번 묘. 참배 후 고개를 들면 좌상단에 국가공인 친일파 신태영과 이응준의 묘가 보인다.
- 조명하 의사 의거 장소: 옛 타이중 도서관 앞 사거리. 2018년 5월 14일 의거일에 맞춰 고시패가 세워졌다.
- 조명하 의사 순국 장소: 옛 타이베이 형무소 자리. 형무소 옛 벽이 온전히 남아 있지만, 조 의사 관련 흔적은 없다.
- 대만 조명하 의사상: 타이베이 한국학교 교정. 한국인들의 자

부심으로 기억하기 위해 2019년 5월 11일 세워졌다.

- 서울대공원 조명하 의사상: 1988년 5월 14일 조명하 의사 의거 60주년을 기념하여 건립됐다. 인근에 국가공인 친일파 김성수의 상도 함께 있다.

한편 앞서 말한 대담에서 조 선생은 서울대공원에 조명하 의사상을 세우기까지 쉽지 않았다고 말한다. 조 선생에게 독립투사의 후손이라는 사실은 훈장이 아니라 멍에였다. "독립운동을 했다는 것이 죄를 지은 게 분명히 아닌데도 불구하고 그 남은 가족이 겪는 고초는 이루 말할 수가 없었어요. (중략) 관청이든 누구든 간에 와서 '조명하 의사' 이렇게 말만 꺼내면 아버님이 돈을 줘야 했고, 아버님은 항상 굽실거리며 살았어요. (중략) 이건 의롭지 않은 겁니다. '나라에 목숨을 바친 사람의 후손이 왜 이렇게 항상 굽실거려 말해야 하지? 이건 나라가 해줘야 되는 일 아닌가?' 하는 생각이 절로 솟구쳤습니다."[24] 후손이 아니라 국가가 해야 하는 일이 아닌가? 후손의 회한을 넘어 사회와 국가에 던지는 뼈아픈 질문이다.

과천 서울대공원 입구에 세워진 조명하 의사상

6부 — 교토

01
술 한 병, 일곱 잔 술을 올린 이유
교토 코무덤

한국에서 미리 준비한 술을 올렸다. 이번에도 일배, 이배, 삼배, 사배, 오배, 육배, 칠배. 준비한 술이 다 떨어질 때까지 올리고 또 올렸다. "죄송합니다. 너무 늦었습니다."

도요토미 히데요시를 받드는 도요쿠니 신사 정문에서 100여 미터 떨어진 공원에 귀무덤, 아니 코무덤이 있다. 임진왜란 당시 도요토미 히데요시

코무덤 일곱 잔의 술을 올리고 일곱 번 절했다.

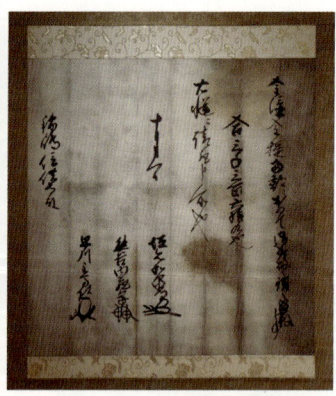

일본군이 절취한 조선인 코의 수량 보고서

도요토미 히데요시 신사에서 바라본 코무덤
저 왼편 가로등 뒤에 있는 것이 코무덤이다.

휘하 무장들이 전리품으로 죽은 조선인의 머리 대신 귀나 코를 베어 소금에 절여 일본으로 가져갔다. 처음엔 귀를 베어 오라 했으나 한 사람의 양쪽 귀를 각각 다른 사람의 귀인 것처럼 가져와 전공을 부풀리는 경우가 있어 코로 바꿨다고 하니 끔찍하다. 이렇게 수집된 귀와 코는 히데요시의 명에 따라 교토에 모아 매장했다. 조선인 수만 명의 코와 귀가 묻혀 있다고 한다.

 처음에는 실제 묻은 대로 코무덤으로 불렸으나, 에도 시대 유학자 하야시 라잔林羅山이 코무덤은 너무 야만스럽다며 귀무덤이라고 쓴 이후로 지금까지 주로 귀무덤으로 불린다. 일본어와 한국어로 된 안내판에도 '耳塚(鼻塚)', '귀무덤(코무덤)'으로 귀무덤을 앞에 쓰고 있다. 그 코무덤 인근에 히데요시를 받드는 신사가 있으니, 수백 년 세월이 흐른 지금도 숱한 조선인의 원혼을 침략자가 움켜쥐고 있는 듯하다.

 무엇을 해야 할까? 너무나도 당연하다. 모셔 와야 한다. 지금도 늦지 않았다. 그렇다면 어디가 좋을까? 떠오르는 곳이 있다. 임진년 왜란 당시 백성을 버리고 도망간 선조의 무덤 목릉 인근이 어떨까? 나라가 힘이 없을

도요쿠니 신사 도리이
거대한 석조가 인상적이다.

때 민중이 항상 피해를 입었다. 도망친 왕은 끝까지 살아남아 후세까지 큰 무덤에 잠들어 있고, 목숨을 잃은 원혼들은 히데요시를 신으로 받든 사당 앞에 켜켜이 쌓인 코와 함께 안장돼 있다. 이들을 어찌 위로해야 할까?

코무덤을 바라보고 왼쪽으로 고개를 돌리면 석재로 만들어진 거대한 도리이가 눈에 들어온다. 히데요시가 죽은 이듬해에 건립된 도요쿠니豊国 신사의 정문인데, 신사 이름 도요쿠니는 그의 이름에서 따온 도요豊와, 나라를 의미하는 쿠니国를 합친 것이다. 코무덤 앞에 서서 도리이를 바라보니 이상하게도 히데요시가 죽을 때 남긴 절명시가 떠오른다.

이슬로 와서 / 이슬로 사라지니 / 나의 몸이여 /
나니와(오사카)의 영화는 / 꿈속의 꿈이로다

삶의 끝자락에서 마치 관조하듯 떠나는 이의 모습이 담겼다. 아름답고 목가적이다. 하지만 그의 삶이 이 시처럼 아름다웠다 할 수 있을까?

도요토미 히데요시(豊臣秀吉, 1537~1598)는 소위 내세울 거 하나 없는 한

미한 집안 출신이었다. 하지만 끝내 일본 전국을 통일했고, 그 과정에서 조선을 두 번 침공했다. 물론 그의 영광은 이어지지 못하고 허망하게 끝나 버렸다. 히데요시의 가신이었던 도쿠가와 이에야스가 히데요시의 아들에게 충성하는 세력을 제거하고 쇼군 자리를 차지했다. 1615년 도쿠가와의 군대는 오사카성을 공격해 파괴하고 도요토미 가문을 멸망시켰다.

도요쿠니 신사 역시 도쿠가와 막부에 의해 해체됐다가, 도쿠가와의 정변으로부터 260여 년 후인 1879년 메이지 일왕의 명으로 재건되었다. 신사의 규모는 그리 크지 않다. 정문인 당문 앞까지만 들어갈 수 있고, 신사에는 들어갈 수 없기 때문에 더욱 그렇게 느껴진다. 무엇보다 도리이를 지나 신사 경내 마당을 주차장으로 쓰고 있어 과연 이곳이 도요토미를 진정으로 참배하는 곳인지 하는 의구심도 든다.

그나마 유일한 볼거리로 평가받는 국보 '도요쿠니 신사 당문'은 원래 1291년에 창건된 절 남선사南禪寺, 난젠지의 탑사 중 하나인 금지원金地院, 곤치인에 있었던 것으로, 1880년 신사 재건 시 옮겨온 것이다. 당문 안쪽이 신사인데, 신체를 모시는 신전과 참배를 위한 배전이 있으나 신사 전체가 비공개라 살펴볼 수 없다.

신사에서 걸어서 약 30분 거리에 히데요시의 무덤이 있다(구글에서 '도요쿠니 묘'로 검색하면 위치를 확인할 수 있다). 히데요시 사후 무덤은 아미타봉阿彌陀ヶ峰이라는 산 중턱에 조성되었지만, 도요토미 가문이 멸문하면서 방치됐다가 히데요시 사망 300주년을 맞은 1898년 현재의 모습으로 정비됐다. 임진왜란 원흉의 무덤에까지 굳이 올라갈 것을 추천하진 않지만, 그래도 이 무덤이 어떤 세월을 거쳐 지금의 모습이 되었는지 짧게 덧붙였다.

호코지 종에 새겨진 여덟 글자
'국가안강國家安康'과 '군신풍락君臣豊樂'

히데요시가 일본 역사에 남긴 족적이 거대한 만큼, 그의 사후에 남은 자들은 권력을 쟁취하기 위해 대단한 암투를 벌였다. 이를 상징적으로 보여 주는 것이 도요쿠니 신사 바로 옆에 자리한 방광사方広寺, 호코지이다. 특히 '국가안강'과 '군신풍락'이라 새겨진 종을 봐야 한다.

1598년에 숨을 거둔 히데요시는 죽기 전에 마에다 토시이에와 도쿠가와 이에야스를 포함한 다섯 명의 다이묘五大老에게 아들 도요토미 히데요리의 보좌를 맡긴다. 그러나 히데요시의 당부는 그의 절명시처럼 허공에 흩어지고 그가 죽은 뒤 가문의 권력은 흔들린다. 야심을 드러낸 도쿠가와 이에야스를 견제하며 다섯 다이묘 사이의 갈등을 중재하던 마에다마저 1599년에 죽자 결국 균형은 붕괴한다. 이러한 붕괴는 1600년 10월 오사카와 나고야 사이, 현재의 기후시岐阜市에서 벌어진 세키가하라関が原 전투로 폭발한다. 도쿠가와와 그를 따르는 다이묘들로 구성된 동군과 이시다 미쓰나리石田三成를 필두로 한 다이묘들의 연합인 서군이 맞붙어 결국 동군이 승리했고, 이에야스는 쇼군에 즉위해 에도 정권을 연다.

문제는, 히데요시가 만든 난공불락의 오사카성에 그의 아들 히데요리가 남아 있다는 것이었다. 이에 이에야스는 일단 유화책으로 히데요리에게 도요토미 가문의 본원 사찰인 호코지를 재건하라고 권유한다. 도요토미 가문의 재산을 소진시키면서 동시에 새로운 전쟁의 명분을 만들기 위함이었다. 그리고 노회한 이에야스는 호코지 재건 과정에서 만들어진 종, 엄밀히 따지면 종에 새긴 글자에서 구실을 찾아 냈다.

국가안강國家安康 군신풍락君臣豊樂. 이에야스는 '국가안강'에서 가家와 강康을 둘로 나눈 것이 이에야스家康를 자른 것이고, '군신풍락'에서 신

호코지에 있는
호코지 종

호코지 종에 적힌 국가안강(國家安康)
군신풍락(君臣豊樂) 여덟 글자

풍臣豊은 도요토미豊臣를 뒤집어서 이어 붙인 것이니 이 말은 도쿠가와 가문을 저주하고 도요토미 가문의 재건을 기원하는 것이라고 해석했다. 말도 안 되는 주장이지만 실권자였던 이에야스는 이를 빌미로 오사카성 정벌을 결심한다.

그러나 히데요시가 남긴 오사카성은 말 그대로 천혜의 요새, 함락할 수 없는 난공불락의 요새였다. 오사카성을 뛰어넘지 못한 이에야스는 히데요리에게 화친을 청한다. 단 조건이 있었다. 화친의 의미로 이중 해자 중 바깥쪽 해자만 메우면 바로 철군하겠다는 것이었다. 히데요리와 그의 어머니는 가신들의 반대에도 불구하고 이에야스의 약속을 믿고 해자를 메우는 것을 허락했는데, 이것은 속임수였다. 이에야스는 대군을 동원해 순식간에 이중 해자 모두를 메우고 오사카성을 공격해 함락한다. 히데요리가 죽으면서 도요토미 가문은 멸문하고 도쿠가와 막부는 천하의 중심이 된다. 코무덤과 도요쿠니 신사를 지나 호코지에 가면 일본의 역사를 뒤흔든 그 종을 볼 수 있다. 친절하게도 여덟 글자가 흰색으로 강조되어 있어 누구나 쉽게 확인할 수 있다.

오사카성 외해자 망루
ⓒ 김미정

02
아름다운 청년 윤동주를 만나다
도시샤대학

2018년 《임정로드》를 쓸 때 윤봉길이 순국한 가나자와를 다녀오는 길에 교토에 들러 도시샤대학을 방문했던 게 기억난다. 그때 정문에 들어서 처음으로 만난 학생에게 윤동주의 시비가 어디 있는지 아느냐고 물었는데, 당연하다는 듯이 안내해 줬다. 언뜻 자부심이 느껴지는 말투가 인상적이었다. 첫 방문 후 6년이란 세월이 흘렀다. 다시 찾은 교정은 여전히 아름다웠고, 학생들 또한 여전히 윤동주를 도시샤대학의 자랑

도시샤대학의 윤동주 시비 6년 전에는 없었던 태극기가 곁을 지키고 있다.

이자 자부심으로 기억하는 듯한 모습이었다. 윤동주 시비는 세월의 때가 묻어 있긴 했지만 잘 정돈되어 있었고, 무엇보다 6년 전에는 없었던 태극기가 곁을 지키고 있었다.

2025년 2월 16일, 도시샤대학은 윤동주 순국 80주기를 맞아 '윤동주 서거 80년, 시비 건립 30주년 윤동주 추도식'을 열고 윤동주에게 명예문화박사 학위를 수여했다. 도시샤대학이 고인에게 명예박사 학위를 수여한 것은 1875년 개교 이래 처음인데, 도시샤대학 웹사이트에 설명된 내용을 보면 그 이유를 유추할 수 있다.

"전쟁의 시대가 있었고, 많은 학생들이 그 시대의 희생자가 되었던 사실을 잊을 수 없습니다. (중략) 그 역사 속에 윤동주가 있었다는 사실을 기억하고, 역사의 교훈을 마음에 새기며 새로운 시대를 전망해야 한다고 생각하여, 2024년 12월 윤동주에게 명예문화박사 학위를 증정하기로 결정하였습니다."

《한겨레신문》이 2025년 2월 16일 보도한 내용에 따르면, 도시샤대학은 "당시 시대의 추세에 저항하지 못하고 윤동주라는 한 학생의 소중함을 지키지" 못했다는 사실을 "무겁게 받아들이며 진심으로 유감의 뜻을 표하고자 한다"고도 했다.[25]

그랬다. 도시샤대학은 일본이 군국주의 길을 걷던 1940년대 초중반, 학생들이 학도병으로 전쟁에 참전하는 것을 막지 못했다. 태평양전쟁 막바지인 1943년 10월 일본은 병역 유예 제도를 폐지하고 대학생 및 고등학생을 대상으로 학도지원병 제도를 시행했다. 도시샤대학은 일본의 다른 대학과 마찬가지로 정부의 통제 아래 있었고, 학생들이 지원이라는 이름 아래 강제로 징집되는 것을 막지 못했다. 그런 시기인 1943년 7월 윤동주는 동갑내기 사촌인 송몽규와 함께 체포됐다.

일제 경찰이 작성한 것으로 추정되는 《치안보고록》에는 1943년 12월 6일 윤동주가 송몽규와 함께 교토 구치소에 미결수로 수감된 기록이 남아 있다. 윤동주는 1944년 3월 교토 지방법원에서 징역 2년 판결을 받는다. 이수경 선생이 판결문 전문을 입수해 번역했는데, 그중 일부를 인용한다.

> "조선민족을 해방시켜 그 번영을 초래하기 위해서는 조선을 제국통치권의 지배로부터 이탈시켜서 독립국가를 건설하는 것 외에는 없고, 그러기 위해서는 (중략) 일반 대중의 문화 앙양 및 민족의식의 유발에 노력하지 않으면 안 된다는 결의에 이르렀으며, 특히 대동아전쟁의 발발에 직면하자 (중략) 이 기회를 타고 조선 독립의 야망을 실현할 수 있다고 맹신하여 더욱더 그 결의를 굳히고, 이 목적 달성을 위해 도시샤대학에 전교 후 이미 같은 의도를 품고 있던 교토제국대학 문학부 학생 소우무라 몽규 등과 자주 회합하여 상호 독립의식의 앙양을 도모하는 것 외에(후략)"**26**

우리가 주로 서정적인 시인으로 생각하는 것과 달리, 일제는 그를 어떻게 보았는지 알 수 있다. 윤동주는 이듬해인 1945년 2월 16일 후쿠오카 형무소에서 복역하다 광복을 6개월 앞두고 스물일곱 나이로 옥중에서 순국한다. 송몽규는 윤동주가 옥중에서 원인 모를 주사를 맞고 비명을 질렀다고 말했다고 전해진다. 민족시인 윤동주는 그렇게 생을 마감했다.

윤동주가 떠난 뒤, 시인 윤동주를 세상에 알리는 데 크게 기여한 사람이 있으니, 바로 도시샤대학 선배인 시인 정지용이다. 도시샤대학 윤동주의 시비 옆에 가면 반원 형태의 비석이 하나 더 있는데, 바로 시인 정지용의 시비다. 정지용은 1947년 자신이 주간으로 있던 《경향신문》에 윤동

도시샤대학 내
정지용 시비

주의 시를 처음 소개하고, 유고 시집《하늘과 바람과 별과 시》에 서문을 쓰기도 했다. 정지용의 시비에는 교토를 노래한 시 〈압천〉이 새겨져 있다. 압천鴨川, 가모가와은 교토를 관통하는 강으로 도시샤 대학에서 걸어서 15분 거리에 있으니, 교토에 간다면 산책해 보자.

윤동주의 시비 앞에서 시비에 새겨진 〈서시〉를 함께 낭독했으면 좋겠다. 원문 그대로 옮긴다.

죽는 날까지 하늘을 우르러
한점 부끄럼이 없기를,
잎새에 이는 바람에도
나는 괴로워했다.
별을 노래하는 마음으로
모든 죽어가는것을 사랑해야지
그리고 나안테 주어진 길을
거러가야겠다.

오늘밤에도 별이 바람에 스치운다.

1941.11.20.

03
그들의 숨결이 깃든 교토 거리
윤동주와 송몽규의 하숙집 터

도시샤대학에서 3킬로미터 떨어진 곳, 도보로 40분 거리에 윤동주가 머물렀던 하숙집 터가 있다. 지금은 교토예술대학 다카하라 교사가 자리 잡고 있다. 그리고 학사 입구에 도시샤대학의 것과 같은 모습의 윤동주 시비가 있다. 저물녘 이 집 앞에 섰다. 이 거리에서 20대의 윤동주와 송몽규가 함께 이야기 나누며 걸었을 것이 상상돼 가만히 서서 시비를 한참 동안 바라봤다. 넘치는 재능이 꽃을 피우기도 전에 저문 윤동주. 안타까운 마음이 사라지질 않는다.

윤동주의 하숙집은 그가 다니던 도시샤대학보다 교토대학에서 더 가까웠다. 교토대학에 다니는 송몽규의 하숙집 근처에 집을 얻은 까닭이다. 둘의 하숙집은 불과 300미터 떨어져 있었다. 그만큼 서로 의지하고 믿었다. 어려서부터 둘 다 공부도 잘하고, 글도 잘 썼다.

다만 두 사람의 성격은 달랐다. 내향적인 윤동주와 달리 송몽규는 앞서서 이끌기를 좋아한 외향적인 성격이었다. 특히 1935년 열여덟 나이에 은진중학을 수료한 후 중국 난징으로 홀로 떠난 송몽규의 선택이 둘의 성격이 가장 대비되는 지점이다. 송몽규의 결정은 은진중학 교사였던 명희조

윤동주와 송몽규가 살던 하숙집 터 윤동주 하숙집 터(위)에는 시비가 있다. 이 거리를 송몽규와 윤동주가 함께 걸었을 것이다.

와 최문식, 당시 난징에 거주하던 학교 선배 현철진의 영향이 컸다. 하지만 결과적으로 보면, 1932년 윤봉길의 의거가 만들어 놓은 길을 송몽규가 따라 걸었다고 할 수 있다.

송몽규는 김구가 청년들을 중국 중앙육군군관학교에 입교시킬 목적으로 운영한 한인 학생훈련소에 입소했다. 하지만 그사이 일제의 노골적인 감시와 방해는 더욱 심해졌고, 결국 송몽규는 군관학교에 입학하지 못했다. 오히려 일제가 학생훈련소를 조사하는 과정에서 송몽규의 행적이 탐지되어 이 무렵부터 요시찰인으로 분류되어 감시 대상이 된 것으로 보인다.

송몽규는 고향으로 돌아와 독립운동의 새로운 경로를 모색하고자 대학 진학을 선택하고, 1938년 4월 연희전문대학 문과에 입학했다. 윤동주, 강처중 등과 기숙사에서 같은 방을 썼다. 연희전문 졸업 후에는 전문학교 학업으로는 공부가 부족하다고 생각하여 일본 유학을 결심했다. 1942년 4월 교토제국대학 사학과에 입학했다. 동아시아 전역의 수재가 모여들었고, 경쟁이 엄청나 입학하기란 하늘의 별 따기와 다르지 않았다. 송몽규는 이런 경쟁을 뚫고 시험에 합격했다. 10대 시절 이미 동아일보 신춘문예로 등단한 송몽규였으니, 그 천재성은 가히 남다르다 할 수 있겠다.

한편 교토제국대학 시험에 떨어진 윤동주는 대신 도쿄에 위치한 릿쿄대학에 입학하지만, 도쿄 생활은 길지 않았다. 한 학기 만에 교토에 있는 도시샤대학 문학부로 편입한다. 그가 왜 도쿄 생활을 접고 교토로 향했는지 유추해 볼 수 있는 근거가 하나 있다.

윤동주가 남긴 몇 안 되는 사진 중에 대학생임에도 머리를 빡빡 밀고 찍은 모습이 있다. 《윤동주 평전》을 쓴 소설가 송우혜의 말에 따르면, 1942년 《릿쿄대학신문》에 실린 〈학생 단발령 실시〉 기사에 그가 머리를 민 사진이 실렸다고 한다. 윤동주가 릿쿄대에 입학했던 1942년은 일제가 일으킨 대동아전쟁의 여파로 대학 역시 그 흐름에 따라야 했던 시기다. 국가주의 사상이 점차 확산되어 학칙에서 '기독교주의에 따른 교육을 실시한다'는 문구는 '황국의 도에 따른 교육을 실시한다'로 변경되었다. 채플도 폐쇄되었으며, 군사 훈련을 위해 육군 대좌(지금의 대령)가 부임해 학생들을 혹독하게 훈련시켰고, 이 과정에서 학도병처럼 윤동주 역시 머리를 빡빡 밀 수밖에 없었던 것으로 보인다. 그는 이런 분위기를 견딜 수 없었던 것이 아닐까?

윤동주는 릿쿄대학에 있던 4개월 동안 다섯 편의 작품을 남긴다. 그리고 이 작품 다섯 편은 윤동주가 옥사할 때까지, 만 3년 동안의 일본 생활에서 남긴 유작이기도 하다. 그때 남긴 시가 바로 〈흰 그림자〉와 〈흐르는 거리〉, 〈사랑스런 추억〉, 〈쉽게 씌어진 시〉, 〈봄2〉다. 윤동주의 시 중 〈쉽게 씌어진 시〉를 가장 좋아하는데, 8부 〈도쿄〉 편의 〈윤동주의 마지막 시가 쓰인 곳: 릿쿄대학과 윤동주 하숙집 터〉에서 이 시가 쓰인 장소를 찾아갔다.

사진 일본 유학 첫 해인 1942년 여름방학에 귀향했을 때 찍은 사진. 뒷줄 오른쪽이 윤동주, 앞줄 가운데가 송몽규다.

1942년 가을 교토로 넘어온 윤동주는 이듬해 7월 송몽규와 함께 검거되어 후쿠오카 형무소에서 1945년 순국한다. 두 사람의 묘는 둘의 고향 명동촌으로 향하는 산중턱에 자리해 있다. 쉬이 찾아갈 수 있는 위치는 아닌데, 그나마 다행히도 두 사람 모두 옥수수밭 지나 푸르고 아름다운 곳에 잠들어 있다. 송몽규의 묘에는 '청년문사 송몽규'라 새겨진 묘비가, 윤동주의 묘에는 '시인 윤동주'라 적힌 묘비가 세워졌다. 2024년 여름 두 분께 죄송하고 고마운 마음 담아 여럿이 함께 찾아뵙고 직접 빚은 우리 술을 올리고 또 올렸다.

대한의 두 청년, 독립투사 동주와 몽규를 기억한다.

교토대를
걸어 봤으면 좋겠다

 윤동주와 송몽규가 머문 하숙집에서 남쪽으로 조금만 내려가면 일본 최고의 명문 대학 중 하나인 교토대학이 나온다. 교토대는 1897년에 개교한 두 번째 제국대학이다. 세 곳에 캠퍼스가 있고, 아시아 최초의 과학 분야 노벨상 수상자인 유카와 히데키 교수를 비롯하여 19명의 노벨상 수상자를 배출했다. 이공 계열뿐 아니라 인문 사회 분야에서도 명성이 높다.
 송몽규의 흔적 하나 남은 것 없지만 송몽규의 하숙집에서 역으로 교토대의 상징인 녹나무까지 걸어 보면 탄성이 절로 나온다. '이런 곳에서 공부했던 것이구나'라는 생각과 함께, '도대체 송몽규라는 청년은 얼마나 천재였던 것일까'라는 놀라움까지.
 캠퍼스 곳곳에서 학교가 쌓아 온 전통과 자부심이 느껴진다. 자전거를 타고 다니는 학생들, 창 너머로 보이는 열띤 토론 중인 청년들, 심각한 표정

가모가와 강변 교토대학에서 가까워 학생들이 많이 찾는다고 한다. 정지용 시의 '압천'이 바로 여기다. 동주와 몽규도 이곳을 걸었을까?

교토대학 청년 송몽규가 다니던 시절의 건물이 여전히 쓰이고 있다.

으로 책을 뚫어져라 보고 있는 이들이 원래 그 자리에 있었던 풍경처럼 느껴진다. 매우 신선한 경험이다. 녹나무가 인상적인 본부 구내 정문과 100주년 시계탑 기념관, 법경제학부 본관, 존양당, 문학부 진열관, 구 토목공학교실 본관(현 종합연구 14호관) 등이 송몽규가 다니던 시절부터 있었던 건물이다. 그래서 더 유심히 살폈고, 인상 깊게 느껴진다.

  캠퍼스 곳곳에 중앙식당을 비롯해 카페 레스토랑 캄포라, 레스토랑 라투르, 서부식당, 요시다식당, 북부식당, 남부식당 등 먹을 곳이 많다. 일반인도 자유롭게 즐길 수 있으니, 학교를 걷다가 마음 내키는 곳에 한번 들어가 봐도 좋겠다.

04
조선인 정조문의 집념
고려미술관

　　정말로 가보고 싶었다. 일본 땅 교토 한복판에 '고려'라는 이름을 내건 미술관이 수십 년째 버티며 민족의 큰 자부심으로 자리해 왔다는 소식을 들었을 때부터. 바라 마지않던 그곳을 처음 봤을 때 솔직히 웃음부터 나왔다. '아니, 네가 왜 여기에 있어?' 고려미술관 입구에 왕릉에서 마주해야 할 무인석이 떡하니 자리 잡고 있었기 때문이다.

　　고려미술관은 조선인 사업가 정조문 선생이 쌓아 올린 집념의 결과물이다. 그는 1988년 10월 1700여 점의 조선 고미술품과 건물을 재단에 기부해 미술관을 설립했다. 미술관 웹사이트에 있는 '인사말'에서 정조문 선생은 이렇게 말한다.

　　"단 하나의 조선백자 항아리에 이끌려 고미술상 가게 앞에 멈춰 선 것이 사십여 년 전이었습니다. 조국은 해방되었지만, 나 자신은 아직 돌아갈 길이 없던 날의 일이었습니다. 언젠가는 조국으로 돌아간다, 그렇게 믿고 있었기 때문에 기념품 하나쯤 하자는 마음으로 가게에 발을 들여놓은 것이 '오늘'의 시작이 되었습니다."

고려미술관 가는 길과
고려미술관 입구

　한국학중앙연구원에 따르면, 정조문(鄭詔文, 1918~1989) 선생은 경상북도 예천 동래 정씨 집안에서 태어났다. 정부 관리였던 조부 정건모는 도쿄에 파견되어 훈장 제조 기술을 익히고 돌아와 훈장 제조국에 근무하였다고 한다. 가세가 기울자 부친 정진국이 아내와 아들 둘을 데리고 일본으로 건너갔는데, 당시 정조문의 나이는 만으로 여섯 살이었다고 한다.

　일본에서의 생활도 만만치 않았다. 어린 정조문 역시 부두에서 노동하며 생활을 이어 가야 했다. 그러다 33세에 시작한 파친코 사업이 잘 되어 찻집, 초밥집, 선술집 등으로 사업을 확장한다. 그러던 어느 날 교토 산조 뒷골목을 산책하다가 고미술 거리에서 우연히 조선백자를 보고, 마음에 들어 당시 집 한 채 값이 넘는 50만 엔을 주고 샀다. 값은 일 년에 걸쳐 치렀다고 한다. 이것을 계기로 일본 권력자들에게 빼앗긴 조국의 문화유산을 되찾을 결심을 하게 된다. 그는 미친 듯이 유물을 수집하면서 1969년에는 '조선문화사朝鮮文化社'를 설립하고 《일본 속의 조선문화》라는 계간지를 창간해 50호까지 발간한다. 《교토신문》조차도 "이 잡지는 고대 조선에서 들어온 인간과 문화를 빼면 (일본에는) 아무것도 남은 것이 없지 않은가 생각될 만큼 큰 영향을 끼쳤다. 편견에 차 있던 일본 고대사에 이처럼 충격을 준 잡지는 없을 것이다"[27]라고 평했다.

정조문 선생과 백자 항아리 우연히 만난 백자 항아리가 모든 것의 시작이 되었다.

고려미술관에 전시된 〈조선통신사 참착 귀로도〉 중 일부

　정조문은 자신의 집터에 지하 1층, 지상 3층 규모로 고려미술관을 설립해 1988년 10월 25일 개관한다. 또 남북국 시대부터 조선 시대에 걸쳐 계통적으로 모은 1700점의 미술품을 기증했다. 하지만 너무나 열정을 다한 탓일까? 그는 미술관이 개관한 지 4개월 만에 지병으로 세상을 등진다. 통일 조국이 생기기 전까지 고향에 가지 않겠다고 했던 그는 "단 한 점의 문화재도 유산으로 남기지 않겠다. 나중에 통일되면 통일조국에 기증해 달라"는 유언을 남겼다. 생전에 그는 "문화 앞에 나라라는 건 의미가 없다. 정치를 떠나 민간인의 문화 교류를 통해 우리가 하나의 민족임을 깨달을 수 있다"라고 늘 말하곤 했다.[28]

　고려미술관에서 개인적으로 가장 눈에 띈 작품은 〈조선통신사참착 귀로도〉라는 그림이다. 1711년 조선통신사의 모습을 담고 있다. 일본 전통 촌마게* 머리를 한 사람들이 말을 타고 한복을 입은 조선 양반을 수행하는 모습이다. 일본이 조선통신사를 어떻게 대접했는지 알 수 있는 옛 그림이다. 정조문 선생의 아들 정희두 고려미술관 이사장도 2023년 10월 《세계일보》와

---

* 이마 위쪽부터 정수리까지 머리 위쪽을 밀고 옆머리와 뒷머리만을 길러 상투로 틀어 올린 형태.

고려미술관에서 만난 해치 작고 귀여운 해치가 맞이해 주니 꼭 가보길 추천한다.

의 인터뷰에서 "1979년에 입수한 〈조선통신사 행렬도〉 두루마기는 전부 펼치면 110미터에 이르는 대작이다. 2017년 유네스코 세계기록유산으로 등재된 '조선통신사 기록물'에 속하는 유물이다. 1711년 일본을 찾은 통신사 행렬을 그린 것인데, 당시 쓰시마 번주藩主가 에도 쇼군에게 보고하기 위해 제작한 것이다. 통신사는 (전근대 시기) 일본과 한반도의 선린우호를 실현했다는 점에서 중요하다. 관련 자료 20점 정도를 소장하고 있다"[29]라고 밝혔다. 직접 보면 감탄이 절로 난다.

 정조문과 고려미술관에 대해 이토록 길고 자세히 적은 이유는 하나다. 교토에 방문하는 여러 시민들이 따로 시간을 내 이곳을 찾았으면 하는 바람에서다. 조선인 정조문의 집념과 의지가 1700여 점에 이르는 소장 유물로 확인된다. 이 모든 것이 일본에서 수집됐고, 일본 땅 한복판에서 고려라는 이름을 단 미술관으로 이어지고 있다. 우리 문화유산만을 전시하는 유일한 해외 미술관이기도 하다. 어찌 찾지 않을 수 있나.

 다만 운영상의 어려움으로 갑자기 휴관일이 잡힐 수 있으니 미리 미술관 웹사이트를 확인하고 가는 것이 좋다. 구글에서 '교토 고려미술관'을 검색하면 웹사이트(https://www.koryomuseum.or.jp/korean)가 바로 나온다. 꼭 확인하고 가자.

05
메이지 유신의 현장
교토 어소와 니조성

일본 여정을 마친 뒤 생각했다. 혹시라도 일본 땅에 살게 된다면 어떤 도시가 좋을까? 나가사키도 훌륭했고, 가나자와도 좋았다. 그런데 딱 한 곳만 꼽으라면 주저하지 않고 말할 수 있다. 교토다. '걷기 좋은 동네'라는 생각을 걸음을 잇는 내내 했다.

천년 수도답게 도시가 곧 문화이자 역사였다. 교토京都라는 이름 자체가 '수도'를 뜻하는 것처럼 교토는 794년 헤이안 천도 이후 1869년까지 일본의 수도였다. 1000년 동안 일본의 왕이 여기에 머물렀다는 의미다. 그 흔적이 바로 1331년부터 1869년 수도를 도쿄로 이전하기 전까지 왕실이 주거했던 교토 어소京都御所다.

교토 어소는 윤동주가 다녔던 도시샤대학 바로 건너편에 위치해 있다. 특히 주황색 기둥과 문이 눈에 띄는 승명문承明門, 조메이몬을 지나 마주할 수 있는, 교토 어소의 정전 자신전紫宸殿, 시신덴에 가봐야 한다. 1868년 3월 14일 메이지 일왕이 메이지 유신을 선포한 곳이기 때문이다. 이곳에서 일왕이 천지신명에게 서약하는 형식으로 메이지 정부의 기본 방침을 적은 '5개조 어서문五箇條御誓文'이 낭독됐다. 옛날부터 내려오는 낡은 관습을

교토 어소 청소문(淸所門) 교토 어소 관람 시 관람객이 입장하는 공식 출입문이다.

교토 어소 건춘문(建春門) 교토 어소의 동문으로, 경복궁의 동문과 이름이 같다.

깨뜨리고 천지의 공도公道에 따른다, 지식을 세계에서 구하여 왕국의 기반을 크게 진작시킨다는 내용이 포함되었다.

자신전 바로 옆 소어소小御所, 고고쇼 역시 메이지 유신의 현장이다. 소어소는 다이묘들과의 공식 대면이나 의식, 회의 등이 열렸던 곳인데, 이곳에서 막부를 폐지하고 왕 중심의 새 정부를 수립한다는 '왕정복고 대호령王政復古 大號令'이 선포되었다. 1867년 11월 9일에도 막부의 수장 도쿠가와 요시노부가 일왕에게 통치 권한을 반납한 대정봉환大政奉還이 있었지

교토 어소 자신전 이곳에서 메이지 정부의 기본 방침을 적은 '5개조 어서문'이 발표되었다.

만, 실권은 여전히 도쿠가와가 쥐고 있었다. 이에 막부를 타파하고 왕 중심의 새로운 정부를 만들려고 하는 반反 도쿠가와 모의가 이뤄졌고 그 결과가 소어소에서의 선포였다. 1868년 메이지 유신 후 도쿠가와의 처우에 대한 논의 또한 이곳에서 이뤄졌다. 정권에서는 배제되었지만 생존은 보장된 마지막 쇼군 도쿠가와 요시노부는 1913년 76세에 폐렴으로 사망한다. 쇼군 중에서는 가장 오래 산 편에 속한다. 사후 대정봉환의 공을 인정받아 훈1등 욱일대수장을 추서받았다.

자신전과 이어지는 건물 청량전淸凉殿, 세이료덴은 일왕의 생활공간으로, 우리 궁궐로 치면 경복궁의 강녕전과 유사하다. 한편 교토 어소 내에는 정원이 세 곳 조성되어 있다. 연못이 아름다운 어지정御池庭, 오이케니와과 과거 귀족의 놀이 축국蹴鞠을 즐기던 축국정蹴鞠の庭, 케마리노니과 다실과 연결되는 어내정御内庭, 고나이테이이다. 기능과 분위기가 각각 다르지만, 역시 일본 정원답게 잘 가꿔졌다는 생각이 자연스레 든다.

일본 근현대의 시작 교토 어소를 돌아보았다면 이제 서남쪽으로 방향을 잡고 이동하자. 약 1.5킬로미터 거리에 니조성二条城이 있다. 걸어서 20분 정도 걸리는데, 앞에서 말한 대정봉환이 바로 이곳 니조성 니노마루

어전二の丸御殿에서 이뤄졌다. 니조성은 원래 도쿠가와 이에야스가 쇼군 시대를 열며 만든 성이다. 그런데 이곳에서 막부의 시대가 실질적으로 종식되었으니, 역사가 참으로 아이러니하다.

물론 이에야스가 막부를 에도(도쿄)에 두었기 때문에 니조성은 치소治所 역할을 하지는 못했다. 그래서 전국 시대에 만들어진 다른 성들에 비해 해자의 폭이 좁고 천수각도 높지 않다. 참고로 니조성 니노마루 어전을 걷다 보면 삐걱거리는 소리가 유독 크게 나는데, 자객의 습격을 우려한 조치다. 걸음을 옮길 때마다 걸쇠와 복도를 지탱하는 못이 닿으면서 휘파람새가 지저귀는 듯한 소리가 난다고 해서 '휘파람새 복도'라고 불린다.

윤동주의 도시샤대학을 거쳐 교토 어소, 니조성을 함께 걸어 보자.

니조성 니노마루 어전에서 이뤄진 대정봉환 상상도

밤에 더욱 아름다운
천년 수도의 길

의도한 건 아닌데, 일정상 청수사와 호칸지, 야사카 신사, 헤이안 신궁平安神宮을 모두 밤에 마주했다. 몇 해 전 답사 때 낮에 다녀온 곳들이어서 밤에 가보고 싶은 마음이 있기도 했다. 어둠이 내려앉은 천 년의 길을 걷는 것은 역시 특별한 매력이 있었다.

'물이 맑은 절'이라는 뜻의 청수사淸水寺, 기요미즈데라는 역시 밤에 만나도 아름답고, 교토의 대표적인 옛 거리 산넨자카産寧坂를 지나 골목길 가운데서 불현듯 마주하는 사찰 법관사法観寺, 호칸지는 형언할 수 없는 자태를 뽐낸다. 두 곳 앞에 서면 자신도 모르게, 할 수 있는 모든 노력을 다해 계속 사진을 찍게 된다. 그만큼 아름다운 두 곳이다.

불현듯 마주해 더욱 아름다운 호칸지

호칸지를 지나 길을 따라 걷다 보면 붉은 빛이 강렬한 야사카 신사八坂神社에 들어선다. 기온 마쓰리 축제로 유명한 이 신사에는 절이 이래도 되나 싶을 정도로 포장마차가 즐비하다. 축제 기간에는 더 많아진다고 한다. 물론 이 또한 역병 퇴치를 위해 서기 656년께 만들어진 야사카 신사가 지역 사회와 함께 쌓아 온 과정이려니 어느 정도 이해는 가지만, 과연 이것이 맞나 하는 생각은 신사를 나서는 순간까지

6부 교토 185

강렬한 붉은 빛과 포장마차가
인상적이었던 야사카 신사

도 떠나질 않는다.

　여유가 있다면 교토를 중심으로 서북쪽과 동북쪽에 자리한 금각사鹿錢寺, 킨카쿠지와 은각사銀閣寺, 긴카쿠지도 가보자. 각각 14세기 말과 15세기 말에 100년 가까운 시차를 두고 당시 권력의 최고점에 있던 쇼군들에 의해 지어진 곳으로, 그들의 사후 사찰이 되었다.

　두 곳 모두 연못가에 아름다운 금색과 은색의 누각이 서 있어서 본명인 녹원사鹿苑寺, 로쿠온지와 자조사慈照寺, 지쇼지보다 누각의 이름으로 불린다. 금각사가 그 이름대로 금박을 씌운 화려함의 극치라면, 은각사는 이름과 달리 은빛이 아닌 어두운 색을 띤다. 원래 검은 옻칠을 한 누각이었는데 옻칠의 광택과, 금각사와의 대비로 은각사라는 이름이 붙었다고 전해진다. 둘 중 어디를 가는 게 좋을지 묻곤 하는데, 물론 답은 없다. 애초에 우열을 따지는 것이 부질없는 게 아닐까? 금각사와 은각사 모두 그 가치를 인정받아 1994년 나란히 세계문화유산으로 등재됐다.

06
윤동주가 남긴 마지막 미소
우지 기억과 화해의 비

여기 윤동주가 생애 마지막으로 찍은 사진이 있다. 1943년 6월께 도시샤대 친구들과 우지시宇治市에 있는 강변으로 야외 송별회를 나와 찍은 사진이다. 희미하게 미소를 건 윤동주의 얼굴에는 그 어떤 죽음의 그림자도 느껴지지 않는다. 하지만 윤동주는 한 달여 뒤인 7월 치안유지법 위반으로 송몽규와 함께 체포됐고, 후쿠오카 형무소에서 옥사했다.

우지 강변에 세워진 윤동주 시비, '기억과 화해의 비'

2005년 윤동주를 애정하는 교토 시민들이 '시인 윤동주 기념비 건립 위원회'를 만들었다. 시민들은 자발적으로 성금을 모아 시비를 제작해 우지시에 세우고자 했다. 그런데 교토부가 우지시와 시인 윤동주 사이의 연고를 입증할 증거가 부족하다며 장소를 내주지 않았다. 위원회는 우지시와 시인의 인연을 찾는 작업을 펼쳤고, 윤동주가 마지막 사진을 찍은 장소가 우지 강변의 아마가세天ヶ瀬 다리라는 것을 알아냈다. 마침내 위원회 설립 후 12년 만인 2017년 10월 우지 강변에 윤동주의 시가 새겨진 '기억과 화해의 비記憶と和解の碑'가 세워졌다. 시비에는 윤동주가 1938년에 쓴 〈새로운 길〉이 새겨져 있다.

    내를 건너서 숲으로
    고개를 넘어서 마을로

    어제도 가고 오늘도 갈
    나의 길 새로운 길

    민들레가 피고 까치가 날고
    아가씨가 지나고 바람이 일고

    나의 길은 언제나 새로운 길
    오늘도…… 내일도……

    내를 건너서 숲으로
    고개를 넘어서 마을로

윤동주가 남긴
마지막 사진

윤동주가 마지막 사진을
찍은 아마가세 다리

6부 교토 189

| 윤동주의 시비를 만나러
가는 길에 마주하는 풍광

　우지시는 교토에서 멀지 않은 시골 마을인데 산과 강이 조화롭게 아름답다. 녹차의 마을로 유명하고, 세계문화유산인 평등원平等院, 보도인이라는 절이 있다. 이 절의 주건물인 봉황당이 10엔 주화에 도안으로 새겨져 있어 더 유명하다. 우지역에서 내려 아가타 신사를 거쳐 보도인을 지나 우지강을 따라 윤동주의 시비가 있는 곳까지 걸어갔으면 좋겠다. 아름다운 자연을 느끼며 천천히 걸으면 한 시간이면 충분하다. 가는 길에 윤동주가 친구들과 함께 사진을 찍은 아마가세 구름다리도 있다. 그곳에서 윤동주가 지어 보였던 작은 미소를 따라하며 사진 한 장도 찍어 보자.
　무엇보다 우지 강변에 자리한 윤동주의 시비에 한 번쯤 서보기를 권하는 이유는, 나 말고도 윤동주를 기억하고 그리워하는 시민들이 애써 시간을 내고 마음을 써서 이곳을 방문한다는 사실을 현장에 가면 다시 한번 느낄 수 있기 때문이다. 한국에서 직접 가져온 우리 소주와 윤동주의 시집, 그리고 마음 써서 준비한 여러 꽃이 시비 주변에 가득하다. 시비 앞에 서면 고맙고 미안하고 기쁜 감정이 일렁인다.
　귀한 곳이자 고마운 곳이다.

녹차를
마셔 보자

우지산 녹차가 유명하다는 것도 몰랐다. 윤동주의 시비를 찾아가는 길에, 정확히는 뵤도인으로 향하는 길목에, '왜 이렇게 녹차 가게가 많은 거야' 하는 생각이 들어 아무 가게나 들어가 보았다. 때마침 다리도 아팠고, 좀 쉬어 가자는 마음도 들었다. 녹차를 주문했고, 깜짝 놀랐다. 이런 깊은 맛이라니. 우지산 녹차는 '우지차'라고 따로 불릴 정도로 우지는 일본에서 유명한 녹차 생산지다. 일본 녹차는 말차, 센차, 교쿠로로 나뉘는데, 그중 가장 대중적인 것이 중급차로 평가받는 센차다. 내가 마신 것도 센차였다. 약간 떫은 맛이 나다가 음미할수록 특유의 단맛이 돈다는데, 나는 '이렇게 깊은 맛이 나네'라는 생각만 들었다.

녹차 아이스크림도 꼭 먹어 보자. 윤동주의 시비를 보고 돌아오는 길에 아이스크림 가게 앞을 지나는데 줄이 꽤 길기에 '무슨 줄이 이렇게 길어?' 하면서 하나 사 먹었다가 세상 어디에서도 맛보기 힘든 녹차 아이스크림을 먹었다. 그 깊은 맛을 다시 느끼고 싶어 한국에 와서도 사먹었지만 역시나 현지에서 먹는 맛을 따라갈 수 없었다. 솔직히 차보다 아이스크림이 더 생각난다. 우지에 다시 가고 싶은 또 다른 이유다.

우지산 말차 아이스크림 꾸덕하고 깊은 맛이 자꾸 생각난다.

07
재일조선인의 이름으로
우토로 평화기념관

우지 강변 윤동주의 시비에서 차로 15분 거리에 우토로 평화기념관이 있다. 2022년 4월 30일 기념관이 개관했을 때 우토로 주민들은 한 목소리로 "80년 만에 기적이 왔다"라고 말했다.

교토부 우지시 이세타초 우토로 51번지. 우토로 마을은 태평양전쟁이 한창이던 1940년 당시 일본이 교토 자위대 부대 옆 늪지에 비행장을 건설하면서 생겼다. 이 비행장을 건설하기 위해 모집이라는 형식으로 강제동원한 조선인이 무려 1300명이 넘었다. 하지만 비행장이 어느 정도 윤곽을 보일 무렵 일제는 패전을 맞이했고, 우토로 마을에 자리 잡은 조선인들은 이도 저도 못한 채, 고국에 돌아가지 못하고 이곳에 정착했다. 그렇게 시간이 흐른 것이다.

고향 땅에 돌아가지 못한 조선인의 삶은 어땠을까? 늪지를 거니는 것과 다르지 않았다. 차별받고 가난에 허덕였다. 우토로 마을 판잣집은 비가 오면 지붕에서 물이 샜고, 태풍이 오면 홍수가 났다. 어렵게 일을 구해도 우토로 출신 조선인이라는 사실이 알려지면 해고를 당했다.

차별과 가난에 우토로 마을 조선인들은 이를 악물고 버텼다. 그런데

우토로 평화기념관과 일본 자위대
부대 기지 위성사진 © 2025 구글

1987년, 2세대가 자리를 잡고 좀 살아보겠다는 시기에 갑자기 우토로 땅이 우토로 마을 사람들 것이 아니라는 청천벽력 같은 소식이 전해졌다.

당초 우토로 땅은 교토부 소유였으나, 전쟁 후 일본국제항공공업의 소유로 넘어갔다. 1961년 그 후신인 닛산차체의 소유로 넘어갔다가, 1987년 부동산회사인 서일본식산에 전매되었다. 그후 주민들에게 퇴거를 요구하면서 분쟁이 발생했다. 주민들은 우토로 마을에 살게 된 역사적 배경 등을 들어 취득시효 인정을 요구하며 소송을 했으나 2000년 일본 최고재판소에서 패소해 거주권을 상실했다.

2005년 서일본식산이 강제 철거를 추진하면서 우토로 마을의 고달픈 애환이 세상에 알려졌다. 주민들이 쫓겨날 위기에 처하자 양심 있는 일본 시민들이 '우토로를 지키는 모임'을 결성했다. 우리나라에서도 '우토로국제대책회의'가 만들어졌다. 이후 한·일 양국의 성금과 한국 정부 지원금이 이어졌다. 이렇게 모은 기금을 바탕으로 2010년 토지의 3분의 1을 사들였고, 주민 재입주를 전제로 일본 정부의 재개발이 추진됐다. 2018년 1기 시영주택에 주민 일부가 입주했고 순차적으로 주민들의 입주가 이뤄졌다.

우토로 마을을
지킨 주민들

　우토로 마을의 역사를 기억하고 알리기 위해 건립된 평화기념관은 일제 강점기 강제동원 관련 기록과 우토로 주민들이 강제 퇴거에 맞서 싸웠던 자료들을 주로 전시하며, 80여 년을 버틴 우토로 주민들의 생활상도 담았다. 무엇보다 우토로 평화기념관 옥상에 올라서면 맞은편에 여전히 남아 있는 일본 자위대 항공 기지가 한눈에 들어온다. 우토로 마을이 어떤 과정을 거쳐 이 자리를 지키고 있는지를 온전히 보여 주는 장면이다.

　기념관 웹사이트에 들어가면 우토로 마을 주민들의 사진이 사람들을 맞이한다. 팻말에는 손글씨로 "우토로에서 살아왔고 우토로에서 죽으리라"라고 적혀 있다. 긴 시간을 버텨 온 우토로 주민들에게 찬사를 보낸다.

　기념관 개관 시간은 금·토·일·월요일 오전 10시부터 오후 4시까지이다. 화·수·목요일과 12월 28일~1월 4일, 8월 14~16일에는 휴관한다. 입장료는 일반 500엔, 고등학생 이하 100엔, 초등학생 이하 무료다. 시간을 잘 알아보고 한 번쯤 가보면 좋겠다.

08
대를 이은 사투
단바 망간기념관

교토 시내에서 서북 방면으로 162번 국도를 따라 자동차로 1시간가량 달리면 단바丹波 지역의 가쓰라강桂川 상류에 자리한 게이호쿠京北란 곳이 나타난다. 망간 광산으로 유명한 신오타니新大谷 광산과 유미야마弓山 광산이 있던 곳이다. 두 광산은 1983년에 폐광되었고 그 자리에 1989년 단바 망간기념관이 들어섰다. 광산에서 일했던 이정호 선생이 폐광산을 정비하여 기념관을 열었고 목숨처럼 여기며 지켰다. 1995년 이 선생이 작고한 뒤에는 부인 임청자 여사가, 임청자 여사가 돌아가신 뒤에는 아들 이용식 관장이 사비를 들여 기념관을 지켰지만, 쉽지 않았다. 2019년 11월 한국을 방문한 이 관장을 서울에서 만나 인터뷰했던 인연이 있어서, 시간이 흘러 2024년 세밑 교토를 방문했을 때 기념관을 찾아가고자 했다. 거리가 있지만 시간을 내 방문해 이 관장을 만나서 어떤 형태로든 응원하고 싶었다. 하지만 운영 시간 등 안내를 찾을 수 없었다. 구글 지도 리뷰에는 '휴관 중'이라는 글만 이어졌다. 힘들게 찾아갔는데 문을 닫았다며 성토하는 글도 있었다. 한국에 돌아와 단바 망간기념관에 대한 내용을 정리하며 2024년 9월《노동과 세계》에 실린 기념관 소식을 확인했

단바 망간기념관 위치 외진 곳임에도 한때는 연간 5000명이 방문했다. ⓒ 2025 구글, Airbus, Maxar Technologies

다. 지자체의 도움 없이 운영하기는 어려워 운영을 중단한다는 것이었다. 그리고 기념관 앞에 있던 강제징용 노동자상은 오사카에 있는 통국사統國寺로 자리를 옮겼다고 한다. 아쉬움이 너무나 크다. 귀한 곳을 함께 지켜내지 못한 미안함도 크다. 그래도 다행인 것은 아주 폐업이 아니라 임시 휴업이라는 것이다. 어찌해야 다시 기념관을 살릴 수 있을까?

기념관을 설립한 이정호 선생은 1928년에 조선에서 태어나 두 살 때 일본에 왔다. 일본에서 학교도 다니고 졸업까지 했지만 조선인이라는 이유로 온갖 차별을 당했다. 특히 일자리를 구하기가 어려웠다. 광산일 말고는 다른 일을 구할 방도가 없어 열여섯 살 때부터 유리 제조 원료인 형석을 캐기 시작했다. 그는 광산에서 3000여 명의 조선인들이 가혹한 노동에 시달리는 광경을 봤다. 이 선생 역시 그들 중 한 명이었다.

2019년 인터뷰 때 이용식 관장은 30년 넘게 광산에서 망간을 캐다가 결국 진폐증에 걸린 부친이 "남은 생을 자이니치(재일조선인)의 뿌리를 찾는 데 바치기로 하고 기념관을 만든 것"이라고 강조했다. 그렇지만 이 선생은 기념관을 만든 뒤로 일본 우익의 공격에 시달렸다. 기념관에 "일본은 강제연행을 하지 않았는데 왜 거짓말을 하느냐", "말도 안 되는 짓을 한다"는 전화가 계속 걸려 왔다. 2015년에는 혐한 단체인 '재일특권을 허용하지 않는 시민의 모임(재특회)'이 단바 기념관까지 찾아와 항의 시위를 하기도 했다. 2016년에 민주노총과 한국노총의 연대로 기념관 앞에 강제징용 조선인 노동자상을 세운 뒤로 항의가 더 거세졌다.

경제적으로도 어려웠다. 기념관을 운영하기 위해서는 연간 500만 엔 정도 유지비가 필요하다(2019년 기준). "어머니가 생존해 계실 때는 연간 본인 연금인 200만 엔을 전액 기부했다. 나도 100만 엔을 채웠다. 하지만 그때는 연 5000명이 오면서 버티기라도 했는데 지금은 작년 기준으로 700명밖에 안 왔다." 당연히 어머니가 돌아가신 뒤로는 운영이 더 어려워졌다. 그럼에도 대를 이어 기념관을 지키는 이유가 뭘까? 기념관을 통해 강제동원의 역사뿐 아니라 재일동포들이 일본에서 계속 살 수밖에 없었던 이유를 이해시키고 싶기 때문이다.

"한국에서 꾸준히 찾아와 아버지의 뜻에 공감하고 동의해 주는 분들이 있어 뿌듯하다"고 했던 이 관장은 단바 망간기념관 노동자상 제막식에서 노동자상이 아버지와 너무 똑같이 닮았다며 눈물을 흘렸다고 한다. 노동자상을 제작한 김운상 작가에게 한 말이었다. 김 작가는 이 관장의 말에 대해 이렇게 말했다.

> "진폐증을 앓다 47킬로그램 몸무게로 돌아가신 이정호 선생이나 당시 탄광에 끌려간 광부들의 모습이 다르지 않았다는 거다. 조선인 노동자들은 바닷물과 메탄가스를 뒤집어쓴 채 섭씨 40도가 넘는 지하 1000미터 탄광 속에서 석탄과 광물을 캐다 진폐증을 앓고 떠났다. 젊은 나이에 키도 크고 덩치도 컸던 분들은 다들 갈비뼈와 광대만 남은 앙상한 모습이 됐다. 강제징용 노동자상을 처음 만들 때 이들의 보편적인 모습을 모티브로 삼았다."

단바 망간기념관 앞에 세워졌던 강제동원 노동자상 지금은 오사카 통국사로 옮겨졌다.

서울 용산역 앞에 있는 강제동원 노동자상

　단바 망간기념관이 다시 문을 여는 그날까지, 여러 시민들이 오사카 이쿠노구에 있는 통국사를 방문했으면 좋겠다. 그곳에서 단바 망간기념관 앞에 서 있던 노동자상을 만나 술 한잔 올리면 좋겠다. 통국사에는 강제동원 노동자상뿐 아니라 제주 4·3 희생자를 위한 위령탑과 베를린에서 공수해 온 베를린 장벽 2개도 있다. 우리나라도 독일처럼 평화통일을 이루기를 바라는 재일조선인들의 마음을 담았다고 한다. 통국사는 일제강점기 오사카에 사는 조선인들이 끊임없이 목소리를 냈던 덴노지 공원 바로 옆에 위치해 있다.

7부 — 가나자와

01
36° 31′ 30.11″ N, 136° 40′ 17.9″ E
윤봉길 의사 순국지

위도 36° 31′ 30.11″ N, 경도 136° 40′ 17.9″ E. 1932년 12월 19일 오전 7시 27분 천하영웅 윤봉길(尹奉吉, 1908~1932) 의사가 순국한 지점이다. 대한민국 국민이라면 누구나 꼭 한 번쯤 들러 술 한잔 올리면 좋겠지만, 그럴 수 없는 금단의 땅이기도 하다. 윤 의사가 순국했을 당시에는 일본군 제9사단이, 2025년 현재는 일본 육군 자위대가 주둔하고 있기 때문이다. 자위대가 해당 지역을 사격장으로 활용하고 있어 허가받은 인원을 제외하고는 한국인, 일본인 가릴 것 없이 접근이 제한된다. 물론 욕심을 낸 적도 있다. 2019년 현장 방문 당시, 큰 용기를 내서 군부대 앞마당 격

윤봉길 의사 순국지 윤봉길 의사 순국지가 비공식적으로 특정됐다. © 2025 구글, Airbus, Maxar Technologies

윤봉길 의사 순국지 입구에 있는 간판 '육상 자위대 미쓰코지산 연습장 입구'라고 써 있다.

인 개활지를 지나 부대 출입구까지 도달했다. 앞으로 200여 미터만 더 가면 윤 의사 순국지였다. 하지만 더 들어가지 못했다. 자위대 부대 안으로 한 걸음 더 내딛으려는 순간 총을 든 군인들이 우르르 몰려나왔다. 물론 일개 민간인인 나 때문에 나온 것은 아니었다. 그저 사격 훈련을 마치고 나오는 인원들과 마주친 것인데, 군인은 누구냐며 날카롭게 반응했다. 나는 일본어 대신 영어로 "트래블러"라고 대꾸했다. 이후는 예상한 대로다. 정중하지 못한 모습으로 부대 밖으로 쫓겨났다. 불과 몇 분 거리, 윤 의사의 순국지를 눈앞에 두고 말이다. 두고두고 아쉬움이 남는다.

당시에 순국지 가까이 갈 수 있었던 것은 훈련장 입구에 붙어 있는 "시민들의 건전한 레크리에이션을 위해 자위대의 호의로 이 훈련장에 출입할 수 있습니다"라는 안내문 때문이었다. 일본어와 한국어, 영어로 출입 시간과 금지 사항, 협조 사항도 적혀 있었다. 훈련장 출입 가능 시간은 "원칙적으로 토요일/일요일/공휴일의 일출부터 일몰까지"이니 참고하면 좋겠다. 다만 자위대가 훈련을 실시할 때는 출입이 금지된다.

윤 의사 순국지의 정확한 위치를 찾기까지는 많은 노력이 있었다. 일본군이 처형지 위치를 거짓으로 발표한 것과 지형 변화, 무엇보다 주둔지 영내에 있어 출입할 수 없다는 어려움이 있었다. 그러나 노력은 계속되었고, 2009년 국가보훈처(현 보훈부)와 독립기념관의 공동 조사를 거쳐 2011년 윤봉길의사기념사업회와 재일 윤의사암장지보존위원회가 윤 의사의 순국지 위치를 비공식적으로 특정했다.

1932년 12월 19일 일제는 십자가 목재 형틀에 윤 의사의 양쪽 팔을 네

윤봉길 의사 순국 직전 모습 윤 의사 순국지를 눈앞에 두고 술 한잔 올리지 못한 것이 못내 죄송하고 서운하다.

번에 걸쳐 묶고 눈을 헝겊으로 가렸다. 현장에 있던 간수가 무릎 꿇려진 윤 의사에게 유언이 있느냐고 묻자 윤 의사는 "사형은 이미 각오했으므로 하등 말할 바 없다"라고 했다. 오전 7시 27분 미간에 총을 맞고 13분 뒤인 7시 40분에 심장이 완전히 멎었다. 총탄이 이마를 정확히 관통해 피가 별로 흐르지 않았다고 한다.

이러한 윤 의사의 마지막 모습은 2002년에야 확인됐다. 일본 방위청(현재의 방위성) 방위연구소 도서관에서 보관 중인 〈만밀대일기滿密大日記〉에 포함된 문서 〈윤봉길 형 집행 건〉에 그의 처형 당시가 기록되어 있었던 것이다. 40여 쪽 분량의 이 극비 보고서는 윤 의사의 사형 집행과 관련된 일본 육군성의 공식 문서로, 윤 의사 의거와 관련된 각종 공문과 소송 기록, 사형 집행 보고서, 처형 모습을 담은 사진, 처형장 도면 등이 들어 있다. 매헌윤봉길의사기념관 웹사이트에서 디지털 자료를 볼 수 있다. 참고로 〈만밀대일기〉는 일본 '육군성 대일기' 시리즈 중 만주·중국 지역 관련 비밀 문건을 수록한 〈육만밀대일기陸滿密大日記〉에 포함된 자료이다.

〈윤봉길 형 집행 건〉 내용 중 일부를 보자.

> 1. 범인의 호송 및 사형 집행은 관계자 외에는 절대 비밀로 시행되었으나 19일 오전 11시, 제9사단 법무부장이 신문기자단 일행에게 관련 사실을 설명함으로써 결과적으로 신문기자 및 일반인에게까지 그 사실이 알려지게 되었다. (중략) 이에 따른 반향에 대해서는 현재 최대한 비밀리에 조사 중이다.
> 2. 매장은 장례식을 치르기 이전에 실시하고 묘지의 위치는 극비리에 은폐할 것. 또한 매장지 등이 훼손되거나 노출되지 않도록 주의하고 (중략) 특히 조선인과 사상적으로 편향된 인물들, 또한 불령 분자의 동향에 대해 감시를 게을리하지 말 것.[30]

윤봉길 의사의 사형과 매장이 극도의 비밀 속에 이뤄졌다는 점은, 일제가 그의 죽음이 조선인 사회에 미칠 파장을 얼마나 두려워했는지를 보여준다.

그런데 일제는 왜 윤 의사를 의거(의거에 대해서는 바로 다음 장에서 더 자세히 이야기했다)가 일어난 상하이도, 생애 마지막 한 달을 보낸 오사카도 아닌, 이곳 가나자와까지 이송해 사형을 집행했을까? 여기엔 일제의 비열한 의도가 있다. 가나자와는 우에다植田謙吉 중장이 이끌던 제9사단의 사령부가 자리한 곳이다. 제9사단은 청일전쟁과 러일전쟁 때 앞장서서 한반도를 유린한 부대로, 1932년 당시 상하이 점령군으로서 중국에 주둔하고 있었다. 이 부대의 심장 격인 인물에게 윤 의사가 폭탄을 던졌으니, 일제는 복수 차원에서 윤 의사를 가나자와까지 끌고 와 죽음을 맞게 한 것이다.

무엇보다 알아야 하는 것은 일제가 선택한 윤 의사의 순국 시간이다. 12

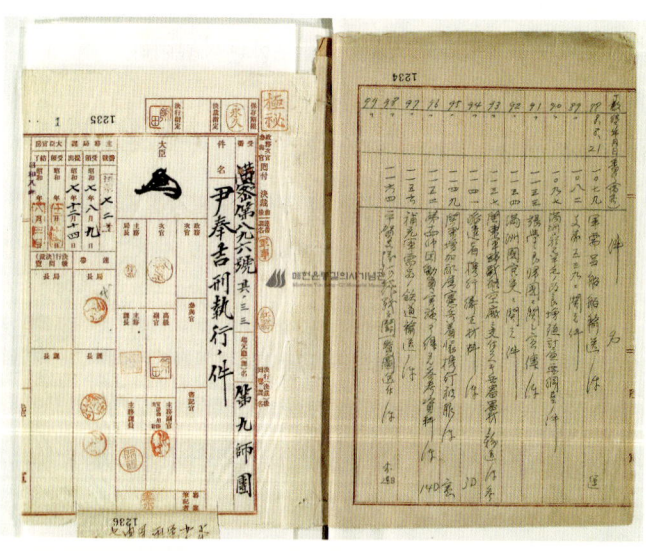

〈만밀대일기〉 문서명은 '윤봉길 형 집행 건', '만밀 제896호'라는 번호가 보인다.

월 18일 가나자와성 위수구금소에서 생의 마지막 밤을 보낸 윤 의사는 19일 오전 6시 기상한 뒤 6시 30분 헌병 대장의 지휘 아래 구금소를 출발해 오전 7시 15분 가나자와 교외 미쓰코지三小牛산 육군 작업장 서북쪽 형장에 도착한다. 그리고 정확히 12분 뒤인 오전 7시 27분 그의 형이 집행된다. 굳이 이 시간에 맞춘 것은 윤 의사의 폭탄 투척으로 치명상을 입은 시라카와 요시노리가 중국 시간으로 해당 시간께 사망했기 때문이다. 일제는 1910년 3월 26일 안중근 장군의 사형도 이토 히로부미 사망 시간에 맞춰 집행했다.

02
밟히고 또 밟힌 14년의 세월
윤봉길 암장지

일제는 윤봉길 의사의 유해를 사형장에서 직선으로 1.2 킬로미터, 길을 따라 이동했을 때 2.7킬로미터 거리에 위치한 노다野田산 공동묘지에 암매장했다. 진짜 심각한 문제는 일제가 윤 의사를 암매장한 곳이 쓰레기 처리장으로 가는 좁은 통로였다는 것이다. 이게 무슨 의미일까? 1946년에 윤 의사 유해가 발굴되기까지 무려 14년 동안, 공동묘지를 찾는 인원들이 윤 의사가 묻힌 땅 위를 밟고 지나다니도록 한 것이다. 일제는 윤 의사가 죽은 뒤에도 그를 모욕했다.

윤 의사는 1932년 4월 29일 중국 상하이 훙커우 공원에서 일본 군부의 심장이라 불리던 시라카와 요시노리 상하이 파견 일본군사령관 등 일제의 주요 인사들을 향해 물통형 폭탄을 던지는 의거를 감행했다. 도시락 폭탄을 던진 것으로 알려졌지만 그가 그날 던진 폭탄은 물통형 폭탄이다.

그날은 당시 일왕의 생일이자 중국을 상대로 한 전승 축하기념식이 열리던 날이었다. 현장은 일본군 1만여 명을 비롯해 2만 명이 넘는 상하이 거주 일본인이 자리를 가득 메운 상태였다. 일제는 행사 때 점심을 줄 수 없으니 도시락을 준비하라고 신문광고를 냈고, 이에 백범은 도시락형 폭탄과 물통형 폭탄을 마련했다. 이 때문에 윤 의사가 도시락 폭탄을 던졌다고 잘못 알려졌다.

윤 의사는 의거 이틀 전인 1932년 4월 27일 두 아들에게 "너희도 만일 피가 있고 뼈가 있다면 반드시 조선을 위해 용감한 투사가 되어라"로 시작하는 편지를 남긴다. 편지에서 윤 의사는 "태극의 깃발 높이 드날리고, 나의 빈 무덤 앞에 찾아와 한잔 술을 부어 놓으라. 그리고 너희는 아비 없음을 슬퍼하지 말아라"라고 강조했다.[31] 이틀 뒤인 1932년 4월 29일 오전 윤 의사는 상하이 원창리 13호 김해산의 집에서 백범과 식사를 한다. 태연자약한 모습이었다. 아침 7시가 되자 윤봉길은 백범에게 시계를 교환하자며 "제 시계는 어제 선서식 후 선생님의 말씀에 따라 6원을 주고 구입한 것인데 선생님 시계는 불과 2원짜리입니다. 저는 이제 1시간밖에 더 소용없습니다"라고 말한다. 그것을 마지막으로 윤 의사는 홍커우 공원으로 택시를 타고 이동했다.[32]

1932년 4월 29일 오전 11시 40분, 1만여 명의 일본 군경을 뚫고 무대 앞쪽으로 나아가 중앙 무대를 바라보고 왼쪽으로 20여 미터 떨어진 곳

윤봉길 의사의 암장지로 가는 길

홍커우 공원 행사 무대 일제 고관들이 오른 이 무대에 윤 의사는 폭탄을 던졌다.

에 자리를 잡은 윤 의사는 〈기미가요〉가 울려 퍼지는 무대를 향해 4~5미터 정도 뛰어 들어간 뒤 소지하고 있던 두 개의 폭탄 중 하나인 물통형 폭탄을 던졌다. 천지가 진동하는 굉음이 울렸고 이 순간 윤 의사는 "대한독립 만세"를 외쳤다. 바로 이어 도시락형 폭탄을 던지려는 순간 주변에 있던 일본 군경의 무차별적인 구타가 이어졌다. 윤 의사는 얼굴을 제대로 알아보지 못할 정도로 심한 발길질을 당한 뒤 상하이 헌병대로 끌려갔다.

일제는 무자비한 취조를 이어 갔다. 그러나 윤 의사는 분명한 목소리로 "조선인의 각성과 독립 의지를 알리기 위한 행동이었다"고 강조한다. 일제 군사법원은 1932년 5월 25일 윤 의사에게 살인과 살인미수, 폭발물단속 벌칙위반 등의 이유로 사형을 선고한다.

윤 의사의 의거로 사망하거나 다친 인물들은 말 그대로 일제 군부와 정계를 이끄는 핵심이었다. 시라카와 요시노리를 비롯해 상하이 일본거류민 단장 가와바타 사다지 등이 사망했고, 제3함대 사령관 노무라 기치사부로 중장은 한쪽 눈을 실명했다. 제9사단장 우에다 겐키치 중장은 다리를 절단했고, 주중 일본공사 시게미쓰 마모루는 오른발이 잘렸다.

특히 시라카와의 죽음으로 열도가 충격에 빠지는데, 그는 일본 육사를 수석 졸업한 뒤 중국 주둔군 사령관을 거쳐 일본 육사 학교장, 제11사단장, 제1사단장, 육군성 차관, 간토 군사령관, 일본 육군대신을 지낸 일제 군부의 영웅이자 최고위직 중 최고위직이었기 때문이다. 현장에서 오른발을 잃은 시게미쓰는 훗날 1945년 9월 2일 미국의 전함 미주리호에서 열린 일본제국의 항복 조인식에 외무대신 자격으로 참석해 항복 서명을 한 당사자다.

이러한 이유로 일제는 그의 유해조차 편히 쉬게 두지 않았다. 윤 의사의 유해는 형법 절차가 무시된 채 비밀리에 묻혔고, 아무 표시도 없어 위치조차 알 수 없는 평평한 땅, 심지어 쓰레기 처리장으로 이어지는 길목에 암매장됐다. 윤 의사의 유해는 광복 후인 1946년 3월 6일 임시정부 유해 발굴단과 재일본조선인연맹 소속 청년들에 의해 발굴될 때까지 무려 햇

1946년 윤봉길 의사 유해 발굴 현장과 발굴된 그의 유해

윤봉길 의사 암장지적비(옆)와 윤봉길 의사 암장지 위로 보이는 건물(위) 당시 관리사무소가 있던 장소이다. 현재도 묘역 관리사무소로 쓰인다.

수로 14년, 날수로 4826일 동안 모욕을 당했다. 윤봉길의 유해를 발굴하는 과정 또한 지난했다. 백범은 환국 후 삼의사(윤봉길, 이봉창, 백정기)의 유해를 찾아 국내로 봉환하고자 재일거류민단장 박열에게 의뢰하였고 1946년 3월 임시정부유해발굴단이 조직되었다. 서상한을 대표로 한 유해발굴단은 재일본조선인연맹 소속의 청장년들과 육군 묘지로 향하였다. 유해발굴단은 현장에 도착했지만 관리를 맡고 있던 기무라 기요카즈가 장소를 알려주지 않아 암장지를 찾는 데 어려움을 겪었다.

발굴단이 "윤봉길의 무덤이 발견될 때까지 공동묘지 전체를 파헤치겠다"고 하자 당시 윤 의사 암장 현장에 있었던 인원 중 한 명이 암장지를 알려 주었다. 당시 묘지관리소(현재 휴게실) 앞 좁은 길이었다. 관리소에서 훤히 내려다볼 수 있는 곳에 암장하여 한국인의 접근이나 발굴에 대비했던 것으로 보인다. 가나자와에 거주하는 재일한인들의 도움으로 발굴단이 윤 의사의 유해를 발굴했고, 그의 유해는 이봉창·백정기 의사의 유해와 함께 1946년 6월 고국으로 돌아와 효창원에 잠들었다. 백범은 삼의사 묘역 아래 향기가 백대에 걸쳐 흐른다는 뜻의 '유방백세流芳百世'를 새겼다.

윤 의사 암장지에는 월진회 일본지부가 1992년 세운 암장지적비가 있다. 이 비에는 윤 의사가 집을 나설 때 남긴 말 '장부출가생불환丈夫出家生不還'이 새겨져 있다. '사나이 집을 나가니 뜻을 이루지 않고는 살아 돌아오지 않겠다'는 뜻이다. 그 위에는 손바닥만 한 윤 의사 흉상도 있다. 암장지에서 100미터 떨어진 곳에 재일민단이 주도해 세운 순국기념비도 있다. 둘 다 자위대 부대 안에 있는 순국지에 들어갈 수 없는 탓에 이곳에 세워진 것이다. 같은 이유로 매년 의거일인 4월 29일에 이곳에서 윤봉길 의사의 추모식이 열린다. 함께 들러 윤 의사께 술 한잔 더 올리자.

의거 전 백범과 윤 의사 태극기를 배경으로 함께 사진을 찍었다. 그들의 마음이 엿보인다.

지킴이 박인조를 기억하며

윤 의사 유해가 묻혔던 자리에 암장지적비가 세워진 것은 순국 60주년이던 1992년이다. 세워진 지 30여 년이 흘렀지만 암매장지는 매우 깨끗했고 잘 정돈되어 있었다. 고故 박인조 선생을 비롯해 그의 조카 박현택 선생 등이 상시 관리해 준 덕이다. 박인조 선생은 1946년 윤 의사 유해 발굴에 참여했다고 한다. 이후 윤 의사 암장지를 알리는 삶을 살았고, 암장지적비가 생긴 뒤로는 살뜰히 가꿨다. 윤 의사의 암장지가 지금처럼 알려진 것도, 석벽을 세운 것도 그의 노력이 큰 역할을 했다. 그는 2009년 10월 9일 눈을 감았다. 윤 의사 암장지에서 안쪽으로 소로를 따라 몇 십 미터만 더 들어가면 그의 묘가 있다. 곁에는 그를 평생 지킨 작은 개의 석상도 함께 있다. 고맙고 죄송하다. 윤 의사를 찾아뵐 때 함께 술 한잔 올렸으면 좋겠다.

윤봉길 의사 지킴이
박인조 선생의 묘

03
윤봉길이 마지막 밤을 보낸 곳
가나자와성 위수구금소

1932년 12월 18일, 윤봉길이 생의 마지막 밤을 보낸 곳은 가나자와성金沢城 내부에 자리한 위수구금소다. 현재는 공중화장실이 됐다. 처음에는 윤 의사가 생전의 마지막 밤을 보낸 장소가 화장실이 됐다는 사실이 믿기지 않아 몇 번이나 확인했다. 하지만 옛 지도를 봐도, 관련 글을 봐도 변하지 않았다. 천하영웅 윤 의사가 생의 마지막 밤을 보낸 장소는 정말 이곳이었다.

지금은 화장실이 되어 버린, 옛 육군 제9사단 위수구금소 주변을 서성이며 생각했다. 윤 의사는 자신이 죽을 것을 알면서 무슨 생각을 했을까? 윤 의사가 아닌 이상 그가 생의 마지막 밤에 무슨 생각을 했는지는 알 수 없지만, 아마 남은 가족을 떠올리지 않았을까? 의거 직전 남긴 글이 바로 '강보에 싸인 두 병정에게'로 시작하는 두 아들에게 쓰는 편지였다.

스물다섯에 떠난 윤봉길은 두 아들 윤종과 윤담에게 글을 남겼다. 원래 윤 의사는 3남 1녀를 뒀다. 하지만 딸과 차남은 이른 나이에 홍역으로 잃었고, 1932년 당시 윤 의사에게는 큰아들 윤종과 막내아들 윤담이 남아 있었다. 그러나 막내아들 윤담마저 1938년 어린 나이에 죽고, 큰아들 윤종

가나자와성 위수구금소 터 윤봉길 의사가 생애 마지막 밤을 보낸 곳은 이제 화장실이 되었다.

만 1984년까지 살아남았다. 윤종의 딸이 박근혜 정부에서 독립기념관 관장을 지낸 윤주경 전 미래한국당(현 국민의힘) 의원이다. 솔직히 윤 의사의 손녀가 어떤 선택을 하든 무슨 말을 할 수 있겠나. 다만 훙커우 의거로 대한의 독립운동사를 바꾼 조부의 행보를 고려하면 아쉬움이 남는 것은 어쩔 수 없다.

윤 전 의원이 미래한국당 비례대표 1번으로 당선된 것을 보고 독립투사 차리석(車利錫, 1881~1945) 지사의 아들 차영조 선생이 2020년 4월 《오마이뉴스》에 '윤주경 씨의 빗나간 선택, 미래한국당 비례대표 1번'이라는 제목의 글을 보내왔다. 1944년생인 차영조 선생과 나는 수십 년 나이 차에도 서로 '동지'라 부른다. 동지, 같은 곳을 바라보며 같은 뜻을 가지고 나아가는 사람들이다. 다음은 차 선생이 쓴 글 중 일부다.

"'친일'의 굴레에서 벗어나고픈 보수정당의 속보이는 행태야 그렇다 치더라도 어떻게 독립운동가, 그것도 항일의 상징이라 할 수 있는 분의 후손이 '그 당'의 간판으로 나설 수 있느냐는 것이다. '그 당'은 일본군과 만주군 출신이 일으킨 군사쿠데타와 친일세력을 기반으로 장기독재를 자행한 원죄에서 벗어나지 못했으며 그럴 의지도 없는 정당이다. (중략) 박근혜의 당선 직후에는 인수위원회 격인 국민대통합위원회 부위원장을 맡으면서 "뼛뼛이 말라가는 삼천리강산을 바라보고만 있을 수 없었다는 윤봉길 의사의 말씀을 되새겼다"고 참여의 변을 밝혀 뜻있는 이들을 경악하게 했다."

그러면서 차영조 선생은 윤주경씨의 행보를 보면 호부견자虎父犬子라는 사자성어가 생각난다고 했다.

"콩 심은 데 콩 나고 팥 심은 데 팥 난다. 호랑이는 호랑이를 낳고 고양이는 고양이를 낳는 것이 자연의 이치다. 하지만 인간만큼은 예외다. 조상이 훌륭하다고 반드시 후손도 그러하리라는 보장이 없고, 조상이 비루하다고 해서 그 후손도 비루하리라는 법도 없다. 오직 평가는 각 개인의 몫이다. 그러니 윤주경씨의 정치 행보를 보면서 윤봉길 의사를 떠올리지는 말자." [33]

윤 의사가 생의 마지막 밤을 보낸 곳 앞에서 윤 의사가 두 아들을 향해 남긴 유언 "조선을 위하여 용감한 투사가 되어라"와 손녀 윤주경 전 의원의 행보, 또 차리석 지사의 아들 차영조 선생과 선생의 글이 떠올랐다. 마음이 복잡했다.

그래도 분명한 것은 스물다섯 청년 윤봉길은 삶의 마지막 순간까지 당당하게 싸우다 떠났다는 것이다. 그의 정신을 이어받은 대한민국 임시정부는 대한의 독립을 위해 '강물 위에 뜬 정부'를 자처하면서도 군대를 만들어 싸우고 또 싸우며 독립을 쟁취했다. 대한민국 임시정부의 정신을 이어받고 계승한 것이 바로 대한민국이다. 그가 마지막 밤을 보낸 그곳에서, 지금의 대한민국을 만든 윤봉길의 의거를 생각한다.

윤 의사 구금지에 이어 가나자와성에서 반드시 확인해야 할 곳이 있다. 바로 '러일전쟁 전몰자 기념비日露戰没記念碑'다. 윤 의사는 제9사단을 위한 일제의 '복수' 차원에서 가나자와까지 끌려왔다. 그리고 이 사단이 대내외로 가장 자랑스럽게 생각하는 것이 바로 러일전쟁에 참전해 승리를 거둔 일이다. 1945년 패전 후 제9사단은 해체됐지만, 그 기억은 가나자와성 한편에 세워진 이 기념비로 남아 있다.

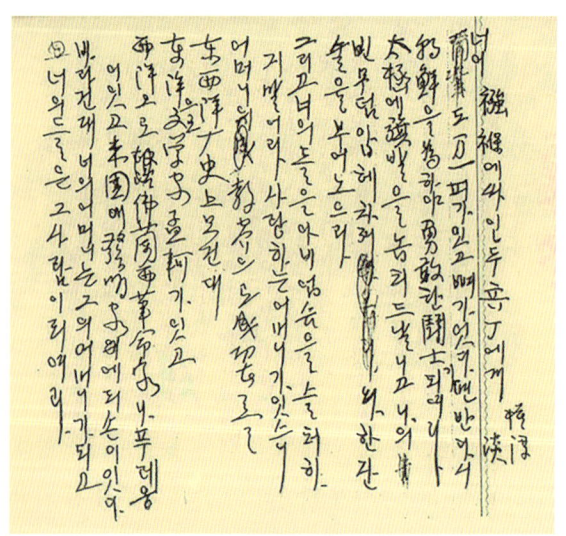

윤봉길 의사가 아들에게 쓴 편지 두 어린 아들을 '강보에 싸인 두 병정'이라고 부르고 있다.

1930년대 지도를 보면서
가나자와성과 겐로쿠엔을 걷다

시작은 단순했다. 가나자와성에서 윤 의사가 마지막 밤을 보낸 장소가 화장실로 변해 버린 것을 알고, '혹시 그때의 지도가 남아 있지 않을까' 하는 생각에 숙소로 돌아와 여러 자료를 찾다가 한 웹사이트에서 1932년 가나자와시 지도를 발견했다.

노란색 바탕에 붉은 글씨로 '제9사단第九師團', 바로 옆 빈 공간에는 검은 글씨로 '보병 제7연대步兵第七聯隊'라고 적혀 있다. 하단에는 사단사령부와 연대구사령부, 헌병대본부도 있다. 바로 인근에는 겐로쿠엔兼六園 도 있다. 이것을 2025년 기준 구글 지도와 비교해 봤다. 지도 크기를 맞추고, 방향을 돌려 비교했다. 가나자와성 하시즈메몬을 비롯해 성곽과 해자, 주변 도로까지 정확하게 같았다.

가나자와성은 1583년 사찰 터에 도요토미 히데요시의 측근 마에다 도

가나자와성 일대의 2025년 지도와 1930년대 지도

7부 가나자와 217

시이에가 축성을 시작한 성이다. 평지에 축조된 산성으로 외벽에 화승총 구명을 뚫어 방어 기능을 갖추었으며, 여타 일본 성과 비교해 손색이 없다. 성의 정문 이시카와몬, 내부 길이 약 90미터의 고짓켄나가야, 망루였던 하시즈메몬츠즈키야구라가 남아 있다. 일본 군부가 사용하던 피복고(현 쓰루마루 창고)도 옛 모습을 유지하고 있다.

일본 3대 정원 중 하나인 겐로쿠엔은 가나자와성의 부속 정원으로 1676년 에도 시대에 조성되었고, 1822년부터 겐로쿠엔으로 불리기 시작했다. 사계절 내내 풍광이 아름다운 것으로 유명하다. 봄에는 벚꽃, 여름에는 녹음, 가을에는 단풍, 겨울에는 설경이 절경을 이룬다. 특히 '유키즈리'가 만들어 내는 겨울 풍광은 겐로쿠엔의 겨울을 상징한다. 유키즈리는 폭설에 나뭇가지가 부러지는 것을 방지하기 위해, 나무에 기둥을 세우고 그 기둥에서 밧줄을 원추형으로 펼쳐 나무를 지지하는 구조물인데, 그 자체로도 볼 만하다.

끝으로 상당히 인상 깊었던 장소 한 곳을 추천한다. 가나자와성을 나와 시내 방향으로 걷는 길에 들른 교쿠센안玉泉庵이라는 카페다. 교쿠센인마루玉泉院丸 정원을 마주하고 있어 전경이 너무나도 아름답다. 풍광을 즐기며 일본 전통 의상을 입은 직원들이 직접 만들어 주는 눅진한 말차와 일본 전통 화과자를 함께 맛볼 수 있다. 바로 앞에 와서 해주니 좀 부담스럽지만 특별한 경험이다. 아름다운 풍광과 오래도록 지켜져 온 일본의 전통을 느낄 수 있는 장소이니, 꼭 가보면 좋겠다.

교쿠센안 카페 바로 앞에 와서 차를 만들어 준다.

04
청년 작가가 그리고 싶은 벽화
윤봉길 유해 안치소 터

윤 의사의 암장지와 순국지, 그가 생의 마지막 밤을 보낸 가나자와성에도 갔다. 그런데 우리가 놓쳐서는 안 되는 윤 의사 관련 유적지가 한 곳 더 있으니, 바로 윤 의사의 유해 안치소 터다. 노다산 좁은 길에 암매장된 윤 의사의 유해를 발굴한 뒤 도쿄로 향하기 전 이틀간 안치한 장소다.

윤 의사의 유해를 모셔 올 때 사진을 보면, 태극기를 건 건물 앞에서 조선 청년들이 윤 의사 유해가 모셔진 관에 마음을 다하는 표정으로 고개를

윤봉길 의사 유해 봉환 모습
마음을 다하는 것이 느껴진다.

윤봉길 유해 안치소 터의 현재 흰 벽을 보고 있으니 마음이 더욱 헛헛해졌다.

청년 작가 레오다브가 합성한 윤 의사 그래피티 이 사진이 헛헛함을 달래 주었다. 언젠가 실물로 볼 수 있는 날이 오면 정말 좋겠다.

숙이고 있다. 독립기념관 기록에 따르면 당시 윤 의사의 유해는 발굴 뒤 '순국의사윤봉길지구殉國義士尹奉吉之柩'라고 쓴 나무관에 옮겨져 가나자와에 있는 재일본조선인총연합회 사무실 2층에 모셔졌다. 2025년 현재 당시 건물은 사라지고 주차장이 생겼다.

2018년 10월 처음 이 장소를 혼자 찾았던 기억이 선명하다. 가나자와 시내에서 약 2킬로미터 정도 떨어진 곳으로, 가나자와를 관통하는 아사노강浅野川을 지나 대로를 따라 걸으면 나온다. 정확한 위치 좌표는 36.575707, 136.667522이고, 구글에 입력하면 찾기 쉽다.

순국지와 암장지, 마지막으로 구금지까지 연이어 마주한 터라 마음이 많이 헛헛했던지라, 솔직히 갈까 말까 망설였다. 그래도 언제 또 와서 볼까 하는 생각에 한국 소주를 들고 걸음을 뗐다. 30분을 걸어 마주한 하얀색 벽, 정말로 아무것도 남지 않은 주차장 벽에 영웅 윤봉길을 생각하며 술 한잔 올렸다. 그리고 '윤봉길을 기억한다'는 말과 함께, 하얀색 벽이 도드라진 주차장 전경 사진을 페이스북에 올렸다.

새벽 한 시가 다 되어 숙소로 돌아와 바로 잠이 들었다. 그리고 다음날 이른 아침, 잊을 수 없는 인생의 하루를 맞이했다. 어제 올린 게시물 댓글에 주차장 벽에 윤봉길 의사 초상화를 그린 사진이 올라와 있었던 것이다. 대한민국 최고의 그래피티 작가 중 한 명인 LEODAV(레오다브)가 밤사이 단 것이었다. 윤 의사를 향한 청년 작가의 진심이 온전히 느껴져 눈물이 났다. 알겠지만 밤사이 레오다브 작가가 한국에서 일본 가나자와로 건너와 그린 것은 아니고, 페이스북에 올린 사진을 보고 건물 외벽에 윤 의사 초상화를 그래피티 기법으로 합성한 것이다. 윤 의사의 유해안치소 벽에 레오다브 작가가 그린 천하영웅 윤봉길의 초상화를 직접 마주하고 싶다. 정말로 그런 날이 오면 좋겠다.

천하영웅 윤봉길,
백정기·이봉창과 함께 잠들다

윤 의사의 유해는 1946년 3월 8일 가나자와를 떠나 도쿄를 거쳐 이봉창, 백정기 의사 유해와 함께 5월 15일 부산항을 통해 국내로 봉환되었다. 6월 15일 부산에서 백범이 참석한 추도식이 거행되었고, 유해는 6월 16일 서울역에 도착해 20여 일 뒤인 7월 6일 효창원에 나란히 안장되었다. 6월 30일에 진행할 예정이었으나 여러 날 내린 폭우 때문에 연기되었다.

백범이 직접 삼의사 묘를 용산 효창원(효창공원)으로 정했다. 왜 그랬을까? 효창공원은 원래 정조의 아들 문효세자와 그의 생모 의빈 성씨가 모셔진 묘역 효창원이 있던 곳이었다. 그러나 효창원은 19세기 말 외세의 침입이 본격화되면서 훼손되기 시작했다.

1894년 청일전쟁이 발발하자 일본군은 효창원 인근 솔숲이 펼쳐진 만리재에 병력 5천여 명의 숙영지를 설치해 주둔했다. 1904년 러일전쟁을 거치면서는 본격적으로 효창원을 포함한 용산 일대를 일본군 기지로 만들어 간다. 1910년 이후에는 효창원이 왕실 묘역으로서 지닌 위엄을 격하시키기 위한 여러 작업에 들어간다.

첫째가 서울 최초의 골프장을 짓는 것이었다. 전국적으로 3·1운동이 발발했던 1919년 일제는 효창원 일대에 9홀 규모의 골프장을 만들었는데, 그 과정에서 문효세자의 묘역에 울타리를 세웠다. 이 골프장은 1924년 12월 청량리 일대에 대규모 골프장이 마련될 때까지 조선총독부 철도국이 운영하던 조선호텔의 부속 골프장으로 애용됐다.

1925년 대홍수가 발생했을 때는 효창원 일대에 천막촌을 설치해 이재민을 수용했다. 1927년부터는 효창원을 공원화한다며 총독부가 주관하는

1946년 삼의사를 효창원에 모시는 모습 백범은 삼의사를 모실 곳을 효창원으로 정했다.

현재의 효창원 삼의사 묘 윤봉길·백정기·이봉창 의사가 함께 잠들어 있다.

벚나무(사쿠라) 심기 행사를 수년 동안 반복해 열었다. 이후엔 일제 스스로 자신들의 행적을 기념하는 각종 비석을 효창원 곳곳에 세웠다. 급기야 1940년에는 효창원의 공식 명칭을 '효창공원'으로 바꿔 버리고, 1944년 10월 침략전쟁의 희생자를 위한 탑을 마련한다며 효창원에 잠든 문효세자와 의빈 성씨 등의 묘를 강제로 이장하는 만행까지 저질렀다. 정조가 효창원에 묘를 마련한 지 150여 년만의 일이다. 일제는 1945년 8월 패망한다. 왕가의 무덤을 훼손한 지 8개월 만의 일이다.

일제강점기 내내 목숨 걸고 독립운동을 한 지사들은 고국으로 돌아와 민족정기를 바로 세우기 위한 작업에 들어간다. 임정을 이끌었던 백범 김구가 선두에 섰다. 백범은 일제가 훼손한 왕가의 무덤에 독립운동을 하다 순국한 지사들을 모실 계획을 실천한다. 이들이 바로 이봉창, 윤봉길, 백정기 그리고 안중근이다. 1946년 7월, 안중근을 제외하고 유해를 찾은 삼의사의 국민장이 거행됐다. 2년 뒤인 1948년 9월에는 임시정부의 국무령을 지낸 이동녕과 비서장을 지낸 차리석의 유해를 봉환해 효창원 언덕에 모셨다.

문효세자가 모셔졌던 자리에 삼의사의 묘역이 조성됐고, 의빈 성씨 덕임이 잠들었던 자리에 임정요인들의 묘역이 만들어졌다. 백범은 일제가 강제로 흩트려 놓은 왕가의 무덤을 독립투사들을 위한 자리로 바꿨다. 독립유공자를 위한 국립묘지가 없는 상황에서 임시방편으로라도 지사들을 모실 수밖에 없었고, 백범은 주인이 사라진 효창원 묘역을 그 장소로 선정한 것이다. 《백범일지》에서 백범은 "장례에 임하여 봉장위원회(奉葬委員會) 책임자들이 장지를 널리 구하였으나 여의치 못하여, 결국 내가 직접 잡아 놓은 용산 효창원 안에 매장하였다. 그것은 서울(漢城) 역사 이래 처음 보는 장례식이었다."[34]라고 기록했다.

1949년 6월 백범이 안두희의 흉탄에 서거한 뒤 백범 또한 삼의사 묘역 옆에 안장되었지만, 효창원의 정기는 독재정권에 의해 철저하게 파괴됐다. 참배객의 행렬은 이승만 정권이 배치해 놓은 경찰에 의해 막혔다. 이승만 정권은 한걸음 더 나아가 독립운동가 묘역 남쪽에 아시안컵 축구대회 전용 경기장을 세운다며 당시 아시아 최대 규모의 효창운동장을 짓는다. 이로 인해 묘역 앞쪽에 자리했던 연못과 왕가 묘역의 재실 등이 자취도 없이 사라졌다.

1961년 군사정변으로 정권을 잡은 박정희 정권은 한술 더 떠 1920년대 일제가 했던 대로 효창원 골프장 공사를 시도한다. 이는 다행히 각계의 반대로 무산됐지만 박 정권은 1969년 느닷없이 백범과 삼의사 묘역 머리에 반공투사위령탑을 세운다. 특별한 이유도 없이, 인근에 원효로가 있다는 이유로 원효대사 동상도 배치한다. 그 결과 왕가의 무덤이자 독립운동가들의 묘역이었던 효창원은 우리 국민들 사이에 '효창공원'으로 인식되어 자리잡게 된다.

1990년대 말 김대중 정부 때 기존 테니스장 자리에 백범기념관이 세워졌다. 2000년대 초중반 노무현 정부에서 민족공원화와 독립공원화를 추진하기 위해 효창운동장 철거 및 이전에 대한 논의가 있었지만 축구계와 주민들의 반발로 이뤄지지 못했다. 2013년 효창공원을 국립묘지로 추가 지정하는 내용을 담은 법 개정안도 발의됐으나 효창원 일대 주민들의 거센 반발로 무산됐다. 2019년 3·1운동 및 임시정부 수립 100주년을 맞아 문재인 정부는 '근린공원시설'이었던 효창공원을 '독립운동 기념공원'으로 바꾸고 효창원 묘역을 국가 차원에서 관리하고 예우하도록 결정했다.

05
청년 윤봉길을 기리기 위해
가나자와 윤봉길추모관

친일 청산, 독립투사 선양을 위해 함께 걷는 동지가 있다. 홍성 지역 3·1혁명을 주도한 이재만(李載萬, 1886~1943) 지사의 손주 이해석 선생이다. 연배야 나보다 많지만 마음이 통하고 같은 곳을 바라보니 동지라 할 수 있는 분이다. 그런 이해석 선생이 2025년 1월 말 연락을 해왔다. 윤 의사가 순국한 가나자와에 드디어 추모관이 생긴다고. 한국에서도 방송과 신문을 통해 보도될 거라는 이야기였다. 실제 《동아일보》 등에서 윤 의사 의거일인 4월 29일에 맞춰 추모관이 개관된다는 기사가 보도됐다.

기사를 보고 가장 먼저 든 생각은 '찾아가야겠다', '그것도 여럿이 함께 가야겠다'는 다짐이었다. 하지만 문제가 있었으니, 가나자와역에서 500미터 떨어진 곳이라는 것 외에는 아무리 검색해도 정확한 위치에 대한 정보가 없었다. 그런데 기사에서 추모관 설립을 주도하는 김광만 다큐멘터리 PD가 제공한 사진을 보니, 추모관이 들어올 바로 뒤쪽 건물에 을촌빌딩乙村ビル이라고 적힌 간판이 하나 보였다. 구글 지도에서 확인하니 가나자와역에서 정확히 600미터 떨어진 곳에 위치한 빌딩이었다. 구글 스트리트뷰를 켰다. 을촌빌딩으로 명명된 건물 주변을 확인하니 바로 안

윤봉길추모관 예정 건물. 추모관이 무
탈히 세워지면 좋겠다. @ 2025 구글

쪽에 사진 속 그 건물이 존재했다. 구글 검색창에 '36.57393508215589, 136.6507688199673'을 입력하면 정확한 위치가 나온다.

기사에 따르면 추모관에는 윤 의사가 가나자와에서 보낸 삶의 마지막 순간에 대한 자료가 전시된다고 한다. 정확한 위치도 특정했고, 광복 80주년을 맞아 여럿이 함께 윤 의사의 마지막 걸음을 추적하기 위해 가나자와에 갈 계획이니, 어찌 기쁘지 않겠는가!

그런데 3·1혁명일 106주년이 불과 이틀 지난 2025년 3월 3일 아침, 충격적인 기사들이 올라왔다.

"윤봉길 추모관 안돼"…재일동포 단체 건물 차로 들이받아

"윤봉길 추모관 반대"…일본 민단 건물에 차량 돌진

"윤봉길 추모관이라니" 차 몰고 들이받은 日 남성…'우익단체 회원' 추정

제목 그대로였다. 윤 의사의 추모관이 건립될 그 건물에 일본 우익 단체 회원으로 추정되는 남성이 차를 몰고 돌진했다. 다행히 남성이 탄 차량은 민단 건물 외벽을 들이받은 뒤 멈췄고, 건물에 사람이 없어 인명 피해는 없었다. 이 남성은 경찰 조사에서 혐의를 시인했으며, 차량에는 일본 군국주의와 제국주의의 상징인 욱일기 등이 있었다고 한다. 다시 일주일이 지난 2025년 3월 10일, 이번에는 일본 참의원 소속의 하마다 사토시浜田聡 의원이 공식적으로 윤 의사 추모관 설립을 반대한다는 뉴스가 전해졌다.

> 日 참의원 의원, 4월 개관하는 '윤봉길추모관' 반대… "테러리스트 추도 수용할 수 없어"
> 日의원, '윤봉길추모관' 설립 반발… "테러리스트 추도 수용 못해"

연달아 전해지는 일본 극우의 극단적 행위와 발언에 걱정이 앞선다. 이미 교토 단바 망간기념관도 입구에 노동자상을 세웠다는 이유로 지속적인 테러 위협을 당하다 경제적인 이유로 휴관한 상황이다. 그런데 윤 의사 추모관은 발도 떼기 전에 직접적인 테러 공격을 받고 있다. 윤 의사의 암장 지적비도 없애야 한다는 요구가 극우 성향의 일본 단체들로부터 반복적으로 이어지고 있는 상황이니, 추모관 건립에도 거센 반대가 있으리라는 것이 예상 밖의 일은 아니다. 그런데 이번에는 그 행동이 단순히 말로 그치는 것이 아니라 직접적인 테러로 이어졌다. 그래서 더욱 윤 의사가 순국한 가나자와 땅에, 천하영웅 윤봉길을 기리는 작은 공간이 무탈히 세워지면 좋겠다. 여럿이 함께 그곳에 가서 윤 의사를 함께 기억하고 말하며 청년 윤봉길의 위대한 행보를 함께 노래하면 좋겠다. 윤봉길을 기억하는 동지들과 함께 추모관 앞에서 그를 기리는 술 한잔 올릴 수 있다면 좋겠다.

06
극우의 준동이 우려되는 이유
가나자와 대동아성전비

윤봉길이 마지막 밤을 보낸 가나자와성의 옛 위수구금소와 일본의 3대 정원 겐로쿠엔까지 다녀왔다. 그리고 갈 곳이 한 곳 더 있다. 겐로쿠엔 남쪽 출입문에서 나온 방향으로 조금 더 걸으면 나오는 이시카와 호국신사石川護國神社다. 호국신사라는 말에서 드러나듯 이곳은 메이지 일왕 시절 일제를 위해 싸우다 목숨을 잃은 이들을 위한 공간이다. 이시카와현 출신이거나 연고가 있는 전사자 및 군인, 그리고 경찰관과 소방관 등의 순직자를 기린다.

이곳을 윤 의사 추모관에 이어 굳이 언급하는 이유가 있다. 이곳을 포함해 일본의 호국신사들은 일본의 과거 군국주의를 상징하는 시설이기 때문이다. 이런 호국신사에 영향을 받은 극우 인사들이 준동해 윤 의사 추모관 테러 같은 행위가 나타났다고 본다.

이시카와 호국신사의 가장 큰 문제는 경내에 '대동아성전비大東亞聖戰大碑'가 있다는 사실이다. 이 대동아성전비는 그 이름처럼, 대동아전쟁이 성스러운 전쟁이었다고 해석하면서 자신들의 침략전쟁을 옹호하기 위해 일본 극우 세력이 2000년에 세운 비석이다. 폭 4미터에 높이 12미터인 이

비는 일본의 침략전쟁을 미화하는 대표적인 설치물로 여겨진다. 비의 기단에는 "대동아 / 이 거룩한 전쟁은 / 만세의 / 역사를 비추는 / 거울이었도다"라는 미화시도 새겨져 있다. 이 비석 정수리에는 일장기 '히노마루日の丸' 모양의 붉은 원이 새겨져 있다. 뒷면에는 '전 세계는 일왕 아래 한 집안'이라는 뜻의 '팔굉위우八紘爲宇'가 적혀 있다.

비의 세 면에는 비 건립을 후원한 약 650명의 개인과 250여 개 단체의 이름이 새겨져 있는데, 그중에는 위안부에 대해 "스스로 모집에 참가한 민간인들이 상행위를 한 것"이라고 망언한 오쿠노 세이스케奧野誠亮를 비롯한 극우 인사들이 있다. 그런데 진짜 문제는 여기에 있다. 이 이름들과 함께 한국인 이름과 단체가 무단으로 들어가 있는 것이다.

이에 대해 '대동아성전비 철거를 요구하며 전쟁 미화를 용납하지 않는 모임'은 왜곡된 역사 인식과 무단 각인 문제를 제기했다. 비석 후면에 "한국 출신 조종사 7명의 이름이 새겨졌지만, 해당 유가족은 '전쟁에 이용되지 않기를 바란다'며 이름 삭제를 강하게 요청했다"는 것이다.[35] 이 7명은 모두 1945년 종전 직전에 전사한 사람들로, 가고시마현 특공기념관에 있는 조선 출신 특공대원(가마카제 대원) 11명의 이름 중 한국 이름이 확인된 7명과 일치한다. 조선인 출신 가미카제 대원들이었던 것이다. 이들은 야스쿠니 신사에도 합사되어 있는 것으로 알려졌다. 이들 중 전쟁을 성전이라 부르는 이 비에 이름이 새겨지길 바랄 사람이 몇이나 될까? 반성 없는 비석은 반드시 바로잡아야 할 후인들의 과제다.

이시카와 호국신사
대동아성전비

8부 — 도쿄

01
친일파 민원식을 처단한
양근환 의거지 도쿄스테이션호텔

 양근환 지사가 1921년 3월 25일(음력 2월 16일) 친일파 민원식을 처단한 장소는 도쿄역호텔 2층 14호실이다. 그래서 도쿄에서 답사를 잇는 동안 그곳에 머물려고 했다. 물론 가격을 알아보기 전의 생각이다. 호텔 예약 사이트에서 도쿄스테이션호텔, 4박, 숙박 인원 1인, 조식 포함, 스탠다드룸으로 검색했다. 총 68만 3976원이 나왔다. 오호, 가격을 보는 순간 '나쁘지 않다'고 생각했다. 도쿄 한복판임에도 하루에 17만 1000원 정도면 양호하다. 물론 10초 뒤 바로 깨달았다. 착각이었다는 것을. 예약하기를 누르고 들어가는 순간 가격이 이렇게 나왔다. 세금 포함 355만 9784원.
 그랬다. 도쿄역호텔은 양 의사가 친일파 민원식을 처단한 100여 년 전 그때나, 내가 답사를 진행한 2024년 세밑이나 최고급 호텔이다. 지금도 평일 가장 싼 방이 세금 제외 70만 원에 육박한다.
 도쿄역에서 지하철로 대략 두 정거장 거리인 가야바초역茅場町駅 인근에 있는 비즈니스 호텔에 짐을 풀었다. 그리고 당당한 걸음으로 도쿄역까지 걸어가 붉은 벽돌로 된 도쿄스테이션호텔을 바라보며 생각했다. '그날

양근환 지사의 의거지 도쿄스테이션호텔로 이름이 바뀌었지만 옛 모습 그대로 운영되고 있다.

도쿄역호텔 옛 모습

양근환 지사는 어떤 마음으로 이 호텔에 들어가 친일파 민원식을 처단한 것일까?'

친일파 민원식(閔元植, 1886~1921)은 명성황후와 같은 여흥 민씨다. 1886년 경기도 양평에서 태어나 1899년에 일본으로 건너가 일본어를 배워 후쿠오카 동아어학교東亞語學校에서 교사로 지냈다. 국내로 돌아온 뒤엔 말 그대로 탄탄대로였다. 경무청 관리로 임명됐고, 이후엔 왕실의 업무를 총

8부 도쿄 233

양근환, 김구, 박열(왼쪽부터) 1948년 경교장에서 함께한 모습이다.

괄하는 궁내부(현재의 대통령 비서실)에서 주요한 임무를 맡았다. 1908년 5월 대한실업장려회를 조직했고, 조직 확대를 위해 을사오적 중 하나인 이지용과 함께 친일단체 대한실업협회를 조직해 부회장이 됐다. 빼어난 능력을 바탕으로 이십대 초반부터 최고위층 권력으로부터 인정받는 삶을 살았다.

하지만 민원식은 20세기 들어 망국의 조짐이 보이자, 누구보다 적극적으로 나서서 나라를 망하게 하는 데 일조했다. 그는 친일단체인 동아개진교육회·제국실업회·정우회 등에 참여해 주도적인 역할을 했다. 이런 노력을 인정받아 1909년 친일 기관지인《대동신보大同新報》사장에 임명되었고, 1910년에는 직접《시사신문時事新聞》을 창간하고 대표가 되었다. 일본으로부터 귀족 작위도 받았다. 1919년 3·1혁명이 서울을 중심으로 만주와 일본까지 퍼져 나가자, 1920년 1월에는 총독부 경무국의 지원을 받아 신일본주의를 표방하는 국민협회國民協會를 조직했다. 국민협회를 통해 조선인의 참정권과 자치권 획득을 주장하며 일제의 식민 통치를 옹호했다. 참정권 획득을 통해 완전한 일본인으로서의 삶을 꿈꾼 것이다. 하지만 그는 1921년 3월 25일 일본 도쿄역호텔에서 유학생 양근환의 단도에 찔려 사망했다. 34세였고, 나라를 팔아먹은 친일파의 다행스러운 말로였다.

양근환과 김구, 박열이 함께 찍은 사진에서 시원한 이목구비가 눈에 띄는, 한마디로 호남형의 잘생긴 인물이 바로 양근환 지사다. 말년에 찍은 사진에서도 양 지사의 잘생긴 이목구비는 여전히 도드라진다.

양근환 지사(梁槿煥, 1894~1950)는 1894년 5월 9일 황해도에서 노비 양금성의 셋째 아들로 태어났다. 운이 닿았던 것인지,《조선일보》최초의 여자 기자였던 최은희의 부친 최병규가 아버지 양금성의 노비 신분을 면천해 줬다. 공부도 잘했던 탓에 최병규의 도움으로 동명학교에 입학했고, 이후 조선보병대朝鮮步兵隊에 입대했다. 조선보병대는 창덕궁의 경비와 의장대 역할을 맡은 부대다. 하지만 조선을 무시하는 일본인과 폭행 시비가 붙어 군법회의에 회부되는 바람에 오래 있지는 못했다. 최병규의 규명으로 50일간의 구류 후 풀려나 군복을 벗은 양근환은 1916년 일본으로 향했고, 니혼日本대학 정치경제과에 입학해 어렵게 고학을 하다가 결국 학업을 포기했다고 한다.

1921년 3월 25일, 그날이 밝았다. 국가보훈처 공훈록에 따르면 양 지사는 민원식과 같은 친일파가 참정권 청원운동을 벌이는 것을 민족의 치욕이라 생각했다. 이를 그대로 방치하면 친일파가 더욱 창궐해 독립에 지장이 생길 것이라 판단했다. 양 지사는 민원식을 처단하기로 결심하고 비수를 품은 채 도쿄역호텔 2층 14호실로 찾아가, 자신을 '이기령'이란 이름의 유학생이라고 소개하고 면담을 요청했다.

민원식을 만난 양근환은 우선 국내 사정이 어떠냐고 묻는다. 민원식이 "국내는 아주 평온하지" 하며 거만하게 답하자 그는 분노하며 "지금 온 겨레가 모두 일어나서 독립을 부르짖는데 어찌 평온하다고 할 수 있는가? 당신

양근환 지사

은 조선사람 아닌가? 당신은 정말 우리나라를 배반하는 자이다"라고 질타했다.[36]

그러나 친일파 민원식 역시 일찍부터 친일로 내공이 다져진 인물, 그는 청년 양근환을 앞에 두고 독립운동을 하는 이들을 모두 '폭도'라고 매도했다. 이에 격분한 양근환이 목소리를 높이며 반발하자 민원식은 옆에 있던 벼루를 들어 양근환을 치려 했고, 그러자 양근환은 품속의 비수를 뽑아 민원식의 목(복부와 이마라고도 전해진다)에 칼을 찔렀다. 민원식을 처단한 양근환은 대한민국 임시정부가 있는 상하이로 도피하려 했다. 도쿄에서 나가사키까지 어렵게 이동했지만 그는 나가사키에서 체포되었고, 1922년 4월 무기징역이 확정되었다. 이후 일본 형무소들을 전전하다가 11년 뒤인 1933년에 석방되어 고향 황해도에 돌아왔다. 하지만 일제 경찰들의 감시와 통제 때문에 특별한 활동을 이어 가지 못했다. 1945년 광복을 맞이하고 나서야 본격적인 행보를 재개할 수 있었다.

해방 후 양 지사는 정치에 뛰어들었다. 1945년 11월에는 청년들을 모아 혁신탐정사革新探偵社라는 단체도 설립했다.《자유신문》1945년 11월 29일에 실린 기사〈반역자에 단斷! 의사 양근환 씨 성명〉을 보면 그가 혁신탐정사를 설립한 뜻을 짐작할 수 있다. 이 기사는 민원식을 암살한 양 지사가 혁신탐정사를 창설한 소식을 전하면서 다음과 같이 양 지사의 말을 인용했다.

"우리 국민 대중이 절실히 바라는 민족통일전선과는 딴 방면으로 분열의 길로만 질주하고 있으니 이것은 누구의 소위所爲인가. 그들은 즉 친일파, 민족 반역자, 매국노 또는 경제교란자들의 음흉한 술책에서 빚어진 결과라고 나는 본다. 3천만 동포에게 나는 엄숙히 선언한다. 민족통일전선을 방해하는 친일파, 민족 반역자, 매국노 또는 경제교란자들은 각오하여라. 너희들에게는 민족의 존귀한 피로서 물들여주려 한다. 나는 다음과 같이 범주를 규정한다. 그러나 이 기준 밑에서 최후적 결정권은 우리 신정부에 있지만 우선 잠정적으로 민족통일전선을 교란하는 사이비似而非 민주주의자는 곧 처단하려 한다."

이후 양 지사는 자신의 선언처럼 테러를 감행했고, 여운형 및 송진우 등 지도자들의 테러에 연루됐다는 의혹을 받기도 하지만 무혐의로 풀려났다. 1946년 12월, 경무부 수사국장 최능진이 경무부장 조병옥의 비위非違와 일제하 경찰 경력자 등용 문제를 공개적으로 비판했다가 파면되는 사건이 발생하는데, 이때 양근환은 조병옥과 경찰 내 친일 잔재 및 부패 문제를 규탄하는 데 앞장서기도 했다. 이후 조병옥은 혁신탐정사의 해산을 발표한다. 혁신탐정사가 해산되자 양근환은 건국청년회를 만들고 백범과도 긴밀한 유대를 유지했다. 그러던 중 1950년 6월 25일 한국전쟁이 발발하자 피난을 떠났다가 7월에 인민군에게 납치되었고, 이후 경기도 파주시에서 열린 인민재판에서 반동인사로 지목되어 사형을 선고받고 9월 15일에 처형됐다. 그는 뜨겁게 살다 간 독립투사였다.

02
일왕에게 폭탄을 던진 김지섭 의거지 이중교

잊을 만하면 구글에서 알람이 온다. 구글 지도에 단 리뷰에 사람들이 반응할 때마다 알람이 오는데, 그중에서 가장 반응이 뜨거운 장소가 바로 도쿄 지요다구에 있는 이중교二重橋, 니쥬바시다. 왜 그럴까?

많은 한국인이 구글 지도를 켜고 일왕의 거처 고쿄皇居 이중교를 방문한다. 첫째로 일왕이 사는 궁을 보고 싶은 마음 때문이고, 둘째로는 이중교의 빼어난 경관을 배경으로 인생사진을 찍고 싶기 때문이다. 그러다 우연히 이중교 리뷰에서 폭탄을 던진 김지섭 의사에 관한 이야기를 보게 되는 거다. '나는 이렇게 인생사진을 찍으려고 애쓰는데 같은 장소에서 100여 년 전 누군가는 대한의 독립을 위해 목숨을 걸고 폭탄을 던졌다니!' 마음이 움직일 수밖에 없다. 그렇다. 도쿄 왕궁 정문 앞 해자에 있는 이중교는 1924년 1월 일왕이 사는 궁 앞에서 폭탄을 던진 의열단원 김지섭 의사의 의거 현장이다.

1920년대를 뜨겁게 달군, 의열단의 실질적 마지막 거사. 1924년 1월 도쿄 왕궁 앞에 김지섭 의사가 있었다. 김 의사는 마흔이 넘어서 의거를 일

김지섭 지사의 의거지 일왕의 거처
이중교 위성지도 © 2025 구글

니쥬바시역 역에서 이중교까지는 걸어서 3분 남짓이다. 내가 이리 편하게 온 곳에서 그는 목숨을 바쳤다.

김지섭 의사

으켰다. 이유는 명확했다. 1923년 9월 간토 대지진 이후 6000명이 넘는 재일조선인이 학살되었다. 이에 의열단원 김지섭은 분연히 일어나 복수코자 했다.

그는 오랜 고생 끝에 일본에 도착했으나 폭탄이 불발돼 안타깝게도 뜻을 이루지 못했다. 상하이에서 일본으로 향하는 배편을 이용할 때 배 밑 창고에 머물면서 폭탄에 습기가 배었던 까닭에, 연이어 폭탄을 던졌음에도 불행히 모두 불발하고 말았던 것이다.

의사 김지섭을 떠올릴 때마다 '김지섭처럼 뜨겁게 살다 갈 수 있을까'라고 생각한다. 여느 독립투사들이 그러했듯 김지섭 역시 뛰어난 능력의 소유자였다. 조금만 고개를 숙이고 살면 남부럽지 않게 호의호식하며 살 수 있었다.

김지섭 의사(金祉燮, 1884~1928)는 1884년 경북 안동에서 태어났다. 그는 스물세 살 되던 1907년, 보통학교 부교원 검정시험에 합격해 상주보통학교에 부임했다가 1년 만에 사직했다. 1908년에 서울로 올라가 광화신숙廣化新塾 일어전문과에 입학해 일본어를 익혔다. 이후 재판소 번역관 시험에 합격하여 1913년까지 번역관보, 통역생 겸 서기 등의 관직 생활을 했다. 당시 금산군수가 소설 《임꺽정》의 작가 홍명희의 부친 홍범식(洪範植, 1871~1910)이었다. 홍범식은 1910년 한일합병이 체결되자 국권 상실에 비분강개하여 자결했다. 그는 죽기 전 김지섭에게 유서를 맡겼고 김지섭은 홍범식의 유서를 아들 홍명희에게 직접 전달했다.

이후 두 사람의 인생이 달라졌다. 김지섭은 자신이 모시던 상관이, 홍명희는 자신의 아버지가, 나라가 망하자 스스로 목숨을 끊은 것이다. 두 사람은 가장 가까운 거리에서 홍범식의 죽음을 지켜봤다. 이는 남은 자들의 삶에 지대한 영향을 끼칠 수밖에 없는 사건이었다.

홍범식이 떠난 후 두 사람은 앞장서서 나라를 되찾기 위한 행동을 이어간다. 김지섭에게 그것은 의열단으로서의 활동이었고, 홍명희에게 그것은 독립투사, 언론인, 소설가로서의 활동이었다. 그리고 김지섭은 1923년 간토 대지진 이후 벌어진 조선인 학살 사건을 계기로 목숨을 내던질 각오를 한다. 간토 대지진과 조선인 학살에 대해서는 〈도쿄 한복판의 조선인 희생자비: 요코아미초 공원과 도쿄도 부흥기념관〉 편에서 자세히 다뤘으니 참고하자. 일본인이 우리 동포들을 학살한다는 소식을 전해들은 의열단 지도부는 이를 응징한다는 차원에서 도쿄 제국의회에 폭탄을 던지고 주요 관리를 암살할 계획을 세웠다. 나이 마흔의 김지섭은 이에 자원한 것이다.

김지섭 의사는 1923년 12월 20일 폭탄 3개와 '나카무라 히코타로中村彦太郎'라는 가명의 일본인 명함 30장을 가지고 석탄 운반선을 이용하여 상하이에서 출발했다. 법원에서 번역 및 통역관으로 일한 김 의사는 웬만한 일본인보다 일본어를 잘했던 까닭에 일본인으로 위장할 수 있었다. 1923년 12월 31일 배가 후쿠오카에 도착하자 몰래 상륙하여 도쿄로 향하였다. 1924년 1월 5일 어렵게 도쿄에 도착했지만 제국의회가 무기한 연기됐다는 소식을 들었다. 그는 고민했고, 제국의회 대신 일왕이 사는 도쿄 왕궁을 폭파해야겠다고 결심한다. 낮 동안 왕궁 근처를 답사했다. 그날 저녁 오후 7시 20분경 양복 주머니에 3개의 폭탄을 감추고 왕궁 근처에 도착했다. 불심검문을 받자 폭탄 하나를 경찰에게 던졌다. 하지만 뇌관이 작동하지 않았다. 주머니에서 폭탄 2개를 꺼내 들고 왕궁 정문 앞 다리(이중교)로 뛰어가 또 던졌다. 하지만 안전핀을 뽑지 못한 상태였다. 결국 그가 던진 모든 폭탄은 불발됐다. 김 의사는 현장에서 붙잡혔다.

독립기념관 한국독립운동사연구소에 따르면, 당시 김 의사의 폭탄이 불발된 원인을 일본《시사신보時事新報》에서 자세히 다뤘다.

> "김이 던진 폭탄은 크기가 3촌 정도의 수류탄으로 육군기술부가 감정한 결과, 25미터 떨어진 인마도 살상할 수 있는 정교한 것이다. 불발로 그친 이유는 최초의 일발은 오래 지하에 보존하여 두었던 까닭에 습기가 들어가 뇌관으로 통하는 선이 작동하지 않았기 때문이고, 뒤의 2발은 낭패한 나머지 안전핀을 제거할 틈도 없이 그대로 위병을 향해 던졌기 때문이다."[37]

붙잡힌 이후의 법정 싸움에 주목해야 한다. 김 의사의 변호인은 독립기념관의 '한국독립운동인명사전'에도 등록되어 있는 후세 다쓰지였다(그에 대해서는 〈조선인의 변호인 후세 다쓰지〉 편에서 더 이야기했다). 하지만 이미 결론이 정해진 재판, 재판장은 노골적으로 불공정한 재판을 진행했다. 후세 다쓰지 등 변호인들은 재판장의 불공정한 재판에 항의해 기피신청을 했다. 그러나 김지섭은 이마저도 "나는 조선 사람이므로 일본 사람인 재판장이 누가 되든지 똑같을 것이니 기피신청을 할 필요가 없을 뿐만 아니라, 나는 아무 죄가 없으니 무죄를 선언하든지 제1심 검사의 청구대로 사형에 처하든지 하여 달라"라고 말한다.

이치가야 형무소에 수감되어 있던 김지섭은 형이 확정되자 지바 형무소로 이감되어 옥고를 치르던 중 1928년 2월 20일에 순국하였다. 동생 김희섭(김시현 지사의 동생과 결혼했다)이 시신을 수습해 고향인 안동으로 모셨는데, 봉분도 만들지 못하고 비밀스럽게 장례를 치러야 했다. 그만큼 김지섭 의사의 의거가 전 일본을 경악케 만들었던 것이다. 정부는 1962년 의사 김지섭에게 건국훈장 대통령장을 추서했다.

김지섭 의사는 마지막 재판에서 재판장을 향해 말했다.

"총독의 통치 아래서 우리 조선 사람들은 실로 개나 돼지만도 못한 생활을 하고 있는 것이다."

"이 같은 사실은 일본 안에 있는 일반 일본인들은 전연 알지 못하고 있는 일이오. 나는 이것을 한번 알려주고 싶었소. 물론 몇 개의 폭탄이 궁성 부근에서 터졌다 하여 일본의 위정자들이 곧 반성하리라고 믿은 것은 아니오. 그러나 나는 적어도 일본의 무산대중들이 크게 각성하는 바 있어 다시는 관리배들에게 속는 일 없이 우리 함께 손을 맞잡고, 세계평화를 위해 싸워주기를 기대하였소."

"우리 조선인들은 조선의 독립을 절대로 요구하오, 우리는 이 일을 위하여서는 이미 독립선언서에서도 말한 바와 같이 최후의 일인이 최후의 일각까지 싸우고야 말 것이오."[38]

김지섭다운 의기다.

03
일왕에게 폭탄을 던진
이봉창 의거지 도쿄 경시청 본부 앞

　　김지섭 의사의 의거지 이중교에서 도보로 7분 거리에 한인애국단 이봉창 의사의 의거지가 있다. 바로 일본 경시청 본부 앞이다. 이곳에서 조선 청년 이봉창은 육군 관병식을 마치고 환궁하던 일왕 히로히토가 탄 마차에 폭탄을 던졌다. 경시청 본부는 일왕의 거처로 들어가는 입구 앵전문桜田門, 사쿠라다몬과 100여 미터 거리다.

　　2001년 10월 11일 《서울신문》 보도에 따르면, 의거 직후 일본 경찰이 작성한 약도에는 이봉창의 의거 현장을 '도쿄시 고지마치구麹町区 소도사쿠라다몬정外櫻田門町 1번지 경시청 현관 앞'이라고 적시했다. 경시청 앞에서 일왕의 심장을 향해 총을 쏜 것과 다르지 않은 일이니, 경호를 담당하는 경찰로서는 엄청나게 체면이 구겨지는 일이었다. 그래서 이틀 뒤부터 일본 정부는 이 의거를 '앵전문 사건'으로 고쳐 부르게 했다. 하지만 바로 앞서 말했듯 앵전문은 실제 현장과는 북쪽으로 100미터 이상 떨어져 있다.

　　90년 이상 시간이 흘렀지만, 경시청 앞 의거 현장은 이봉창이 폭탄을 던진 1932년 1월 그때와 비교해 전혀 달라지지 않았다. 경시청이 있던 그 자리에 여전히 일본 경시청이 자리해 있고, 마주 보는 자리에 앵전문도 그대

일본 도쿄 경시청 앞에서 현장을 검증하는 일본 경찰(1932. 1. 8.)

앵전문 길 건너 보이는 문이 고쿄 외곽 출입문인 앵전문이다.

로다. 다만 그 어디에도 조선의 독립을 위해 목숨 걸고 폭탄을 던진 이봉창을 기억하는 기록은 없다.

1932년 1월 8일 금요일 오전 11시, 도쿄 경시청 앞 군중 속에 서 있던 이봉창 의사는 일왕 히로히토가 탄 마차를 향해 수류탄을 던졌다. 하지만 불행하게도 수류탄은 빗나갔고, 그는 현장에서 체포됐다. 일본은 이 사건을 '대역大逆(왕을 비방하거나 왕실 관련물을 훼손하는 죄)' 사건으로 분류했고, 같은 해 10월 10일 이봉창 의사는 순국했다.

이 의거 후 청도의 중국 국민당 기관지 《국민일보國民日報》가 "불행부

8부 도쿄   245

도쿄 경시청 본청 청사 1980년에 옛 청사 자리에 신축되었다.

이봉창 의거 당시의 도쿄 경시청 옛 청사 현재는 철거되어 남아 있지 않다. 구 청사에 있던 스테인드글라스 일부가 경시청 본청 1층에 전시되어 있으며, 견학 프로그램을 신청하면 관람할 수 있다.

중不幸不中", 즉 "일왕을 저격했으나 불행히 맞지 않았다韓人李奉昌狙擊日皇不幸不中"라고 썼다가 일본 군경의 습격을 받아 신문사가 파괴되는 일이 발생했다. 언론은 이봉창의 의거를 대서특필했고 세계적인 반향을 불러일으켰다. 권위가 하늘을 찔러 신으로 불리던 일왕도 피와 살로 이뤄진 한낱 인간이라는 사실을, 이 의사가 만방에 일깨워 준 것이다. 결과적으로 이 경시청 본부 앞 의거는 석 달 뒤, 이름만 유지하던 당시 임시정부를 되살리는 기초가 된 훙커우 의거의 기반이 되었다.

경시청 앞 신호등에 서서, 끊임없이 오가는 차들을 보며 90여 년 전 이 공간에 서 있었을 청년 이봉창을 생각했다. 특히 의거 전 그가 백범을 만나 말한 "영원한 쾌락"이 떠올랐다.

> "선생님, 제 나이 이제 서른하나입니다. 앞으로 서른한 해를 더 산다 해도 지금보다 더 나은 재미가 없을 것입니다. 인생의 목적이 쾌락이라면 지난 31년 동안 쾌락이란 것을 모두 맛보았습니다. 이제부터 영원한 쾌락을 위해 목숨을 바칠 각오로 상하이로 온 것입니다. 저로 하여금 세상을 깜짝 놀라게 할 성업聖業을 완수하게 해주십시오."[39]

불행하게도 이봉창의 의거는 실패했지만 그는 자신이 던진 폭탄으로 영원한 쾌락을 얻고 독립운동사의 새로운 역사가 됐다.

이봉창 의사(李奉昌, 1901~1932)는 1901년 8월 10일 서울 용산구 원효로2가에서 태어났다. 어려서 일본인이 경영하는 제과점 종업원으로 취직했으나 주인으로부터 가혹한 학대를 받았고, 남만철도 용산정거장에서 철도원으로 견습했으나 역시 일본인 직원들로부터 "조센징"이라 불리며 수모와 설움을 당했다. 이 의사는 자연스레 나라를 일본에 빼앗겼기 때문에 이러한 설움을 당하는 것이라고 생각했다.

이에 이 의사는 '적을 이기기 위해선 적을 알아야 한다'는 생각을 가지고 일본으로 건너갔다. 1925년의 일이다. 일본어를 익히면서 동시에 상점 점원이나 철공소 직공·잡역부·날품팔이 등을 하며 생활했다. '기노시타 쇼조木下昌藏'라는 일본식 이름도 지었다. 완전한 일본인으로 살 수 있겠

의거 전 이봉창 의사
사진 속에서 이봉창
의사는 웃고 있다.

다는 생각도 했다. 하지만 바뀐 것은 없었다. 조선인은 여전히 2등 신민이었고, 이봉창은 일본에서 차별받는 존재였다. 그러다 사건이 터진다. 그는 1928년 11월 10일 히로히토 일왕의 즉위식을 구경하려고 오사카에서 교토까지 왔다. 그런데 즉위식은 보지도 못하고 유치장에 9일을 갇혀 있어야 했다. 한글로 된 편지를 소지하고 있다는 이유에서였다. 이 일로 이봉창은 완전한 각성을 하게 되고, 현실을 바꾸기 위해서 행동에 나서야 한다고 생각한다. 이봉창은 1931년 상하이로 건너간다.

재밌는 건 상하이에서도 이봉창의 스타일은 변하지 않았다는 것이다. 능숙하게 일본어로 말하며 임시정부 요인들을 만났고, 상하이에 거주하며 일본인 지인들을 새로 사귀었다. 심지어 일본 총영사관의 경찰부장까지 지인으로 둘 정도였다. 해당 경찰부장은 이봉창 의사가 의거를 위해 도쿄로 다시 떠날 때 추천서를 써줬다는 이유로 본국에 소환되어 면직된다. 하지만 결국 달은 차올랐고, 1931년 12월 13일, 이봉창은 정식으로 한인

애국단에 가입한다. 그는 안중근 장군의 아우인 안공근의 집에서 선서식을 한 뒤 양손에 수류탄을 들고 사진을 찍는다. 그의 가슴에는 그가 직접 작성한 한인애국단 선서문이 걸렸다.

> "나는 적성赤誠으로써 조국의 독립과 자유를 회복하기 위하여 한인애국단韓人愛國團의 일원이 되어 적국의 수괴를 도륙하기로 맹세하나이다."

20여 일 뒤 의사 이봉창은 영원한 쾌락을 위해 폭탄을 던지고, 이치가야 형무소에 수감되었다. 그리고 1932년 10월 10일 오전 9시 사형이 집행되었다. 죄명은 대역죄였다. 영원한 쾌락을 말했던 그의 나이 서른둘이었다.

한편, 이 의사의 의거가 얼마나 놀라웠던지, 의거 후 조선인 친일파들은 혹여 영향을 받을까 가슴을 졸이며 앞장서서 사죄의 목소리를 높였다. 그중 제일이 박춘금(朴春琴, 1891~1973)이었다. 그는 여러 일본 고위층 인사들을 방문해 "불경범인이 조선인인 것이 송구스럽다"고 사죄하고, 또 친일단체 회원 120명을 소집해 궁성 입구에서 고개를 조아리며 사죄했다. 국내에서도 박춘금의 빠른 행보에 자극받은 친일파들이 서울의 요정 식도원에 모여 이봉창 의거에 대해 사죄하는 모습을 보였다.

이렇게 앞장서서 사죄 퍼포먼스를 보인 박춘금은 어떻게 되었을까? 역사는 결국 순리대로 흘러간다. 일제강점기 마지막 의열 투쟁, 대한애국청년당 부민관 폭파 의거의 최종 목표가 박춘금이 됐다. 1945년 7월 24일, 박춘금이 만든 대의당이 주최한 '아세아민족분격대회'가 부민관(현재의 서울시의회 건물)에서 열리자, 청년 조문기를 비롯해 유만수·강윤국 등이 대회를 규탄하는 폭파 의거를 일으켰다. 비록 박춘금은 살아남았지만 이 의거를 통해 친일파들에게 다시 한번 직접적인 경고를 했고, 대한의 독립 의지가 살아 있음을 만천하에 보여 주었다.

코미디 같은 상황을 하나 언급하면, 윤석열 정권 때 국가보훈부는 2023년 7월의 독립운동가를 선정하면서 부민관 폭파 의거를 주도했던 세 명의 의사 가운데 조문기 지사만 배제했다. 조문기 지사가 해방 후인 1948년 5월 미군정 포고령 2호 위반으로 1년 6개월 형을 선고받은 사실이 판결문을 통해 확인된다는 게 이유였다. 미군정 포고령은 1945년 9월 7일 미군이 한반도에 입성하면서 발표한 통치 포고문이다. 특히 포고령 2호는 점령 지역의 공중치안질서 유지를 위해, 위반 시 사형 또는 엄벌에 처한다고 적시했는데, 당시 이 포고령을 근거로 한 재판에서 많은 이들이 유죄판결을 받아 억울한 옥살이를 한 것으로 알려졌다. 조문기 지사는 단독선거·단독정부에 반대하는 봉화 시위를 주도한 일 때문에 포고령 2호 위반으로 처벌받은 것이다.

그런데 그를 왜 군이 배제했을까? 조문기 지사가 민족문제연구소의 2대 이사장을 지내며 《친일인명사전》 편찬에 가장 중요한 역할을 맡았기 때문인 것으로 추정된다. 조문기 지사는 해방 후에도 친일 청산을 부르짖으며 싸웠고, 운명할 때까지 정권에 미운털이 박힌 채로 살았다. "이 땅의 독립운동가에게는 세 가지 죄가 있다. 통일을 위해 목숨 걸지 못한 것이 첫 번째요, 친일 청산을 하지 못한 것이 두 번째요, 그런데도 대접을 받고 있는 것이 세 번째다"라고 말한, 평생을 독립운동가로 살다 간 조문기 지사를 기억한다.

04
술 한잔 올리기조차 죄송한 현장
이봉창 순국지

불행하게도 의거에 실패한 이봉창 의사는 1932년 10월 10일 일본 도쿄 신주쿠의 이치가야 형무소에서 순국한다. 이치가야 형무소는 김지섭과 박열 (朴烈, 1902~1974), 가네코 후미코(金子文子, 1903~1926)가 수감되었던 곳이기도 하다. 이 의사에게 술 한잔 올리기 위해 도쿄 신주쿠로 향했다. 형무

형사자위령탑 사형된 이들을 위한 비 앞에서 이봉창 의사를 기린다.

이봉창 의사 순국지 터 술 한잔 올리기조차 죄송한 현장이다. 도쿄에 간다면 꼭 걸음을 해주면 좋겠다. ⓒ 2025 구글, Airbus, Maxar Technologies

소는 없어지고 지금은 주택단지가 되었는데, 당시 사형장 터가 작은 어린이 놀이터가 되었다는 말을 전해 듣고 간 것이다.

히가시신주쿠역東新宿駅을 나와 천천히 걷다 보니 불과 10분 거리에 놀이터(신주쿠 구립 도미히사초 아동공원)가 있었다. 이 의사와 관련된 직접적인 흔적은 없지만, '형사자위령탑刑死者慰靈塔'이 헛헛한 마음을 조금이나마 달래 준다. 이 위령탑은 1964년 일본 변호사연합회에서 도쿄 스가모·이치가야 형무소에 수감되어 있다가 사형된 이들을 위해 세운 것이다. 그러니 이 위령탑이 기리는 인물에는 이 의사도 포함된다. 이 의사를 생각하며 위령탑 앞에 태극기를 펼쳤다. 대한독립이라 새겨진 유기잔에 한국 소주를 따랐다.

'의사 이봉창을 기억합니다.'

일배, 이배, 삼배, 사배, 오배, 육배, 칠배.

의사 이봉창을 위해
내가 한 일

2014년이다. 기자 초년 시절 제보를 하나 받았다. 효창운동장 인근 이봉창 의사의 생가 터 비석이 쓰레기와 함께 방치되어 있다는 내용이었다. 현장에 가서 보니 사실이었다. 지하철 6호선 효창공원앞역 1번 출구 뒤쪽 화단에 가로·세로 50센티미터 크기의, '용산구 효창동 118-1번지는 독립운동가 이봉창 의사가 태어나 살던 곳'이라는 글귀가 선명히 새겨진 표지석이 있었다. 그런데 표지석 주변은 먹다 버린 귤껍질, 음료수병, 담배꽁초 등으로 너저분했다.

표지석 앞에서 오랜 시간 청과물 장사를 해온 주인장에게 표지석 주변이 제대로 관리되지 않느냐고 물으니, 그는 대수롭지 않은 표정으로 "하루 이틀 된 것도 아니"라고 답했다. 그런데 그와 대화를 나누던 중 길을 가던 한 중학생이 자신이 먹던 소시지 막대기를 표지석 쪽으로 툭 던지는 것을 봤다. 다가가서 "혹시 여기가 이봉창 의사 유적지인 것을 아나요?"라고 물었더니, 학생은 "몰랐어요" 하며 급히 자리를 피했다.

그런데 진짜 문제는 이봉창 의사의 생가가 원래 이곳이 아니라는 점이다. 이종래 '효창원7위선열기념사업회' 회장은 "원효로2가 1번지가 이봉창 의사가 태어난 곳"이라고 설명했다. 이 의사는 아홉살 무렵 표지석이 세워진 '효창동 118-1번지'로 이사왔다. 엄밀히 따지면 효창동 118-1번지는 이 의사의 '집터'인 것이다.

인근 동사무소를 찾아 '이봉창 의사 생가'에 대해 문의했다. 동사무소 직원은 질문에 난감해하며 용산구청 전화번호를 알려줬다. 용산구청 측은 "표지석 관리가 소홀한 것도, 표지석 지번이 잘못된 것도 다 알고 있다"

이봉창의사
역사울림관

울림관에 있는
이 의사 흉상

고 인정하면서, "(이 의사의) 생가 터는 아파트가 재개발되고 있는 골목 입구라서 (복원이) 사실 어렵다"며 "그래도 (표지석 주변을) 한 달에 한 번은 청소하고 있다"고 해명했다.

   나는 당시 상황을 취재한 후 기사를 작성했고, 기사가 나간 뒤 용산구를 향해 질타가 쏟아졌다. 이후 어떻게 되었을까? 2018년, 임정로드 프로젝트를 진행하며 이봉창 생가 터를 다시 찾았다. 그런데 아무것도 없었다. 용산구청에 문의하니 2014년의 기사를 보고 민원이 많이 들어와서 원래 자리를 찾기 위해 서울시로 옮겨 보관 중이라고 했다. 그리고 2020년 10월 이 의사 생가 터에 이봉창의사역사울림관이 개관했다.

   스스로 말하기 부끄럽지만 당시 내가 쓴 기사 역시 작은 영향력을 끼쳤다고 생각한다. 이 글을 본 당신이, 단아한 한옥으로 된 이봉창울림관을 꼭 가보면 좋겠다. 울림관을 방문한 뒤 이 의사 묘에 가서 술도 한잔 올리면 좋겠다. 의사 이봉창을 기억한다.

05
3·1혁명의 서곡
2·8만세운동지 히비야 공원

의도한 건 아닌데 히비야 공원에 들어선 것은 점심시간 무렵이었다. 1903년 개원한 이래 도쿄 시민들의 휴식처로 사랑받아 온 히비야 공원에는 많은 직장인들이 곳곳에 앉아 도시락을 먹고 있었다. 자유로우면서도, 자신들만의 스타일을 지키는 듯한 모습이었다. 물론 많은 직장인들이 간단한 도시락을 준비한다는 건, 그것도 밖에 나와 이렇게 먹는다는 건 외식할 정도로 벌이가 넉넉하지 않다는 뜻이기도 하겠지만.

히비야 공원

이렇게 평화로운 이 공원은 한편으로 일왕의 거처와 주요 정부 관청에 둘러싸여 있어 정치적 집회와 시위가 자주 열리는 장소이기도 하다. 100여 년 전에도 그랬다. 서울에서 만주, 일본까지 대한의 독립이 울려 퍼지게 만든 도화선, 2·8만세운동이 이곳에서 일어났다.

3·1혁명이 일어나기 한 달 전인 1919년 2월 8일 오후 3시 동경 조선기독교청년YMCA(현재 재일본한국YMCA) 회관에서 유학생 총회를 가장한 조선청년독립단대회가 개최되었다. 윤창석의 사회로 회의가 시작되었고 유학생 대표 백관수가 단 위에 올라 독립선언서를 낭독했다. 이어 비단에 쓴 선언서가 단상에 내걸렸고 학생들의 박수가 이어졌다. 하지만 오후 3시 50분께 경찰이 회의 중지를 선언하며 충돌이 일어났다. 선언서 낭독 후 임시위원 포함 총 27명 학생들이 경찰에 연행되었고, 대회를 마친 후 시가행진을 계획했으나 무산되고 말았다. 하지만 체포되지 않은 유학생 수십 명이 12일에 히비야 공원에서 만세운동을 펼쳤다. 이들은 19일에도 결행을 시도했으나 실패했다.

국사편찬위원회에서 밝힌 내용에 따르면, 1918년 하반기에 전해진 국제사회 소식들은 일본에서 유학하는 조선 청년들의 가슴을 뛰게 만들었다. 특히 1918년 11월 미국 의회에서 미국 대통령 윌슨이 제기한 민족자결주의 원칙이 알려졌고, 같은 해 12월 15일 자 《도쿄 아사히신문東京朝日新聞》에 "미국 샌프란시스코에 거류하는 한국인들이 독립운동 자금으로 30만 원의 거액을 모았다"라는 기사가 나오자 도쿄 거주 조선인 유학생들은 큰 자극을 받았다.

머리를 맞댄 청년들은 적극적인 독립운동의 방도를 모색했고, 1919년 1월 6일 YMCA에서 조선청년독립단을 조직했다. 그리고 7일 와세다대학 최팔용과 송계백, 게이오대학 김도연, 세이소쿠영어학교 백관수, 도요대학 이종근, 고교생 최근우, 그리고 '무직' 김상덕 등으로 임시실행위원회를 꾸

2·8독립선언을 주도한 지사들 독립선언으로 감옥에 갇혔던 대표자 9명이 모두 출감한 후인 1920년 4월경에 찍은 사진이다.

렸다. 이들은 독립선언서를 작성하고, 그것을 일본 정부 및 각국 공사, 귀족원 및 중의원의 의원들에게 보내기로 결정했다.

   선언서 초안 작성을 위해 신한청년당 소속 이광수가 합류했다. 이광수는 조소앙, 장덕수와 함께 일본 유학생들의 독립운동을 독려하기 위해 도쿄로 파견을 와 있었는데, 다들 알다시피 훗날 대표적인 변절자가 된다. 이광수는 당대 최고의 글쟁이답게 선언서 초안을 작성했고, 이 문서는 1919년 2월 6일 최팔용이 도쿄 시내에 있는 인쇄소에 의뢰하여 1천여 장으로 인쇄됐다. 선언서와 결의문 등은 한국어판, 일본어판, 심지어 영어판으로도 발표됐다. 조선인 유학생들이 독립선언서를 낭독했다는 소식은 이튿날인 2월 9일 《노스 차이나 데일리 뉴스 North China Daily News》의 평론란에 '청년조선의 열망 Young Korea's Ambition'이라는 제목으로 소개됐다. 10일에는 《차이나 프레스 The China Press》에도 상세히 보도됐다.

히비야 공회당 만세를 외친 곳이 히비야 공원 내 정확히 어디인지 알 수 없지만, 독립기념관은 히비야 공회당 앞으로 보고 있다.

공회당 앞에 펼쳐진 광장

3·1혁명을 계기로 민주주의를 근간으로 하는 대한민국 임시정부가 탄생했다. 우리 헌법 전문에는 "유구한 역사와 전통에 빛나는 우리 대한국민은 3·1운동으로 건립된 대한민국 임시정부의 법통과 불의에 항거한 4·19 민주이념을 계승"한다는 문구가 있다. 이곳이 지금의 대한민국을 만든 또 다른 밑거름이 됐다는 뜻이다. 얼마나 귀한 곳인가.

그런데 아쉽게도 만세를 외친 정확한 장소는 특정되지 않는다. 다만 독립기념관은 히비야 공원 공회당 앞으로 보고 있다. 공회당 앞에는 지금도 너른 마당이 조성돼 있다. 히비야 공원에서 3킬로미터 떨어진, 도쿄 '존슨 앤존슨' 빌딩 자리가 1919년 2·8독립선언 당시 재일 한국 유학생들이 독립선언서와 결의문을 발표했던 조선기독교청년회관 자리로 추정된다. 다만 독립기념관 한국독립운동사연구소 소속 윤소영은 지난 2019년 자신의 논문 〈일본 도쿄지역 2·8독립운동 사적지 재검토〉를 통해 '니시간다西神田 YS빌딩' 자리(3-chōme-3-12 Nishikanda, Chiyoda City, Tokyo)가 역사적인 2·8독립선언 자리라고 주장했다. 해당 장소는 기존에 특정됐던 존슨 앤존슨 빌딩 건너편 골목에 자리해 있다.

히비야 공원과 현재 YMCA 건물은 걸어서 10분 거리에 있다. 건물 입구에는 1982년 제작된 '조선독립2·8선언기념비'가 세워져 있고, 2층에는 '2·8독립선언 기념자료실'이 있다. 기념자료실은 재일본한국YMCA 창립 100주년 기념사업으로 국가보훈부(당시는 국가보훈처)의 지원을 받아 2008년 5월 개관했다. 조선의 유학생들이 독립선언을 작성하고 발표하기까지의 경위와 운동의 전개 과정, 국내3·1혁명에 미친 영향, 1923년 간토 대지진 당시 일제가 자행한 한인 학살 등에 관한 자료가 전시되어 있다.

히비야 공원을 거쳐 YMCA 회관의 독립선언 기념자료실, 메이지대학까지 순차적으로 살필 것을 권한다. 역사의 물결에 몸을 맡기고 함께 걷는 기분이 인다.

재일본한국YMCA회관 앞
'조선독립2·8선언기념비'

와세다대학 출신 반민특위 위원장
김상덕을 기억한다는 것

2·8독립선언은 엘리트 유학생들이 주도한 독립선언인데, 그 주역 중 스스로를 '무직'이라고 소개한 인물이 있다. 바로 훗날 반민특위 위원장이 되는 김상덕 지사다.

경북 고령에서 태어난 김상덕 지사(金尙德, 1892~1956)는 1917년 3월 서울의 경신학교를 졸업하고 일본에 유학을 갔다. 1918년 도쿄에서 세이소쿠正則 영어학교에 입학했다가 7월에 퇴학당했고, 바로 이어 와세다대학 정치경제학과에 입학했다. 항상 느끼지만 지사들의 천재성이 놀라울 뿐이다. 일제 앞에 조금만 고개 숙였다면 얼마든지 편하게 살 수 있는 능력을 가진 이들이 바로 당대의 독립투사들이었다.

김상덕 지사는 와세다대학에 입학한 이듬해 1919년 2·8독립선언이 일어나자 동참했다. 이 일로 3월 21일 동경지방재판소에서 금고형을 선고받았지만 2심에서 공소기각되었다. 출옥 후 중국 상하이로 망명해 1922년 1월 모스크바에서 개최된 동방혁명대표자대회에 참가했다. 이후 만주로 건너가 김동삼 지사 등과 함께 재만농민동맹在滿農民同盟을 조직하고, 집행위원으로 활동했다. 1932년 임시정부에 합류해 한국독립군 참모로 활동하면서, 한중연합군을 조직하기 위해 중국 정부와 교섭하는 역할을 맡기도 했다. 이 과정에서 의열단과도 연결되어 1935년 조선민족혁명당 창당에 참여해 중앙집행위원으로 활동했다. 1941년 조선민족혁명당이 임시정부에 참여하자 임시의정원 의원에 선임되었으며, 1943년 4월 임시정부에서 구성한 선전위원회 15인 중 한 사람으로 뽑혔다. 임시정부 학무부 차장을 거쳐 문화부장으로 활동하다 1945년 광복 후 제1차 임시정부귀국단으로 11월 23일 환국했다.

그리고 1948년 10월 반민족행위특별조사위원회 위원장으로 선출됐다. 1948년 9월 7일 당시 제헌국회는 국민의 성원을 등에 업고 찬성 103명, 반대 6명의 압도적인 수치로 '반민족행위처벌법'을 통과시켰다. 특히 반민특위는 산하에 특별재판부와 특별검찰부를 둬 수사권과 기소권, 재판권을 바로 행사할 수 있게 했다. 말 그대로 유례없는 친일 청산의 확실한 기구였다. 그러나 일제강점기 35년 동안 형성된 강고한 친일 세력의 저항이 곳곳에 가득했고, 결국 반민특위는 불과 1년도 안 되어 이승만의 노골적인 방해로 강제 해산된다.

이승만 정권의 비호를 받은 노덕술 등의 친일파는 암살자를 고용해 반민특위 위원들을 살해하려고 했다. 암살 기도가 실패로 끝나자 이번에는 사상범의 굴레를 덧씌웠다. 바로 '국회프락치사건'이다. 당시 국회 부의장이던 김약수를 비롯해 반민특위 특별검찰부 소속 노일환 등 진보적 소장파 의원들이, 남로당 공작원과 접촉해 정국을 혼란시키려 했다는 혐의로

김상덕 의사
일제 감시대상 인물카드

하루아침에 체포당했다. 친일파의 지원을 받은 시민들이 매일같이 반민특위 사무실에 몰려와 "반민특위 내 공산당을 숙청하라" 구호를 외치며 문을 부수는 등 위협을 가했다.

김상덕 위원장 등 반민특위 위원들은 흔들리지 않았다. 오히려 1949년 6월 4일 당시 경찰 수뇌부였던 친일경찰 출신 최운하를 체포하기까지 했다. 이에 반발하여 이승만 정권의 내무차관 장경근과 시경국장 김태선 등은 6월 6일 오전 7시에 중부서장 윤기병을 시켜 반민특위 사무실을 습격하고 특위 소속 특별경찰대(특경대) 경찰들을 체포했다. 특경대가 습격을 당한 후 경찰은 김상덕을 비롯해 반민특위 주요 인사들을 가택 연금했다. 1949년 6월 8일 자 《동아일보》에는 "내가 특별경비대를 해산시키라고 경찰에게 명령한 것이다"라는 이승만의 말이 인용되어 있다.

그리고 1949년 7월 6일 반민법 공소 시효 단축을 골자로 하는 정부 개정안이 큰 저항 없이 국회에서 통과됐다. 김상덕 위원장은 정부 개정안이 통과된 뒤 특위 주요 인사들과 함께 위원장직을 사임했다.

김상덕의 후임으로 이인이 임명됐지만, 그는 법무장관 시절부터 반민특위법의 모순을 지적하며 반민특위 활동 자체를 못마땅하게 여기던 인물이었다. 결국 반민특위는 친일 청산이라는 시대적 과업을 외면하고 잔무만 하다가 시효 만료로 문을 닫았다. 친일 청산의 기치는 무너졌고, 친일 반민족 세력은 이승만 정권에 다시금 똬리를 틀었다. 이때의 잘못이 광복 80주년을 맞은 현재까지도 이어지고 있다. 무엇보다 이승만 정권의 노골적인 방해 과정에서 만들어진 '반민특위는 빨갱이'라는 반격과 음해는 우리 역사에 지울 수 없는 상처를 남겼다.

반민특위 위원장 자리에서 물러난 김상덕은 이후 1950년 5월 제2대 국회의원 선거에서 민주국민당 후보로 경북 고령에서 입후보하였으나 떨어졌고, 한국전쟁 때 납북되어 1956년 북에서 생을 마쳤다. 그의 유해는 평양 재북인사릉(북한의 국립묘지)에 안장됐다. 우리 정부는 1990년에야 그에게 건국훈장 독립장을 추서했다. 김상덕 지사의 아들은 납북자 가족이라는 이유로 연좌제에 시달리며 오랜 시간 고통을 겪었다.

춘원 이광수 반민특위 수형 사진

시간이 흘러 2019년 3월, 나경원 국민의힘 의원이 "해방 후 반민족행위특별조사위원회로 인해 국민이 무척 분열했던 것을 모두 기억"할 거라는 말을 했다. 큰 논란이 일었고, 나는 김상덕기념사업회 정희철 회장을 인터뷰했다. 그는 나 의원의 발언이 당시 친일파들의 주장과 같다면서 "광복 70년이 넘었는데 우리는 친일파를 언급하면 국론이 분열된다는 이상한 말을 한다. 그때 제대로 역사의 걸음을 밟아 나갔다면 (나경원 의원이) 이런 발언을 할 수 있었겠느냐"고 목소리를 높였다. 독립운동의 1세대가 사라지고 이제 2세대도 얼마 남지 않았다. 역사를 간접적으로 체험한 3세대의 시대가 오고 있는데 과연 친일 청산이 제대로 이뤄질 수 있을지 걱정이라는 정 회장의 말이 마음에 남는다.

우리는 무엇을 기억하고 기려야 할까? 온전한 친일 청산을 외쳤던 김상덕을 기억하고 기리는 것이 분열된 국론을 하나로 모으는 시작이지 않을까?

대한민국 국민 모두가
영화 <여파>를 보면 좋겠다

2022년 1월 김진혁 한예종 교수를 인터뷰했다. EBS 재직 당시 <지식채널e>를 기획하고 연출한 그가 영화 <여파>를 유튜브에 무료로 공개했기 때문이다. <여파>는 반민특위 후손들의 삶을 담은 다큐멘터리 영화로, 영화를 본 시민들이 영향을 받아 영화에 나오는 인물들을 찾아볼 마음이 들기를 바라며 제목을 지었다고 한다.

영화의 러닝타임은 다큐멘터리로는 다소 긴 2시간 48분이다. 이 시간 동안 김상덕의 아들 김정륙, 노일환 특별검찰부 차장의 조카 노시선, 반민특위를 발의한 김옥주 의원의 부인 송명순과 아들 김진원, 정철용 조사관의 아들 정구충, 김만철 특경대원의 손녀 김홍현과 손녀사위 김선동, 김웅진 의원의 딸 김옥자와 아들 김성걸, 이봉식 조사관의 아들 이영국, 김철호

영화 <여파> 스틸컷
ⓒ 김진혁

조사관의 아들 김용민 등 10여 명의 후손들의 증언을 차례대로 보여 준다.

후손 중에는 적극적으로 인터뷰를 하려는 이도 있었지만 반민특위의 '반' 자도 꺼내지 못하게 한 이들도 있었다. 반민특위 와해 후 그 후손들은 일생을 정부의 감시를 받으며 살았다. 소위 '빨갱이 집안'이라는 낙인 때문에 취업에도 해외여행에도 제약이 있었다.

인터뷰 말미 김 교수가 영화의 대표이미지로 김만철 선생을 꼽은 이유에 대해 호탕하게 웃으며 "멋있기 때문"이라고 말했던 것이 기억에 남는다. 담배를 문 김만철 선생은 진중한 멋을 뽐낸다. 하지만 선생의 손녀는 단 한 번도 조부로부터 반민특위 활동을 했다는 말을 듣지 못했다며, "빨갱이라는 오명을 써서 후손들에게 해가 미칠까 봐 그랬을 것"이라고 추측했다.

유튜브 검색창에 '영화 여파 김진혁'을 검색하면 전체 영상을 쉽게 볼 수 있다. 대한민국 국민 모두가 이 영화를 봤으면 하는 바람이다.

06
일본 극우에 의해 신이 된 '메이지'
메이지 신궁

　　　　　도쿄까지 왔으니 메이지 신궁明治神宮에는 가봐야겠다 는 생각이 들었다. 시간을 내 그곳으로 향했다. 기타산도역北参道駅에서 내려 기타산도 도리이를 지나 메이지 신궁을 거쳐, 일본 각지의 양조장에서 봉납한 사케통들이 전시된 남쪽 방향 길을 지나 하라주쿠역原宿駅으로 가는 코스를 짰다. 이렇게 걸으면 약 1시간 정도 소요된다.

　메이지 신궁은 메이지 일왕과 그의 아내 쇼켄昭憲 왕후를 기리기 위해 건립된 신사로, 1920년 완공되었다. 2차 세계대전 때 소실되었으나 1958년 재건되었다. 재건 당시 전국에서 기증한 나무가 12만 그루에 달했는데 이를 신사 주변에 심어 자연스레 22만 평의 규모의 숲이 조성되었다. 그래서 신사를 걸을 때면 빽빽한 숲이 전하는 고요함과 나무 사이를 오가는 셀 수 없이 많은 까마귀의 날갯짓이 오묘한 기운을 자아낸다. 신사 입구에 세워진 높이 12미터, 폭 17미터에 달하는 일본 최대 규모의 도리이 역시 그 분위기를 만들어 내는 데 한몫하고 있다.

　남쪽 입구에는 일본 전통 사케통과 프랑스 부르고뉴 지역에서 온 와인통이 나란히 전시되어 있다. 일왕 메이지가 서양 문화에 관심이 컸기 때문

기모노를 입고 메이지
신궁을 찾는 청년들

위용을 뽐내는 메이지
신궁 기타산도 도리이

에 와인통이 지속적으로 봉납되었다고 한다. 사케통과 와인통, 재건 당시 기증된 나무로 조성된 숲을 보니, 우리에겐 씻을 수 없는 아픔을 준 메이지가 일본에서는 시대와 세대를 초월해 일본의 근대화를 이끈 명군으로 평가받는다는 사실이 새삼 느껴졌다.

　메이지(明治, 1852~1912)는 자신의 이름을 딴 메이지 유신을 주도해 일본을 근대 국가로 변모시키는 데 핵심적인 역할을 했다. 열여섯 어린 나이에 즉위했지만 막부 체제를 종식시켰고, 왕 중심의 새로운 정부를 수립해 종국에는 일본의 근대화와 서구화를 추진했다. 막부의 상징인 번 체제를 종식하는 폐번치현廢藩置縣을 단행해 중앙집권체제를 확립했고, 새로운 헌법을 제정했다. 이를 바탕으로 교육과 산업, 군사 등 다양한 분야에서 근대화 개혁을 이뤘고, 일본을 아시아의 강대국으로 성장시켰다. 우리 시각에서 보면, 조선을 침략해 35년간 나라를 강제로 빼앗는 기초를 다진 것이다. 일본에서는 근대화의 상징이지만 우리에게는 일본 극우 제국주의의 상징이다.

그는 1852년 11월 3일 고메이孝明 일왕과 나카야마 요시코中山慶子 후궁 사이에서 태어났다. 이름은 무쓰히토. 2남 4녀 중 차남이었지만 나머지 형제들이 요절해 외아들이나 다름없이 자랐으며, 아버지가 급사하는 바람에 1867년 어린 나이에 왕위에 올랐다.

그런데 그 시기 일본은 매우 혼란스러웠다. 1853년 페리 제독이 이끄는 함대에 의해 쇄국정책이 폐지되고, 연이어 여러 서양 국가와 불평등 조약이 체결되었다. 금과 은이 해외로 유출돼 경제적으로도 혼란스러웠다. 막부는 이런 상황에 제대로 대응하지 못했다.

이에 '존왕양이尊王攘夷(왕을 중심으로 외세를 배척하자는 입장)'를 내세운 조슈번과 '공무합체公武合体(막부와 조정을 하나로 합치자는 입장)'를 내세운 사쓰마번 등이 에도 막부와 대립하고, 이는 막부를 타도하는 도막倒幕 운동으로 이어졌다. 재미있는 것은, 외세에 대해 강경한 배척 입장을 취했던 사쓰마번과 조슈번이 이후 서양과의 전쟁에서 패하면서, 서양 군사력의 우수함을 인식하고 서양 문물을 적극적으로 받아들이게 된다는 것이다.

도막 운동이 거세지는 가운데, 도사번이 중재에 나서 도쿠가와 요시노부德川慶喜에게 통치권을 천황에게 반환할 것을 제안했다. 결국 요시노부는 1867년 11월 9일 대정봉환大政奉還을 선언했고, 메이지 일왕이 이를 수용하면서 에도 막부는 종식되었다. 하지만 이후에도 요시노부는 도쿠가와 가문의 군사력을 유지하면서 실권을 내려놓지 않았다. 이에 사쓰마번

메이지 신궁 남쪽 입구에 전시된 오크통과
사케통 © Hyppolyte de Saint-Rambert

과 조슈번 등 반막부 세력이 1868년 1월 3일 막부 체제 폐지와 일왕의 친정親政을 선언하는 메이지 일왕 명의의 칙령을 발표했으니, 이것이 앞에서도 말한 '왕정복고 대호령'이다. 요시노부는 관직을 박탈당했고, 이에 도쿠가와 세력이 반발해 보신전쟁*이 일어났다. 이 전쟁에서 막부 세력은 신정부 군에 패한 뒤 역사의 뒤안길로 사라진다.

보신전쟁에서 승리한 메이지 일왕은 1868년 연호를 게이오慶応에서 메이지明治로 바꾸는 한편, 같은 해 10월 에도에 직접 행차해 칙서를 내려 에도의 명칭을 도쿄로 바꾸고, 도쿄를 새로운 수도로 선포했다. 이에 따라 막부 쇼군의 거처였던 에도성이 왕실의 거처가 되었다. 이후 메이지 일왕은 폐번치현으로 중앙집권체계를 구축하고, 서구식 교육제도를 도입하는 등 근대화 정책을 추진했다. 그리고 1885년 내각제를 도입해 초대 내각총리대신으로 조슈번 출신의 이토 히로부미를 임명했다. 이후 이토는 1888년 추밀원 의장으로 추임해 헌법 초안 작업을 주도했고, 이듬해인 1889년 2월 대일본제국헌법이 공포되었다.

* 1868년부터 1869년까지 에도 막부 세력과 메이지 신정부를 중심으로 한 세력 사이에서 벌어진 내전. 이 전쟁에서 신정부군이 승리하며 막부 체제가 종식되고 메이지 유신의 기반이 마련되었다.

메이지 일왕

　일본제국헌법은 일본을 '현인신現人神'인 왕이 통치하는 국가로 규정했고, 이는 메이지 일왕의 성역화를 정당화하는 기반이 되었다. 이후 일본은 제국주의 노선을 강화하면서 주변국을 대상으로 침략전쟁을 일으키고 승리했다. 그리고 1910년 조선을 병합하고 1911년 서구 세력과 맺었던 불평등 조약을 개정함으로써 메이지 일왕에 대한 불가역적인 신성화가 이뤄졌다.

　일본제국헌법은 제1장 제1조에서 "만세일계"의 왕이 일본을 통치한다고 규정하고 있지만 메이지 일왕은 정치에 크게 개입하지 않았다. 신정부 역시 법적으로 일왕의 절대적인 권위를 인정했지만 일왕이 실제 정치에 개입하는 것을 허용하지 않았다. 이들은 일왕이 상징적 존재로 남기를 바랐으며, 전략적으로 메이지 일왕을 신격화한 것이다. 그의 사후 그의 혼령을 모시는 메이지 신궁이 국가 차원에서 건립되었고, 이곳은 일본의 국가주의 이념을 상징하는 공간이 되었다. 오늘날 일본 극우 세력이 이곳을 상징처럼 내세우는 것도 그런 흐름이라고 볼 수 있다. 참고로 메이지 신궁은 전후 종교 법인으로 성공적으로 탈바꿈한 뒤 참배객 시주, 결혼식장 운영, 운동시설 대관 등으로 연간 60억 엔 이상을 벌어들인다고 한다.

8부 도쿄

07
미화된 죽음, 가미카제로 이어지다
도쿄 노기 신사

　　　　　　메이지 신궁에서 직선으로 2.7킬로미터 정도 떨어진 곳에 노기 신사乃木神社가 있다. 일본 도쿄 미나토구에 위치한 이 신사는, 메이지 일왕의 죽음을 애도하며 할복한 노기 마레스케 대장과 그의 부인 노기 시즈코를 기리기 위해 1923년에 창건됐다.
　일왕의 죽음을 슬퍼하며 자살한 부부를 기리는 신사를 왜 군이 찾아왔을까? 도쿄 한복판에 자리한 단아하고 아름다운 신사라서? 아니면 그가 메이지 일왕의 뜻을 가장 정확하게 이어받은 군인이라서? 아니다. 그를 기리는 신사의 흔적이 서울에도 남아 있기 때문이다. 나는 그 신사의 원형을 살피고자 노기 신사로 향했다.
　신사는 상당히 잘 꾸며져 있다. 무엇보다 신사 바로 옆에 '노기 공원'으로 이름 붙은 노기의 옛 저택이 온전한 모습으로 남아 있다. 무려 1902년에 지어진 건물이다. 저택 외곽을 따라 2층 높이로 조성된 둘레길을 걸으면 내부를 직접 들여다볼 수 있다. 신사를 걷다 보면 일본이, 일왕 메이지의 죽음을 슬퍼하며 할복한 그를 얼마나 애틋하게 생각하는지 알 수 있다. 저택 앞에는 소년을 격려하는 듯한 노기의 동상이 있는데, 그에 대한 일본

노기자카역 역을 빠져나오면 바로 옆에 노기 신사가 있다.

도쿄 중심부에 있는 노기 신사 전경

인들의 애정을 보여 주는 변주처럼 느껴진다.

노기 마레스케(乃木希典, 1849~1912)는 20세기 초 일본의 군신이라 불리던 인물이다. 군인으로서의 이력이 화려하다. 그는 조슈번의 하위 번인 조후번 출신으로 16세에 보국대에 들어가 조슈 정벌에 참전했고, 보신전쟁 때도 참전했다. 메이지 유신 이후 신정부군이 창설되자 육군 소속으로 여러 전장에서 활약했다. 젊은 시절, 메이지 유신 과정에서 실권을 잃은 사무라이들이 일으킨 세이난 전쟁에서 사쓰마번의 영웅 사이고 다카모리에게 군기를 빼앗겼는데, 이 일이 그를 평생 괴롭혔다.

패배 후 절치부심하던 그는 1894년, 45세에 참전한 청일전쟁에서 크게

노기의 동상 소년을 격려하는 듯 자애로운 모습으로 표현됐다.

활약해 승리를 이끌었다. 이 일로 메이지 일왕의 신임을 얻었고, 별 두 개인 소장에서 별 세 개인 중장으로 진급했다. 1896년부터 1898년까지 대만총독을 지내며 정치인의 삶을 살기도 했다. 하지만 1904년 러일전쟁이 발발하자 다시 군인으로 전선에 나섰고, 그중에서도 치열한 전투로 꼽히는 뤼순공방전을 지휘했다. 랴오둥 반도 남단의 요충지 뤼순항을 차지하기 위한 이 전투에서 1만 5천 명 이상의 일본군이 전사했으며, 그의 두 아들도 뤼순공방전 중에 사망했다.

뤼순공방전 중 가장 참혹한 전투가 벌어진 203고지의 오르막길 끝자락에는 총탄 모양으로 만들어진 이령산 위령탑이 있다. 러일전쟁 당시 희생된 전몰장병들을 위로하기 위해 세워진 이 탑에는 '203'의 중국어 발음과 같은 이령산爾靈山이 새겨져 있는데 노기가 휘호했다고 한다. 탑신은 203고지에서 수거된 실탄과 포탄의 탄피를 녹여 주조한 것이라고 전해진다.

일본은 뤼순을 점령한 뒤 곳곳에 기념비와 신사 등을 설치했는데, 그중 하나가 백옥산 정상의 표충탑이다. 이 탑은 안중근 장군이 사형 선고를 언도받은 뤼순 관동법원에서도 보인다. 이 탑은 노기가 명령해 건설한 것으로, 건설에 2년 반이 걸렸고 수많은 중국인이 동원되었다고 한다. 탑에는 일본군 전사자 2만여 명의 유골이 모셔져 있다고 한다. 일본이 패망한 뒤, 이 탑을 유지하느냐 철거하느냐를 놓고 논란이 일었지만 역사를 역사대로 기록해야 한다는 의견에 따라 이름만 '백옥산탑'으로 바꾸고 남겨 두었다.

러일전쟁 후 노기는 다시 한번 죽음을 결심한다. 승리했지만 두 아들을 포함해 수없는 청년들이 죽은 것에 대한 책임을 통감하고 할복자살을 하려 했다. 그러나 메이지 일왕은 지금은 죽을 때가 아니라며, 정 죽겠다면 자기가 죽은 다음에야 그의 죽음을 허락하겠다고 말했다. 이 때의 결심은 러일전쟁이 끝나고 8년이 흐른 1912년, 메이지 일왕의 죽음 후 실행된다. 1912년 9월 13일 메이지 일왕의 장례식이 진행되는 중 노기는 자택에서 군복을 벗고 소복으로, 아내 시즈코는 검은 상복으로 갈아입었다. 노기 부부는 2층 거실에 들어가 메이지 일왕의 어진과 전사한 두 아들의 초상 앞에 절을 올렸다. 장례식 종이 울려 퍼지자 아내 시즈코가 먼저 목을 단도로 찔렀다. 이어 노기는 유서를 남기고 할복했다. 유서에는 수십 년 전 세이난 전쟁에서 군기를 빼앗긴 일을 사죄하며 이제 죽을 자리를 찾아왔다고 적었다.

203고지에 있는 이령산 위령탑 © Luck-one

그의 죽음이 알려지자 일본사회, 특히 일본 군부는 크게 열광했다. "무사가 지킬 충성의 모범으로 국민과 군대에게 큰 교훈을 주는 행동"이라는 극찬이 쏟아졌다. 충신과 애국의 상징이 된 군신 노기 마레스케를 기려야 한다는 목소리가 열도 곳곳에 울려 퍼졌고, 노기의 이름을 딴 신사가 일본 각지에 생겨냈다. 심지어 조선에도 지어졌는데, 바로 현재 숭의여자대학 자리에 있던 경성신사의 부속시설 중 하나가 노기 신사였다. 노기 신사 터에는 현재 복지시설인 남산원이 있으며, 그 입구에는 지금도 세심洗心이라고 새겨진 테미즈야가 남아 있다. 테미즈야手水舍는 신사 입구에 두는 물그릇으로, 참배객이 손과 입을 씻어 마음을 가다듬고 참배할 수 있도록 마련된 시설이다.

　노기의 죽음에 극찬을 마다하지 않았던 일본 사회는 어떻게 됐을까? 일제는 청년들을 가미카제神風로 내몰았다. 그의 죽음은 전쟁을 위해 얼마든지 목숨을 버릴 수 있다는 뜻으로 통용됐고, 더 많은 청년들이 국가를 위해 자신의 몸을 던지는 정신적인 이유가 됐다. 그 과정에서 인간의 합리적인 이성은 마비됐고, 노기의 이름이 계속 호명되었다.

　노기 신사 입구에는 사람 좋은 표정에 군복 차림을 한 노기 캐릭터가 그려진 포스터가 있었는데, 잘 차려입은 청년이 그 앞에 잠시 멈춰 합장하는 모습을 봤다. 그가 할복한 지 100년이 넘었지만 여전히 그는 나라를 위해 희생한 충신, 군신으로 여겨지고 있는 듯했다. 씁쓸한 마음으로 오래도록 신사에 앉아 노기와 일본 사회를 생각했다.

노기 캐릭터가
그려진 포스터

일제의 흔적, 의거의 현장
명동 - 남산 투어

여럿이 함께 안중근 장군을 기리고 싶었다. 그의 이름을 딴 기념관과 동산이 남산 8부 능선에 자리해 있기에 그곳을 목적지로 하는 공익 목적의 명동 - 남산 투어를 만들었다. 2023년 안 장군 의거일인 10월 26일에 맞춰 투어를 처음 시작했고, 이후로 순국일과 의거일에는 최대한 진행하고 있다.

남산과 명동의 역사를 함께 살피다 보니 자연스레 일제가 남산에 남긴 흔적도 마주하게 됐다. 특히 일제는 남산 일대를 제국주의와 식민통치의 정신적 상징 공간으로 만들고자 했다. 조선의 정신을 지배하려고 남산에 경성신사, 노기 신사, 조선신궁 등을 지었다. 특히 남산 중턱에 조선신궁을 짓기 위해 꼭대기에 있던 조선의 국사당을 인왕산으로 옮겨 버렸다.

시민들과 함께한 명동-남산 투어 현장 모습

조선으로 이주해 온 일본인들은 남산 아래 충무로 1~3가, 진고개 일대에 자리잡고 이 지역을 중심 마을이라는 뜻의 혼마치本町라고 불렀다. 서울의 중심이 종로에서 옮겨가, 이곳이 행정과 상업의 중심지가 되었다. 그러니 일제의 주요 관공서, 금융기관, 상징물이 집중된 이곳에서 독립운동가의 의거 또한 일어날 수밖에 없었다. 바로 이 때문에 남산은 식민 권력의 중심지이자 그에 저항한 투쟁의 현장이었다. '명동-남산 투어'의 코스는 다음과 같다. 출발지는 명동역이다.

> 반민특위 터-나석주 의거지-이회영 거주지-이재명 의거지-남산 예장공원-김익상 의거지 조선총독부 터-노기 신사 터-경성신사 터-남산 중앙정보부-국치 현장-와룡묘-조선신궁터-안중근 장군 동상-안중근 기념관-백범 동상-성재 동상-조선신궁 계단-서울역 강우규 의거지

최근에는 '명동-종로 의열독립투쟁 투어'를 주제로 새로운 코스도 만들었다. 명동 코스는 기존 코스와 같고, 이재명 의사 의거지 방문 후 남산 대신 방향을 바꿔 종로로 향하는데, 코스는 다음과 같다.

> 반민특위 터-나석주 의거지-이회영 거주지-이재명 의거지-(종로로 이동)-김상옥 의거지-3·1독립선언서 인쇄소 터 수송공원-신흥대학 창립지-태화관-신채호 부인 박자혜 지사 운영 산파소 터-3·1혁명 발상지 탑골공원-종묘공원 이상재 지사 동상-김상옥로-김상옥 최후의 격전지-마로니에 공원 김상옥 의사상

이 책을 읽는 독자들도 언젠가 함께 걸었으면 좋겠다.

08
친일파의 목표였던 그곳
야스쿠니 신사

일왕이 거주하는 고쿄皇居를 기준으로 북서쪽 방향에 '그' 야스쿠니 신사가 있다. 도쿄 지하철 구단시타역九段下駅 1번 출구를 빠져나와 300미터만 직진하면 거대한 모양의 검은색 도리이가 참배객을 맞이한다.

솔직히, 이곳에 가느냐 마느냐를 놓고 고민이 컸다. 하지만 일본 극우들이 칭송해 마지않는 그곳을 두 눈으로 보지 않고서는 일본 제국주의를 온전히 이해할 수 없을 것이라는 판단이 들었다. 예상은 맞았다. 도리이를 지나 야스쿠니 신사에 들어서니 경내에서 일본 극우 단체 회원들이 욱일기를 흔들고 있었다. 많은 청년들이 전쟁 범죄자들을 향해 줄지어 참배하고 있었다. 지금의 일본을 만든 데 가장 큰 공헌을 한 인물들이라고 생각하는 것일 테다.

양 손에 안중근 장군과 윤봉길 의사 배지를 각각 쥔 채 가만히 서서 참배 행렬을 바라보자니, 야스쿠니 신사에 잠들고 싶다고 말했던 국가공인 친일파 신태영이 떠올랐다. 그는 바라던 이곳 대신 대한민국 최고의 명당인 국립서울현충원 장군2묘역에 안장됐다.

거대한 검은색 도리이가
눈에 띄는 야스쿠니 신사

　우선 야스쿠니 신사에 대해 알아보자. 이곳이 처음부터 논란이 됐던 것은 아니다. 1869년 메이지 일왕의 명으로 도쿄 초혼사招魂社, 쇼콘샤가 세워졌다. 처음에는 이름 그대로, 메이지 유신 과정에서 왕을 위해 싸우다 죽은 군인들의 혼령을 위로하기 위해 세운 신사였다. 그러다 1879년 '나라를 평화롭게 한다'는 뜻의 정국신사靖國神社, 야스쿠니 신사로 개칭하고, 청일전쟁이나 러일전쟁, 태평양전쟁 등 일본이 벌인 전쟁에서 죽은 이들을 모두 합사한다. 이후 야스쿠니 신사는 일본 군국주의와 제국주의의 상징과 같은 장소가 된다. 1978년에 A급 전범 14명을 몰래 합사한 것이 이듬해 언론보도를 통해 알려지면서 전 세계적으로 악명을 떨치게 된다.

1945년 일본이 패전하기 전까지는 일본 해군과 육군이 공동으로 야스쿠니 신사를 관할했다. 그만큼 일본 군부의 상징과 같은 곳이다. 일본 군국주의의 상징인 도조 히데키東條英機(전시 육군대장)를 비롯해, 간도특설대의 잔혹한 민간인 학살을 주도한 관동군 고위 참모 도이하라 겐지土肥原賢二(만주사변 당시 관동군 참모장), 만주사변의 주모자 이타가키 세이시로板垣征四郎(만주사변 당시 참모장), 난징대학살을 지휘한 마쓰이 이와네松井石根(중일전쟁 당시 상하이 파견군 사령관) 등이 야스쿠니 신사에 합사되었다. 모두 A급 전범이다.

일본이 전쟁에서 패한 지 40년이 되던 1985년, 당시 총리 나카소네 야스히로中曽根康弘가 총리로서는 처음으로 야스쿠니 신사를 참배한 이후 고이즈미 준이치로小泉純一郎, 아베 신조安倍晋三를 비롯한 일본 극우 정치인들이 때로는 위기 돌파용으로, 때로는 자신들의 신념을 내세우며 참배해 주변국과의 외교적 갈등을 유발하고 있다. 최근에는 이시바 시게루石破茂 총리가 참배 대신 공물을 바쳤다.

무엇보다 문제는 일본군에 강제동원된 한국인까지 야스쿠니 신사에 합사되었다는 점이다. 그 수는 무려 2만 1천 명이 넘는 것으로 알려졌다. 야스쿠니 신사에 무단으로 합사된 일부 인원의 유족이 일본 정부와 야스쿠니 신사를 상대로 2001년부터 소송을 제기해 왔지만 모두 패소했다. 일본 법원은 책임을 물을 수 있는 기간이 지났다면서 번번이 기각 결정을 내리고 있다. 또 헌법에 종교의 자유가 보장되어 있으니 신앙에 기초한 행위에 대해서 관용적이어야 한다는 논리를 펼치고 있다. 원하지도 않은 전쟁에 동원됐고, 억울하게 죽은 이후 원혼마저 일본 극우의 상징과 같은 야스쿠니 신사에 강제로 합사됐다. 이들의 넋을 누가 위로해 줄까?

정작 야스쿠니 신사에 잠들고 싶어 했던 국가공인 친일파 신태영은 사

국가공인 친일파 신태영 《경성일보》에 〈철의 신념을 붙잡아라, 첫 출전의 목표는 야스쿠니 신사〉라는 수기를 쓰기도 했던 그는 지금 서울현충원 최고 명당에 안장되어 있다.

망 후 서울현충원에 안장됐다. 개인적으로 2018년 12월 이래 현충원 투어를 포기하지 않고 이어 가는 이유가 바로 신태영 때문이다. 《경성일보》 1943년 11월 17일 자에는 '철의 신념을 붙잡아라, 첫 출전의 목표는 야스쿠니 신사'라는 제목으로 반도 출신 육군 중좌 히라야마 스케히데平山輔英가 쓴 수기가 실린다. 히라야마 스케히데는 신태영의 일본 이름이다.

이 글에서 그는 임시특별지원병제도가 도입되어 감격스러운 마음으로 일본군으로 지낸 지난 세월을 돌아본다면서, 전쟁에서 첫 출전의 목표가 야스쿠니 신사였는데 가지 못하고 살아 돌아왔다고 회고한다. 또 "오늘날 조선에서 참된 내선일체를 실현하기 위해서는 조선인들이 하루빨리 황국의 신민이 되어야 한다. (중략) 만약 어느 누구라도 군 복무나 징병을 주저한다면 용납될 수 없다"고도 말한다. 절절한 충심이 느껴진다. 신태영은 조선 청년들을 전쟁에 동원하기 위해 '임시특별지원병제도 익찬위원회'에 참여해 조선인의 병력 동원을 선전하고 선동하는 역할도 했다.

신태영(申泰英, 1891~1959)은 일본군으로 30여 년 복무했다. 그 기간 동안 그는 철저히 일본에 부역했다. 그리고 해방이 되자 대한민국 군인이 됐다. 1948년 10월 여순사건이 일어나자 자진 입대해 대령이 되었다. 일본군 중좌(중령)로 전역했던 그가 더 높은 계급을 달고 대한민국 국군의 고위 장교가 된 것이다. 동시에 육군본부 초대 행정참모부장 겸 국방부 제1국장을 맡게 된 그는 이듬해 5월 육군 준장으로 승진해 별을 달았다. 준장 승진 5개월 뒤에는 별 두 개인 육군 소장이 되었고, 제3대 육군참모총장도 맡았다.

1950년 4월, 당시 국방부장관인 신성모 등과 의견 충돌로 자진 퇴역한 그는, 두 달 뒤 한국전쟁이 발발하자 다시 전북편성관구사령관에 임명됐다. 군 경험이 전부한 이기붕이 국방부장관이 되자 이승만 대통령이 다시 신태영을 찾은 것이다. 신태영은 1952년 1월, 별 세 개 육군 중장으로 승진했다. 그해 3월 29일엔 대한민국 4대 국방부장관이 되어 이듬해 6월까지 재임했다. 이후엔 친일파 백홍석에 이어 재향군인회 3·4대 회장직을 맡았다. 1954년 국방부가 청년 단체를 해산하고 청년 중심으로 만든 민병대의 총사령관도 지냈다.

신태영은 1959년 4월 8일 68세의 나이로 사망했다. 1974년 서울현충원으로 이장돼 현재 국가공인 친일파 이응준과 함께 장군2묘역에 잠들어 있다. 장군2묘역은 서울현충원 안에서 가장 논란이 되는 장소 중 하나다. 그 아래쪽에 대한민국 임시정부 요인들과 독립운동을 하다 희생당한 애국지사 및 순국선열들의 묘역이 자리하기 때문이다. 두 묘역 사이의 거리는 직선거리로 40미터가 채 안 된다.

이는 1993년 운명한 대한민국 임시정부의 마지막 비서장 조경한 지사가 "내가 죽거든 친일파가 묻혀 있는 국립묘지가 아니라 동지들이 묻혀 있는 효창공원에 묻어 달라"는 유언을 남기고 떠난 이유이기도 하다. 하지만 조 지사의 유언은 실현되지 못했다. 조 지사가 사망했을 당시 효창공원은 용산구에서 관리하는 근린시설이었다. 김구, 윤봉길, 이봉창, 차리석 등 순국선열과 애국지사들이 묻혀 있지만 더는 무덤을 조성할 공간이 없었다. 조경한 지사는 국립묘지법에 따라 현충원에 안장됐다. 그의 무덤과 친일파 묘역까지의 거리는 직선으로 75미터에 불과하다.

신태영의 묘비에는 "개화의 선구자로 호국의 간성干城이시었다, 강직과 청렴으로 시대의 등불이었다"라는 비문이 새겨졌다. 간성은 나라를 지키는 군인이라는 뜻인데, 친일반민족행위진상규명위원회는 2009년 신태영을 국가공인 친일파로 규정했다. 앞에 적은 그의 행적들이 사유가 되었다. 그러나 신태영은 아들 신응균과 마찬가지로, 장성급 장교는 현충원에 안장한다는 국립묘지법 제5조 1항에 따라 여전히 현충원에 잠들어 있다.

고 김원웅 광복회장이 생전에 울분에 차서 내게 했던 말이 기억난다. "천

야스쿠니 신사 앞에서 일본 극우의 상징적인 공간에 있으려니 어쩐지 마음이 불안해져 안중근, 윤봉길, 이봉창 배지를 꺼내 들었다. 세 분과 함께 있는 듯해 큰 위로와 위안을 받았다.

야스쿠니 신사 경내에서 본 일본 극우주의자

황폐하 만세를 외쳤던 친일파들이 대한민국에서 가장 명당자리인 이곳에 잠들어 있다. 이런 이들을 두고 (극우 언론에서) 국민화합과 단결을 외치는데 이게 일제강점기 내선일체와 뭐가 다른가?" 야스쿠니 신사에서 신태영이 더욱 생각난 이유다.

만약 단체로 야스쿠니 신사에 가는 것이 다소 부담스럽다면 혼자 혹은 소규모 여행일 때 직접 가서 봤으면 좋겠다. 본전으로 들어가는 길목에 전쟁

유취관 내부 군인들의 사진이 벽면을 가득 채우고 있다.

박물관 격인 유취관遊就館이 있다. 자신들이 일으킨 전쟁에 정당성을 부여하기 위해 일본이 어떤 노력을 하고 있는지 확인할 수 있다. 나만 느끼는 감상이 아닌 것이, 구글 지도 리뷰를 보면 어떤 네덜란드 사람도 "정보가 매우 편향되어 있으며, 여러 부분에서 일본을 긍정적으로 보이게 하려는 수정이나 왜곡이 엿보인다. 전쟁 시기와 그 이전의 역사에 대한 반성과 성찰이 부족하다. 군인들과 제국주의 일본은 미화되어 있다"라고 감상평을 적었다. 야스쿠니 신사는 그런 의미에서 가볼 만한 곳이다.

09

대한의 영웅 안중근, 이토를 죽이다
이토 히로부미 묘

도쿄 외곽 시나가와구品川区에 자리한 이토 히로부미의 묘에 꼭 와보고 싶었다. 무엇보다 '중국 하얼빈에서 조선의 독립운동가에 저격당해 69세로 세상을 떠났다'고 적시되어 있다는 안내판을 직접 보고 싶었다. 이토 사망 후 일본 정부는 직접 특별 묘지를 조성했고 최초로 국장을 치렀다. 이 묘는 이토의 사망일인 10월 26일에만 한시적으로 개방되는, 일본 우익의 성지와도 같은 곳이다.

니시오이역西大井駅에서 나와 길을 따라 걷다 보면 철길이 나온다. 철길을 지나 주택가에 다다르면 우측에 철문이 하나 나온다. 이토의 무덤 입구다. 철문 옆에는 '대훈위 종일위 공작 이등박문 공 묘소大勳位從一位 公爵 伊藤博文公 墓所'라고 새겨진 거대한 비석이 있다. '대훈위 종일위'는 이토가 받은 가장 높은 벼슬이고, '공작'은 이토가 받은 작위, '이등박문伊藤博文'은 이토 히로부미의 한자 표기다.

알고는 있었지만 막상 굳게 닫힌 철문을 보니 아쉬움이 밀려온다. 이토 묘 우측에 자리한 니시오이 녹지공원에 가면, 철장에 가로막힌 것은 매한가지지만 그래도 좀 더 가까이 살필 수 있다. 이토의 묘에는 청록색 도리

닫힌 정문과 철망 너머로 본 이토의 묘 이토의 흉상도 보인다.

이를 중심으로 두 개의 석등이 좌우로 배치돼 있고, 여섯 단짜리 계단을 오르면 석책으로 둘러싸인 봉분이 나온다. 화려하지 않지만 그렇다고 부족함도 없다. 이른 아침 방문했는데, 관리인이 주변을 쓸고 닦으며 정리하고 있었다. 오전 내내 멈춤이 없었다. 그래서 더 안중근 장군의 허묘가 떠올랐다. 이토를 격살하고 그가 떠난 지 115년이 흘렀건만, 여전히 그가 어디에 묻혔는지조차 알지 못한다. 후인으로서 죄스럽다.

나는 2024년 8월 한 달 동안 만주에 있었다. 기자생활 13년 만에 처음으로 안식월을 쓰게 됐는데, 하얼빈과 뤼순을 다니며 안중근 장군의 마지막 행적을 추적했다. 유해조차 찾지 못한 위대한 영웅에게 술 한잔 올리고 싶은 마음이 사라지지 않아서다.

안중근(安重根, 1879~1910) 장군은 1909년 10월 26일 오전 9시 30분께 하얼빈역 승차장에서 이토 히로부미를 향해 총을 쐈다. 안중근 장군의 간절함과 운이 닿아 의거는 성공했다.

그날 오전 9시께 이토를 태운 특별 열차가 하얼빈역에 멈췄다. 이토는 러시아 재무대신 코코체프와 약 25분간 대화를 나눈 뒤, 의장대를 사열하고 각국 사절단의 인사를 받았다. 러시아군 의장대 뒤에서 대기하던 안 장군은 의장대 사이로 나와 품속에 있던 브라우닝 권총을 꺼내 열 발자국 거리 앞에 있는 이토를 향해 조준하고 첫 발을 쏘았다. 첫 발은 이토의 팔을 뚫어 가슴에 도달했고 안 장군은 두 발을 추가로 발포했다. 이토는 땅바닥에 쓰러졌고 안 장군은 혹여 다른 사람이 이토일지도 모른다는 생각에 일행 중 하얼빈 총영사 가와카미 도시히코, 궁내대신 비서관 모리 다이지로, 남만주철도 이사 다나카 세이타로에게도 총탄을 발포하여 중상을 입혔다. 의거에 성공했다고 생각한 안 장군은 러시아 군인에 의해 붙잡히는 가운데 "코레아 우라!"를 외쳤다. 대한독립 만세다.

총을 맞은 이토는 열차 내 객실로 옮겨져 응급조치를 받았지만 10시께 절명했다. 안중근 장군이 밝힌 이토를 죽인 이유는 15가지다. 1. 대한제국민 황후를 시해한 죄 2. 대한제국의 황제를 폐위시킨 죄 3. 을사늑약과 정미조약을 강제로 체결한 죄 4. 무고한 대한인들을 학살한 죄 5. 국권을 강탈한 죄 6. 철도, 광산, 산림, 천택권을 강제로 빼앗은 죄 7. 제일은행권 지폐를 강제로 사용하게 한 죄 8. 대한제국 군대를 해산시킨 죄 9. 교육을 방해한 죄 10. 대한인들의 외국유학을 금지시킨 죄 11. 교과서를 압수하여 불태운 죄 12. 대한인이 스스로 일본의 보호를 받고자 한다고 세계에 거짓말을 퍼뜨린 죄 13. 대한제국과 일본 사이에 분쟁이 쉬지 않고 살육이 끊이지 않는데, 대한제국이 태평무사한 것처럼 위로 일왕을 속인 죄 14. 동양평화를 깨뜨린 죄 15. 일왕의 아버지 태황제를 죽인 죄.

현장에서 체포된 안 장군은 하얼빈역 구내 러시아 헌병대 분소에서 러시아 검찰관의 심문을 받았고, 밤 8~9시경 일본 영사관 지하 감방에 구금되었다. 이후 11월 3일 뤼순감옥으로 이감되었다. 안중근 장군의 재판은 1910년 2월 7일부터 14일까지 뤼순의 관동도독부 지방법원에서 단 6회로 끝났다. 안중근 장군은 재판에서 자신을 테러리스트로 몰아붙이는 일본 검찰관에게 이렇게 외쳤다.

> "나는 개인 자격으로 이 일을 행한 것이 아니요. 대한의군 참모중장 자격으로 조국의 독립과 동양평화를 위해서 행한 일이니 나를 사형 피고로 다루어서는 안 되며 만국공법에 따라 처리하도록 하시오."[40]

1910년 2월 14일에 일본 재판장은 안중근에게 살인죄를 적용해 사형을 선고했다. 3월 26일에 안중근은 뤼순감옥에서 순국했다. 그의 나이 서른하나였다. 중국 정부는 안중근 장군이 사형 판결을 받은 관동법정과 뤼순감

저격당하기 직전의
이토 히로부미

옥 내 안중근 장군 순국지를 모두 기념하고 있다. 현장에서 보면 천하영웅 안중근을 어떤 마음으로 기리는지 온전히 알 수 있다. 그러나 당시 일제는 안중근 장군의 의거를 철저히 폄하했다. '이토 암살사건'이라 칭하고 안중근을 테러리스트를 뜻하는 '흉한兇漢'으로 칭했다. 또 일제는 뤼순감옥에서 안 장군의 초췌한 모습을 사진으로 찍은 뒤 엽서로 제작해 하단에 '이토공을 암살한 안중근'이라 이름 붙여 판매했다고도 전해진다.

안중근 장군의 교수형은 1910년 3월 26일 오전 10시부터 뤼순감옥 내 형장에서 집행됐다. 복수의 의미로 이토의 사망 시간에 맞춰 형을 집행한 것이다. 일본 간수들은 어머니 조마리아 여사가 보낸 하얀 수의를 입은 안중근 장군의 눈을 가렸다. 그는 2분 정도 묵도를 올린 다음 간수에게 끌려 계단을 올라 교수대에 섰다. 형이 집행된 시각은 정확히 10시 4분, 11분 뒤인 10시 15분에 안중근 장군은 절명했다. 그의 시신은 10시 20분에 입관되어 교회당으로 운구됐으며 동지 우덕순, 조도선, 유동하가 예배하게 한 뒤 오후 1시께 매장되었다.

안중근 장군 사형 당시 조선통감부 통역을 맡은 소노키 스에요시園木末喜의 〈安의 사형집행 시말보고서〉와 한국과 일본에서 발행된 신문을 보면 그가 뤼순감옥의 공동묘지에 매장되었다는 기록이 있지만, 정확한 위

> **이토의 묘 앞에서** 안중근 장군 배지를 꺼내 들었다. 안 장군에게 '늙은 늑대' 이토가 잠들어 있는 곳을 보여 드리고 싶었다.

치는 알 수 없다. 안중근 장군의 유해를 찾기 위해 대한민국 정부뿐 아니라 북한, 중국 정부도 나섰지만 2025년 현재까지도 찾지 못하고 있다. 2024년 여름 여럿이 함께 안중근 장군이 잠들었을 것으로 추정되는 뤼순 감옥 공동묘지 둥산포 언덕에 절을 하고 술을 올렸다. 안중근을 기리며 함께 애국가도 불렀다. 그의 유해를 찾아 효창원으로 모시는 일이 후인으로서의 당연한 도리이며, 대한민국을 만들고 지킨 안중근 장군에 대한 최소한의 예우다.

둥산포 언덕에 있는 '뤼순감옥 구 묘지 터' 표지석 중국 정부는 이곳을 전국 중점 문물 보호 단위로 지정했다.

안중근 장군이라 부르자!

나는 안중근을 장군이라 부른다. 처음에는 안중근 의사라 불렀다. 하지만 그의 행적을 추적할수록 '장군'이 정확한 호칭이라는 생각이 들었다. 이토를 격살하기에 앞서 안중근 장군은 1908년을 전후해, 당시 항일운동 본거지였던 러시아 연추에서 무장 독립군을 결성해 항일무력투쟁을 전개했다. 조국독립을 쟁취한다는 취지로 독립군을 조직하고 여러 차례 국내진입 작전을 펼쳐 전공을 세웠다. 안 장군 스스로도 하얼빈 의거 후 재판 과정에서 일관되게 자신의 신분을 '대한의군 참모중장 독립특파대장 안중근'이라고 당당하게 밝혔다. 자신의 신분이 군인임을 명징하게 드러내는 모습이다. 그는 무엇보다 이토의 사살이 군사작전임을 강조했다. 어찌 장군이라 칭하지 않을 수 있나. 안중근 장군에 대해 정확한 칭호가 사용되기를 바랄 뿐이다.

대한국인 안중근 장군

10
조선인의 변호인
후세 다쓰지 현창비

오시인 오위인吾是人 吾爲人. '나는 인간으로서 인간을 위해 살겠다'는 뜻이다. 이 문구가 새겨진 '후세 다쓰지 현창비'를 보고 싶었다. 비석 앞에 서서 태극기를 펼친 채, 소주라도 한잔 가득 부어 올리고 싶었다. 그것이 한국인보다 한국을 더 사랑한 일본인 독립투사 후세 다쓰지를 기릴 수 있는 나만의 방법이라 생각했다.

현창비는 이케부쿠로역池袋驛에서 도보로 5분도 안 걸리는 상재사常在寺, 조자이사 경내에 있는데, 구글 지도에 35.727056, 139.713944를 입력하면 쉽게 찾아갈 수 있다. 윤동주가 있는 릿쿄대학에 먼저 들렀다가 오느라 시간을 맞추지 못해 안까지 들어가진 못했다. 입장시간에 제한이 있다는 걸 생각했다면 이동 순서를 바꿨을 텐데, 아쉬움이 크게 일었다. 다음에 여럿이 함께 와야지, 더 깊은 마음으로 술 한잔 올려야지 하며 걸음을 돌릴 수밖에 없었다.

윤동주가 다닌 릿쿄대학과 현창비는 걸어서 15분 거리다. 시간이 받다면, 상재사에 있는 현창비 앞에서 후세 다쓰지를 먼저 기린 뒤 윤동주가 다닌 릿쿄대로 향했으면 한다. 다쓰지 현창비와 릿쿄대학을 본 다음엔 천천히 걸음을 남쪽으로 틀어 다카다노바바역高田馬場驛 인근 윤동주가 살았

메이지대학 박물관에서 만난 후세 다쓰지 소개 글
사회파·인권파 변호사로서 사회적 약자를 위한 변호 활동에 생애를 바쳤다. 묘비에는 "살아야 한다면 민중과 함께, 죽어야 한다면 민중을 위해"라고 새겨져 있다.

던 집터로 가보자. 걷기가 부담된다면 릿쿄대 인근 이케부쿠로역에서 지하철을 타도 좋다. 불과 두 정거장이다. 후세 다쓰지 현창비 – 릿쿄대학 – 윤동주의 하숙집 터 순으로 걷는 것을 추천한다.

지사들의 삶을 돌아볼 때마다 반복적으로 드는 생각은 하나다. 과연 나는 지사님들처럼 싸울 수 있었을까? 그리고 이 생각의 정점에 자리한 인물이 바로 후세 다쓰지다. 그는 서슬 퍼런 일제의 압박이 이어지는 상황에서, 일본인으로서 조선의 독립투사를 변호했다. 아무리 생각해도 쉽지 않다. 아니 쉽지 않은 정도가 아니라 만약 나라면 시도할 생각이나 해보았을까 싶다. 그런데 그는 해냈다. '나는 인간으로서 인간을 위해 살겠다'는 그의 외침이 들리는 듯하다.

노무현 정권 당시인 2004년 10월 15일 일본인으로는 처음으로 후세 다쓰지 변호사에게 대한민국 건국훈장 애족장이 추서됐다. 어떻게 이런 일이 가능했던 것일까? 그는 인권변호사이자 사회운동가로서 우리의 독립을 지지했으며, 단순한 지지를 넘어 연대하고 함께 싸웠다. 식민지 지배 하의 조선 농민과 독립운동가에게 헌신하고, 간토 대지진 당시 조선인 학살을 규탄했다.

후세 다쓰지(布施辰治, 1880~1953)는 미야기현宮城県의 한 농가에서 태어났다. 소학교를 졸업한 뒤 서당에서 공부했는데, 특히 묵자墨子의 겸애주의兼愛主義에 관심이 많았다. 1899년에 메이지대학 법대(당시에는 메이지법률학교)에 입학했고, 자신의 출세보다 조국의 현실과 미래에 대한 고민에 몰두하는 아시아 유학생들과 가깝게 지냈다. 졸업하던 1902년에 판검사 등용시험에 합격하고, 1903년 4월에 사법관시보(검사 후보)로 임명되어 우쓰노미야宇都宮 지방재판소에 부임하지만 탐욕스럽고 잔인한 직업이라며 8월에 사직했다. 이 부분이 그의 이력을 살피며 가장 눈에 띄었던 점이다. 부임하고 불과 몇 달 만에 스스로 검사직을 그만둔 것인데, '불합리한 기소'가 계기가 되었다. 생활고로 자녀와 동반 자살을 시도했다 실패한 어머니를 살인미수로 기소해야 하는 사법 현실이 불합리하고 잔인하다고 생각했던 것이다.

그리고 1905년에 변호사 일을 시작했다. 이 즈음 톨스토이에 심취했고, 사회 문제에 적극적으로 관심을 가졌다고 한다. 이후 그는 메이지대학 박물관 소개 글의 표현대로 '사회파 인권파 변호사'로 살았다. 1910년 일본이 조선을 병합하자 1911년에 〈조선 독립운동에 경의를 표한다朝鮮独立運動に敬意を表す〉라는 글을 발표해 검사국의 조사를 받기도 했다. 1919년 2·8독립선언을 이끌었던 최팔용과 송계백을 변호한 것을 시작으로, 1923년에 영화 〈밀정〉의 실제 주인공인 의열단원 김시현과 황옥을 변호했고, 1924년에는 도쿄 왕궁 앞 이중교 폭탄 의거의 주인공 의열단원 김지섭의

임차인 동맹에서 연설하는 후세 다쓰지
그는 1920년대 초 임차인 동맹을 창립하고, 임차인들의 권익 보호와 법률 지식 보급을 위해 지속적으로 연설회를 개최했다.

변호도 맡았다. 1925년에는 대역죄로 사형 선고를 받은 박열과 그의 일본인 아내 가네코 후미코의 변호를 맡았다. 두 사람은 1924년에 일왕을 폭살할 계획을 세우다가 검거됐지만 후세 다쓰지는 두 사람의 무죄를 주장했다. 무엇보다 그는 두 사람이 무기징역으로 감형된 뒤 옥중 결혼 수속을 대신 해주기도 했다. 가네코 후미코가 1926년 7월 23일 스물셋 나이로 옥중에서 의문사하자 그녀의 유골을 수습해 박열의 고향인 경상북도 문경에 안장할 정도로 마음을 썼다. 박열은 22년 2개월 동안 복역한 끝에 해방 후인 1945년 10월 27일 석방되었다. 2018년 우리 정부는 가네코 후미코에게 애국장을 추서했다(이로써 일본인 건국훈장 수훈자가 두 명이 되었다).

그는 1927년 조선공산당 활동으로 체포된 권오설 등이 일본 경찰의 고문 만행을 폭로하고 고소할 때 도움을 주기도 했고, 1932년 일본공산당 탄압이 거세던 도중에 법정에서 공산당 탄압을 강력하게 비판해 법정 모독으로 징계를 받아 변호사 자격을 박탈당하기도 했다. 그는 일제의 폭압적 식민 지배에 맞서 조선의 독립운동가들을 변호했을 뿐 아니라, 일본 내 사회주의자, 노동운동가, 공산주의자들을 옹호하고 변호했다. 그 과정에서 수감되기도 하고 변호사 자격을 박탈당했다가 회복한 일도 있었다. 그의 아들 또한 치안유지법 위반으로 옥사했다.

1939년에는 치안유지법 위반으로 변호사 자격이 아예 말소되었다. 변호사 일을 할 수 없어 생계가 어려울 때는 조선인이 그를 돕기도 했다. 1945년 일본의 패전 후 변호사 자격을 회복한 뒤에는, 도쿄 조선 고등학교 사건 등 재일한국인 사건 및 노동운동에 대한 변호를 지속적으로 맡았다. 그는 1953년 9월 13일 대장암으로 사망했다. 그의 인생에서 인간은 조선인, 일본인, 중국인, 서양인을 불문하고 차별이 없었다. 유산자와 무산자도 평등했다. 그가 사망하고 얼마 뒤 조선인 유학생들은 2·8독립운동의 현장 도쿄 히비야 공원에서 그의 추모식을 열었다.

그의 현창비 앞에 마음을 담아 술 한잔 올렸으면 좋겠다. 미야기현에 있는 그의 생가에서 직선으로 약 1.5킬로미터 떨어진 아케보노미나미曙南에 그를 기리는 또 다른 현창비가 있는데, '후세 다쓰지 현창비'로 검색하면 주로 이 현창비가 나온다. 이 현창비에는 그의 삶의 궤적이 온전히 담긴 글귀가 새겨져 있다.

"살아야 한다면 민중과 함께, 죽어야 한다면 민중을 위해"

11
윤동주의 마지막 시가 쓰인 곳
릿쿄대학과 윤동주 하숙집 터

윤동주가 다닌 릿쿄대학, 솔직히 큰 기대를 하지 않았다. 한 학기밖에 다니지 않았고, 무엇보다 윤동주의 직접적인 흔적이 교내 어디에도 남아 있지 않다고 들었기 때문이다. 하지만 착각이었다. 캠퍼스에서 걷는 걸음마다 이곳에서 수업을 듣고 시를 쓰고, 그 시들을 릿쿄대학 마크가 찍힌 편지지에 써서 강처중에게 보냈을 윤동주가 떠올랐다. 소중한 시들을 다섯 편이나 쓴 이곳에서 보낸 반년이 그의 삶에서 얼마나 중요

윤동주가 오갔을
릿쿄대학 정문

한 시간이었는지 온전히 느낄 수 있었다.

1942년 4월, 윤동주는 일본 도쿄에 위치한 릿쿄대학 영문과에 입학한다. 릿쿄대학은 성공회 계열의 미션스쿨로, 지금도 상당한 명문 사립대학으로 손에 꼽힌다. 친구이자 동지, 동시에 가족인 송몽규와 함께 교토제국대학에 다니고 싶었지만, 시험에 떨어진 윤동주는 홀로 도쿄로 향할 수밖에 없었다. 그렇게 그는 전쟁의 광풍이 몰아치던 시기 도쿄 한복판에 위치한 릿쿄대학을 다니게 된다. 이 시기에 윤동주는 머리를 빡빡 깎았다. 군사적 분위기가 고조되고 교련 수업이 강화되던 시기이니만큼 학교 측의 방침 때문이었을 것이다. 영화 〈동주〉는 교련 수업을 거부하는 윤동주를 일본 군인이 삭발하는 것으로 이를 표현한다.

윤동주는 이 시기 다섯 편의 시를 남긴다. 그가 남긴 시에는 릿쿄대의 추억이 온전히 담겨 있다. 대표적인 것이 1942년 6월 3일 작 〈쉽게 씌어진 시〉다.

창밖에 밤비가 속살거려
육첩방은 남의 나라,

시인이란 슬픈 천명인 줄 알면서도
한 줄 시를 적어 볼까,

땀내와 사랑내 포근히 품긴
보내 주신 학비 봉투를 받아

대학 노트를 끼고
늙은 교수의 강의 들으러 간다.

생각해 보면 어린 때 동무를
하나, 둘, 죄다 잃어버리고

나는 무얼 바라
나는 다만, 홀로 침전하는 것일까?

인생은 살기 어렵다는데
시가 이렇게 쉽게 씌어지는 것은
부끄러운 일이다.

육첩방은 남의 나라,
창밖에 밤비가 속살거리는데,

등불을 밝혀 어둠을 조금 내몰고,
시대처럼 올 아침을 기다리는 최후의 나,

나는 나에게 작은 손을 내밀어
눈물과 위안으로 잡는 최초의 악수.

〈쉽게 씌어진 시〉에 등장하는 '늙은 교수'는 동양철학사를 가르친 우노 데쓰토宇野哲人 교수라고 전해진다. 우노 교수는 일본 동양철학계의 거목이자 도쿄제국대학의 명예교수로, 당시 릿쿄대학에 초빙교수로 있었다고 한다. 윤동주가 동양철학사를 들은 교실은 릿쿄대 정문에서 보이는 붉은색 벽돌이 도드라진 건물 1층에 있는 1104호다. 아직도 그 교실이 남아 있어서, 내가 릿쿄대를 방문했을 때에도 80여 년 전 윤동주가 수업을 들었을

윤동주가 수업을 들었던 건물과 강의실
1104호 강의실은 여전히 그 자리에 있다.

그때처럼 그 교실에서 수업이 이뤄지고 있었다. 릿쿄대 본관 건물과 채플, 제1식당 등이 모두 윤동주가 릿쿄대를 다니던 시절부터 지금까지 그 자리를 지키고 있는 건물들이다.

  윤동주는 짧은 한 학기를 보냈을 뿐이지만 릿쿄대가 생각보다 더 푸근했던 이유는 그가 다니던 시절에도 있던 공간들이 여전히 남아 있었기 때문이다. 가을께 마주한 캠퍼스의 은행나무는 탄성이 절로 나올 정도로 아름다웠다. 그가 떠나던 무렵 캠퍼스의 풍광도 이랬을까? 시간이 된다면 정문 좌측에 자리한 릿쿄대 전시관도 살폈으면 좋겠다. 그 시절에는 도서관으로 쓰이던 건물인데, 지금은 전시관이 되었다. 릿쿄대 전시관에 윤동주와 관련된 전시물이 있다고 들었지만 현장에서는 발견하지 못했다. 다만 특별전 형태로 윤동주와 관련된 전시가 열린다고 하니 참고하자.

릿쿄대 캠퍼스를 차분하게 걸었다면 윤동주가 생활했던 하숙집 터로 향해 보자. 송우혜 선생의 《윤동주 평전》에 문익환 목사가 윤동주의 도쿄 하숙집에 갔던 기억을 회고하는 대목이 나온다. 윤동주가 교토로 이사하려고 준비하려던 무렵이었다. 문익환 목사는 윤동주의 친구였고 훗날 〈윤동주야〉라는 시를 쓰기도 했다.

"그 집은 이층집이었고, 동주의 방도 이층에 있었다. 6조(다다미 6장짜리 방)이었던 것으로 기억한다. 동주는 내가 갔을 때 경도(교토)로 옮겨가려고 이삿짐을 싸고 있었다."[41]

윤동주의 도쿄 하숙집은 두 곳으로 확인된다. 한 곳은 다카다노바바역 인근으로, 지금은 도쿄 디자인테크놀로지센터 전문학교가 들어선 자리다. 좁은 골목길 안쪽에 자리해 있다. 그리고 그곳에서 도보로 5분 거리에 있는 일본점자도서관 자리가 윤동주의 두 번째 하숙집 터다. 이곳에서 〈쉽게 씌어진 시〉에 등장하는 "창밖에 밤비가 속살거려 육첩방은 남의 나라" 시구가 완성된다.

반가운 소식은 도쿄 릿쿄대학에서도 교토 도시샤대학처럼 윤동주를 기억하려는 움직임이 이어지고 있다는 점이다. 2025년 3월 1일 자 《중앙일보》에 따르면, 올 가을 릿쿄대학은 교정에 윤동주 기념비를 세우기로 했다고 한다. 니시하라 렌타 릿쿄대 총장은 기념비를 세우는 이유에 대해 윤동주의 순국 80주년을 언급하며 "윤동주 시인에게 명예박사 학위를 수여한 도시샤대와 함께 평화의 메시지를 전하고 한·일 양국 간 우호의 상징으로 기여할 수 있다고 생각했다. 윤동주 작품을 통해 윤동주의 세계관과 문학관을 학생들이 알기를 바란다"고 밝혔다. 릿쿄대학은 15년째 꾸준히 한국인 유학생에게 '윤동주 장학금'을 수여하고 있다. 또 그의 기일에 맞춰 추도예배를 진행하는데, 그 노력이 기념비라는 결실로 이어졌다고 본다. 물론 내 개인으로서는 시인 윤동주가 걸었을 그 교정을 다시 한번 방문해야 할 핑곗거리가 생겼다는 사실이 더 기쁘다. 여럿이 함께 그곳을 찾아 시인 동주를 생각하며 술 한잔 올리고 싶다.

윤동주가 살았던 하숙집 터 골목 길 끝에 있는 도쿄 디자인테크놀로지센터 전문학교 자리다.

윤동주가 살았던 하숙집 터 지금은 일본점자도서관이 된 이 자리에서 '육첩방은 남의 나라' 시구가 완성되었다.

12
신간회 도쿄지회 창립지 와세다대학 스코트홀

윤동주의 하숙집에서 와세다대학으로 걸어왔다. 스코트홀로 가니 창 너머로 피아노 소리가 들려왔다. 소리에 이끌려 문을 열고 안쪽으로 들어가 보려 했으나 선뜻 용기가 나지 않았다. 혹여 연주에 방해가 될까 싶기도 하고, 무슨 일로 왔느냐고 물으면 "이곳에서 우리 독립투사들이 신간회를 만들었다"라며 길게 설명할 자신도 없었다. 스코트홀 앞쪽에 자리한, 세 개의 나무 벤치 중 하나에 앉아 잔잔히 전해지는 피아노 소리에 맞춰 100년 전 이곳에서 활동했던 신간회 도쿄지회를 떠올렸을 뿐이다.

신간회는 3·1혁명 후 일제의 압박이 거세진 1920년대에 독립투쟁의 새로운 방안을 모색하고 난국을 돌파하기 위해 독립투쟁의 선봉에 선 여러 세력이 머리를 맞대고 만든 결과다. 1927년 2월 15일 종로 기독교청년회관에서 창립대회가 열렸다. 월남 이상재가 회장, 벽초 홍명희가 부회장으로 선출됐다. 강령으로 "우리는 정치적·경제적 각성을 촉진한다. 우리는 단결을 공고히 한다. 우리는 기회주의를 일체 부인한다"를 채택했다. 신간회는, 독립운동의 큰 축인 민족주의 진영과 사회주의 진영이 연합해 만든

신간회 도쿄지회 창립지
와세다대학 스코트홀

일제강점기 최대 규모의 항일운동 단체였다.

신간회 도쿄지회는 이러한 흐름 속에 탄생했다. 1927년 5월 7일 민족주의자 조헌영(청록파 시인 조지훈의 부친), 전진한 등을 중심으로 공산주의자 강소천, 한림 등이 연대하여 바로 이곳 와세다대학 스코트홀에서 창립됐다. 회원은 1929년께 250~350여 명에 달한 것으로 전해진다. 신간회 도쿄지회는 조선총독 폭압정치 반대투쟁을 비롯하여 간토 대지진으로 학살된 동포 추도회, 국치일기념 항의투쟁 등을 전개했다. 또 1928년 8월 29일 국치일에는 조선공산당 일본총국 등과 함께 "전민족적 대중투쟁을 통하여 신간회를 확립하자. 조선총독을 타도하자. 조선민족해방 만세" 등의 전단을 살포하며 대시위를 전개했다. 이 일로 지회장 김동훈 등 간부 2명이 체포됐다고 한다.

여기서 잠깐 최린이라는 인물에 대해서 알아보자. 최린(崔麟, 1878~1958)은 3·1혁명의 주역 중 하나였으나 결국 민족을 저버렸고, 결과적으로 신간회 창립에 결정적인 계기가 된 인물이다. 그는 보성학교의 교장이자 천도교의 대표 중 한 명으로, 3·1혁명을 기획하고 주도해 3년 형을 받았지만 1921년 12월 가출옥(가석방)으로 풀려났다. 이때 최린의 가석방을 주선한 것이 바로 총독의 정치자문을 맡고 있던 아베 미쓰이에였다. 아베는 3·1혁명의 주도 세력인 천도교가 분열해야 일제 통치가 효과적으로 이루어질 수 있다고 보았고, 그들을 분열시킬 선봉장으로 최린을 택했다.

가석방된 최린은 천도교를 이끌던 손병희가 1922년 사망하자 '혁신'을 운운하며 그 자리를 노렸다. 이로 인해 천도교 내부에선 기존 체제를 유지하자는 '구파'와 최린으로 대표되는 '신파'가 대립했다. 그리고 최린은 자치운동을 추진했다. 말이 좋아 자치운동이지, 강도 일본을 상대로 자신의 권력을 유지하기 위한 공간을 마련해 달라는 구걸이었다. 독립이 현실적으로 불가능하다고 전제하고, 일제와 타협함으로써 조선 자치를 추구한 것이었다. 그러나 처음부터 조선을 일본의 지방 중 하나로 관리 통치하고자 했던 일제는 최린의 자치론에 관심이 없었다. 자치론이 불가하다는 것을 깨달은 최린은 1930년대 이후 더욱 노골적인 친일 활동에 나서기 시작하고, 이는 해방 때까지 계속된다.

최린의 활동에 기존 민족운동 세력은 대응책을 마련하고자 했고, 그 의지가 신간회라는 결과로 이어졌다. 독립협회의 주요 멤버이자, 일제강점기 내내 조선기독교청년회 전국연합회 등을 조직해 기독교 중심의 독립투쟁을 이끈 충남 서천 출신 월남 이상재(李商在, 1850~1927)가 신간회 회장으로 추대됐다. 하지만 그는 뜻을 펼쳐 보기도 전인 1927년 3월 29일 눈을 감았다. 이후 신간회는 해산되기 직전까지 초대 회장 이상재의 뜻을 이어받아 지회들을 중심으로 적극적인 계몽운동을 전개했다. 특히 당대에 만연했던 미신과 조혼, 매춘, 아편 문제 등의 이슈를 정면으로 다뤘다.

그러나 1929년 11월 3일 광주학생운동이 발발하자 일제는 이를 핑계로 신간회 회원 44명을 검거했다. 그러자 이에 대한 책임 소재 등을 따지며 신간회 내부에서 누적된 이념 갈등이 폭발했다. 1931년 5월 16일, 전국대회에서 '해소안'이 통과되면서 결국 신간회는 해체됐다. 도쿄지회 역시 특별한 활동을 잇지 못하고 역사의 뒤안길로 사라졌다.

신간회 도쿄지회는 사라졌지만 창립지인 와세다대학 스코트홀은 여전히 그 자리에 있다. 스코트홀은 1918년 와세다 봉사단의 스코트 부인이 남편을 기념하기 위해 기증한 건물로, 도쿄 대공습 때 지붕 일부가 파괴된 것을 수리해 현재의 모습이 됐다. 어떤 장소에서 누군가를 오래도록 기억하는 방법은 간단하다. 징표가 있으면 된다. 학교 측과 협의해 스코트홀 한편에 우리 지사들을 위한 작은 표지석 하나 세우면 어떨까? 표지석만 있다면, 지사들을 기억하는 후인들이 혼자든 둘이든 여럿이든 언제라도 찾아와 조용히 술 한잔 올릴 수 있다.

13
이곳을 기억하자
여성들의 전쟁과 평화 자료관

와세다대학 스코트홀에서 도보 1분 거리에는 '여성들의 전쟁과 평화 자료관WAM'이 있다. 솔직히 이런 귀한 곳이 있는지 몰랐다. 스코트홀 앞에서 의자에 앉아 구글 지도를 보며 다음 행선지로 가는 경로를 살피는데, 바로 옆 건물이 'Women's Active Museum on War and Peace'라고 나오는 게 아닌가. 그 이름을 보고 이끌리듯 걸어 들어갔다.

결론부터 말하면 너무나도 귀한 곳이다. 일본의 심장 도쿄에 위안부 문

여성들의 전쟁과 평화 자료관
우연히 발견한 귀한 곳이다.

| **자료관 입구** 입구에서부터 전시 성폭력 피해자들의 목소리를 기억하고 기록하는 곳임을 알 수 있다.

제를 비롯해 전시 성폭력 사안을 이토록 진지하게 다루고 있는 자료관이 있다는 사실이 그저 놀라울 뿐이다.

전시관에 들어가면, 입구부터 여러 피해자들의 얼굴이 새겨진 벽이 관람객을 맞이한다. 이곳의 기록은 무엇보다 전시 성폭력 피해자들의 목소리를 기억하기 위한 것이다. 이를 바탕으로 이들은 일본군 '위안부' 제도와 관련된 일본 정부의 책임 문제를 꾸짖고 있다. 그 과정에서 투사가 된 피해 여성들의 노력도 세세하게 기록해 전시하고 있다. 가해자였던 일본군 남성의 양심고백 또한 놓쳐서는 안 되는 포인트다. 시간을 내어 꼭 가 봤으면 하는 바람이다.

다만 하나, 시간을 잘 맞춰야 한다. 휴관일이 많고 길다. 웹사이트에 안내된 내용에 따르면 운영 시간은 금, 토, 일, 월 오후 1시부터 6시까지다. 화, 수, 목, 일본 공휴일은 휴관일이다. 나는 월요일 낮 12시 30분께 갔는데, 30분을 기다린 뒤 입장했다. 입장료는 18세 이상은 500엔, 13~17세는 300엔, 12세 이하는 무료다.

사람에 따라 '패널만 전시한 걸 왜 이렇게 비싸게 받아'라고 생각할 수도 있다. 다만 생각을 조금만 달리해 보자. 일본의 심장인 도쿄에서 이곳은 일본군 위안부 피해자의 목소리를 정면으로 다루고 있다. 이곳을 지키는 이들의 용기와 노력에 우선 찬사를 보낼 수밖에 없다. 스코트홀과 전시관을 찾아 와세다대학 캠퍼스를 걸어 보는 것도 또 다른 귀한 경험이 될 것이다.

14
의열단원 김시현이 꿈을 키운 곳 메이지대학 법대

그대 김시현이라는 독립투사를 들어봤는가? 안동 김씨 태생으로 집안 좋고, 얼굴도 잘생긴 청년이었다. 일제강점기 당시 조금만 고개를 숙이고, 약간만 눈을 감고 살았다면, 일생을 떵떵거리며 남부럽지 않게 호의호식할 수 있었다는 의미다. 하지만 그는 그러지 않았다. 일생을 독립투사로 살며, 조국의 독립을 위해 싸우고, 싸우고 또 싸웠다. 광복 후에는 이승만이 독재를 일삼자, 늙은 몸을 붙잡고 다시 총을 들고 맞섰다. 한마디로 조국의 광복과 민주화에 일생을 바쳤던 인물이다. 스스로도 "내 섭생(직업)은 독립운동가"라 말할 정도였다.

경북 안동에서 태어난 김시현(金始顯, 1883~1966)은 1911년 스물아홉 나이에 일본 최고의 명문대학 중 하나인 메이지대학 법대에 입학했다. 그보다 앞서 이곳을 다녔던 후세 다쓰지는 훗날 그를 변호하기도 한다. 김시현은 졸업 후 1917년에 귀국했고 1919년 3·1운동이 발발하자 독립운동에 가담한다. 그러다 상주헌병대에 붙잡히고 이때부터 1945년 광복할 때까지 '독립운동-체포-투옥-석방-독립운동'이 반복되는 삶을 26년간 이어 간다. 그 기간 동안 일제의 감옥에서 보낸 시간이 십수 년이다.

도쿄까지 왔는데, 김시현의 자취가 남은 메이지대학을 어찌 찾지 않을 수 있나. 그런데 메이지대학 스루가다이駿河台 캠퍼스를 보고 많이 놀랐다. 이렇게도 캠퍼스가 만들어질 수 있다니! 메이지대학 120주년 기념으로 1998년에 준공한 '리버티타워'가 캠퍼스의 중심이 돼 자리해 있었다. 120미터짜리 거대한 건물이 말 그대로 압도적 존재감을 내뿜는다. 김시현이 다니던 시기의 본관이나 강당의 흔적은 어디서도 찾을 수 없고, 졸업생들은 '과거의 흔적을 찾을 수 없다'며 아쉬워하지만 재학생들의 평가를 보니 대부분 나쁘지 않다. 일반인에게도 개방하는 학생식당은 17층에 위치해 있어 대단한 전망을 자랑한다.

옆 건물 지하에 위치한 메이지대학 박물관도 인상적이다. 단두대를 포함해 사형 도구들과 고문 도구가 전시되어 있다. 에도 시대의 고문과 처형에 대한 방법들도 설명되어 있다. 또한 고대의 전시 역시 훌륭하다. 메이지대학이 법학뿐 아니라 고고학 관련해서도 상당한 자신감을 가지고 있다는 걸 전시물을 통해서 확인할 수 있다. 다만 김시현을 비롯해 메이지대학 출신 한국 독립투사들의 흔적이 남아 있었다면 얼마나 좋았을까 하는 아쉬움이 인다. 그래도 후세 다쓰지에 관한 기록은 볼 수 있었는데, 앞(295쪽)에서 본 사진이 메이지대학 박물관에서 찍은 것이다. 후세는 김시현이 입학하기 9년 전

압도적 존재감을 내뿜는 메이지대학 리버티타워

김시현 지사가 다녔을 당시 학교 모습 메이지대학 박물관에 옛날 사진 자료가 있다.

메이지대학 박물관 메이지대학 스루가다이 캠퍼스에 있다. 법학·상업학·고고학 분야의 상설전시와 기획전을 하는데, 꽤 인상적이었다.

인 1902년에 이곳을 졸업했고, 1923년 의열단 폭탄반입 사건으로 체포, 기소된 김시현의 변호를 맡기도 했다. 메이지대학 출신 독립투사로는 김시현 지사를 비롯해 임시정부의 핵심 요원으로 활동한 윤현진 지사·이규홍 지사·서상한 지사, 그리고 우리 헌법을 기초한 조소앙 지사가 있다.

영화에서처럼 김시현은 1923년 초 독립운동사상 최대 규모의 무기 밀반입 거사를 준비한다. 총독부 등 식민통치기관 파괴가 목적이었다. 목숨을 걸고 무기를 국내에 들여왔지만 거사를 진행하기도 전에 체포된다. 밀정에 의해 정보가 누출되었기 때문이었다. 영화 〈밀정〉에서는 황옥 경부를 이중 밀정으로 표현해서 이야기를 풀어 가지만, 이 밀정이 누구였는지는 아직도 정확히 알 수 없다.

다만 김시현 지사는 해방 후 남긴 기록에서 황옥 경부를 진정한 독립운동가라고 평가했다. 김원봉은 황옥이 스스로 밀정이라고 털어놓아 세상의 비난을 자초한 것은 의열단의 비밀을 지키기 위해서였다고 말했다.[42] 이 사건을 주도하고 이끈 두 사람, 김시현 지사와 황옥 경부는 여전히 대한민국 정부로부터 서훈받지 못하고 있다. 김시현 지사는 한국전쟁 중 발생한 '이승만 저격 미수사건'의 주범이라는 이유로, 일제의 경찰이었지만 목숨 걸고 의열단을 지원했던 황옥 경부는 밀정인지 독립투사인지가 불분명하다는 이유로 배제됐다. 김시현과 황옥 경부에 대한 평가는 후인들이 반드시 바로잡아야 할 지점이다.

김 지사는 이때 체포되어 10년형을 선고받고 1929년 출소했다. 선생은 곧바로 중국 만주로 망명해 독립군양성소 설립을 추진하지만, 이번에는 중국 관헌에 체포돼 고초를 겪는다. 이후 중국 본토로 이동해 약산을 다시 만나 의열단원으로서 재결합하고, 1932년 의열단이 난징에 조선혁명군사징치간부학교를 설립하자 베이징에서 희생을 모집하며 배신자를 처단하는 활동을 이어 갔다. 그의 손에 이끌려 조선혁명군사정치간부학교에 입학한 이가 〈광야〉와 〈청포도〉의 주인공, 시인 이육사다. 두 사람은 모두 안동 출신이다.

김 지사는 후배들을 양성하고 밀정을 처단하는 과정에서 다시 한번 일제에 체포돼 징역 5년형을 선고받고 나가사키 형무소에 수감되었다가 1939년 출옥했다. 이듬해인 1940년에는 다시 베이징으로 건너가 독립운동을 하다가 1941년 다시 체포돼 일본영사관 구치감에서 1년간 미결수로 생활했다. 이후 병보석으로 겨우 풀려나 베이징으로 탈출해 항일민족전선군을 조직하려 했으나 1944년 베이징 헌병대에 다시 체포돼 수감생활을 했다. 그리고 1945년 해방과 동시에 자유의 몸이 됐다. 그때 그의 나이는 이미 환갑을 넘긴 예순셋이었다.

김시현은 해방 직후 재일 및 재중 동포들을 위한 활동을 이어 갔다. 그러면서 조선독립운동사 편찬 발기인으로도 활동하고, 의열단 동지이자 일본의 심장 도쿄에 폭탄을 던졌던 김지섭 의사의 사회장 장의집행위원장을 맡기도 했다. 1947년 민족자주연맹과 좌우합작위원회에 각각 중앙위원과 확대추가위원으로 가입했고, 1950년 제2대 민의원 선거에 고향 안동에서 민주국민당 후보로 출마해 당선됐다.

황옥 경부와 김시현 지사

그리고 1952년 6월 25일이 됐다. 임시수도 부산에서 '6·25 2주년 기념 및 북진촉구 시민대회'가 열리고 있었다. 오전 11시께 이승만 대통령의 연설이 중간쯤에 이르렀을 무렵, 단상 귀빈석에 앉아 있던 양복 차림의 한 노인이 갑자기 연단을 향해 뛰어 나가며 이 대통령의 등을 향해 권총을 겨누고 방아쇠를 당겼다. 총알은 발사되지 않았다. 노인은 현장에서 체포됐다. 그는 대구 출신 의열단원 류시태(柳時泰, 1890~1965)였다. 다음날인 6월 26일 당시 이범석 내무장관은 류씨의 배후인물로 의열단 출신 국회의원 김시현을 체포했다. 당시 선생의 나이는 칠순에 달했다.

1952년에 있을 제2대 대통령선거를 앞두고 이승만 대통령은 1951년 대통령직선제 개헌안을 국회에 제출했다. 그러나 1952년 1월 절대 다수의 반대로 부결되자 이승만은 백골단 등 폭력조직과 관제 데모대를 동원해 연일 시위를 벌였다. 같은 해 7월에는 국회의원을 연금하고 테러를 벌여 이미 부결된 대통령직선제를 골자로 한 '발췌개헌안'을 끝내 통과시켰다.

이에 앞서 1949년 6월에는 반민특위 특별경찰대를 강제해산시켜 사실상 기능을 상실하게 만들었고 반민특위는 그 해 10월에 완전히 해체됐다. 당시 선생은 "민족을 버리고 간 놈이 무슨 대통령이냐, 역적"이라면서 "처단해야 한다"는 말을 입버릇처럼 했다고 전해진다. 그리고 몇 해 뒤 노구의 의열단원은 결국 이 일을 결행했던 것이다. 이로 인해 김시현은 무기징역을 선고받고 다시 감옥에 갔다가, 8년 뒤인 1960년 4·19혁명 이후에야 석방되었다. 그의 나이 일흔여덟이었다.

김시현은 1966년 서울 불광동 자택에서 향년 84세를 일기로 사망했다. 그의 말년은 가난의 연속이었다. 1964년 6월 24일 《동아일보》에 '가난에 허덕이는 독립투사 옥고 30년 팔순의 김시현옹'이라는 제목으로 실린 기사를 보자.

"의열단 국내 책임자의 한 사람으로 독립운동을 벌였던 김시현 (82)옹이 심한 생활고에 빠져 있다. (중략) 불광동 산비탈 단칸 방 두 개를 전세 들어 팔 식구가 살고 있으나 이달 말 그 셋방마 저 내놓게 되었다. 김옹은 1923년 폭탄을 갖고 상하이에서 국내 에 들어왔다가 일본 관헌에 잡혀 1년간 투옥된 것을 비롯, 전후 삼회 17년간, 그리고 8.15 이후엔 52년 6월 이승만 박사 저격사 건에 관련되어 9년, 합쳐 약 30년 동안 옥고를 겪었다. 무상배급 밀가루(한 달에 52킬로)로 연명하는 (중략) 기거가 부자유해 누워 서 지낸다는 김옹은 '아직 정부의 별다른 혜택을 받은 건 없으 나 오는 8월쯤 원호대상에 든다는 소문을 들었다'고 그날만 기 다리고 있다."**43**

기사에는 이웃 주민의 말도 인용되어 있다. "노인이 세 끼를 밀가루 음식을 드시니 보기 민망스럽다. 독립운동자의 말로가 이렇다면 누가 민족을 위해 일하겠는가?" 원호 대상에 들 것이라 기대했던 선생은 현재까지도 독립유공자로 인정받지 못하고 있다. 일생을 조국의 독립과 민주화를 위해 싸운 인물이건만 이승만 대통령 저격 미수 사건의 관련자라는 이유로 번번이 서훈 심사에서 탈락했다. 상훈법 제8조에 "사형, 무기 또는 1년 이상의 징역이나 금고의 형을 선고받고 그 형이 확정된 경우에는 서훈이 취소된다"고 명시되어 있기 때문이다. 이후 선생의 후손이 수차례 보훈처에 서훈을 요청했지만, 선생에 대한 심사는 통과되지 않았다.

부인 권애라 지사(權愛羅, 1897~1973)는 김 지사가 작고하고 7년 뒤인 1973년에 사망했다. 권 지사는 1919년 3월 1일 유치원 교사로 근무하며 독립만세운동을 주도해 서대문형무소에 수감되었고, 이화학당 후배 유관순과 함께 수감생활을 했다. 출소 후 중국 상하이로 건너가 1922년 모스

권애라 지사와 김시현 지사가
베이징에서 함께 찍은 사진

크바 극동민족대회에서 김시현을 만나 불꽃같은 연애를 한 뒤 결혼한다. 김시현은 아내 권애라를 평생토록 '동지'라고 불렀다. 마지막 가는 길에도 "권 동지, 미안하오. 내가 조국독립을 위해 몸바쳐 투쟁했는데 반쪽 독립 밖에 이룩하지 못했소. 남은 생을 조국통일 사업에 이바지해 주오"라는 말을 유언으로 남겼다.

권애라 지사는 1990년에야 서훈됐고 1995년 10월 국립대전현충원 독립유공자 2묘역 464번 무덤에 안장됐다. 김시현 지사는 앞서 말한 이유로 합장되지 못했다. 그의 묘는 경북 예천군 호명읍 직산리 야산에 위치해 있다. 2021년 그의 묘를 발견한 후 매년 찾아 술 한잔 올리고 있다.

15
도쿄 한복판의 조선인 희생자비
요코아미초 공원과
도쿄도 부흥기념관

JR 소부선 료고쿠역兩国駅 서쪽 출구에서 1분 거리인 요코아미초橫網町 공원에 갔다. 요코아미초 공원은 간토 대지진 당시 희생자들을 위해 1930년에 위령당을 건립하면서 조성된 추모공원이다. 이후 1945년 도쿄대공습의 희생자 위령 시설도 들어섰고, 1973년에는 조선인 추도비가 세워졌다.

'추도追悼, 간토 대지진 조선인 희생자関東大震災 朝鮮人 犧牲者'라 새겨진 비석이 있다. 누가 먼저 왔다 갔는지 500밀리리터 물병 하나와 생화 한 단이 놓여 있다. 누군가 마음을 두고 간 흔적이기에 감히 치울 수 없어 아래쪽에 태극기를 펼쳤다. 그 위에 대한독립이라 새겨진 유기잔을 꺼내 한국 소주를 따랐다. 이번에도 정확히 일곱 잔이다. 한 잔 따르고 또 한 잔 따르고, 절하고 또 절하고, 그러기를 일곱 번 했다. 이렇게나마 1923년 간토 대지진 후 유언비어로 학살된 조선인들에게 위로가 될 수 있을까? 알 수 없다. 후인으로서 마음을 다할 뿐. 술을 따르고 절하기를 반복하니, 뒤에서 가만히 서 있던 남성이 말을 건다. 한국인이냐고. 그렇다고 하니, 알았다면서 자리를 떠난다. 우호적인 시선은 아니었다.

요코아미초 공원

요코아미초 공원에 있는
조선인 희생자 추도비

    2023년 9월 1일, 간토 대학살 100주년을 맞아 이곳 추도비 앞에서 간토 대학살 추모 단체들과 일본 시민 수백여 명이 추도식을 열었다. 같은 시각 일본 극우 단체 '소요카제'가 추도비 앞에서 '진실의 위령제' 집회를 열겠다며 진입을 시도했다. 소요카제 관계자들은 "조선인 희생자가 6000명가량이라는 추산은 허위"라며 추모 단체들을 비난했다. 이들은 2019년에도 "대지진 당시 조선인들이 일본인들의 가족을 죽이고 집을 태웠으며, 여자아이를 강간했다"는 말도 안 되는 낭설을 퍼트린 전력이 있다.[44] 시간이 흘러 100주년을 맞이한 순간에도 일본의 극우 세력은 추모 단체와 충돌을 일으켰다. 그 남성의 시선이 곱지 않았던 것은 이런 영향 때문이 아닐까?

1923년 9월 1일 오전 11시 58분 일본 수도권인 도쿄·가나가와·지바 등에 추정 규모 7.9 대지진이 발생했다. 이로 인해 10만 5000여 명이 사망하거나 행방불명되었고, 주거지를 잃은 사람은 200만 명이 넘었다. 일본에서는 이 날을 '방재의 날'로 지정해 전국적으로 방재 훈련을 실시한다. 그만큼 간토 대지진은 충격이 큰 일이었다. 그러나 간토 대지진 당시 일어난 조선인 학살 또한 큰 충격과 상처라는 것은 부인할 수 없는 진실이다.

일본 내각부 중앙방재회의 산하 '재해교훈의 계승에 관한 전문 조사회'는 《1923 간토 대지진 보고서》를 작성해 발표했다. 그중 2009년에 발표된 보고서(2편)는 지진 직후 사람들의 반응을 다룬다. 다음은 4장 2절 〈살상사건 발생〉 중 한 부분이다.

> "당시에 관헌, 이재민, 주변 주민에 의한 살상 행위가 다수 발생했다. 무기를 가진 다수의 사람이 비무장 소수자에게 폭행을 가한 끝에 살해한 경우가 많았으며, 이는 '학살'이라는 표현이 타당한 사례들이었다. 살상의 대상이 된 이들 가운데 가장 많았던 것은 조선인이었지만, 중국인과 내지인 또한 적지 않게 피해를 입었다. 가해자의 유형은 관헌에 의한 경우부터, 관헌이 보호하고 있던 피해자를 민간인이 관헌의 제지를 무시하고 살해한 경우까지 다양했다.
>
> 살상 사건으로 인한 희생자의 정확한 수는 파악할 수 없지만, 지진 재해로 인한 사망자 수의 1%에서 수%에 해당하며, 인적 손실의 원인으로 결코 가볍게 여길 수 없다. 또한 살상 사건을 중심으로 한 혼란이 구호 활동을 방해했으며, 원래 구호에 사용할 수

있었던 자원이 낭비되었다는 점에서도 그 영향은 매우 컸다. 자연재해가 이처럼 대규모의 인위적인 살상 행위를 유발한 사례는 일본 재해사災害史상 다른 예를 찾을 수 없으며, 대규모 재해 시에 발생할 수 있는 최악의 사태로서 앞으로의 방재 활동에서도 반드시 염두에 두어야 한다."[45]

이 보고서는 당시 살상자 수에 대해서, 조선인은 233명이 살해되고 42명이 부상을 당했다고 하면서도, 이 수치는 기소된 사건들만을 다룬 것으로, 조선인이 입은 박해의 일부분에 불과하다고 적고 있다. 참고로 1923년 12월 5일 자 상하이판《독립신문》은 '피살지'와 '피살인 수'를 조사해 실으며, 총 6661명이라고 적었다. 도쿄에서 피살된 사람은 752명이었다.

이 보고서는 무엇보다 당시 돌았던 유언비어를 날짜와 시간대별로 나누어 표로 정리해 두었다. 보고에 따르면 첫 지진 이후 1~2시간 후부터 유언비어가 돌았으며, 첫 날 '사회주의자와 조선인이 방화를 일으켰다'는 소문이 돈다. 화재 피해가 컸던 만큼 조선인이 방화를 일으켰다는 유언비어는 반복해 나타났다. '조선인 약 2000명이 총포와 도검을 휴대하고 오고 있다'는 등 조선인 습격에 대한 낭설이 퍼졌고, 지진 4일째 되는 날에 조선인이 우물에 독약을 탔다는 소문이 퍼졌다(메이지 시대에는 의사와 경찰이 우물에 독약과 환자의 생간을 넣어서 콜레라가 퍼진다는 유언비어 때문에 의사가 살해되는 사건이 일어

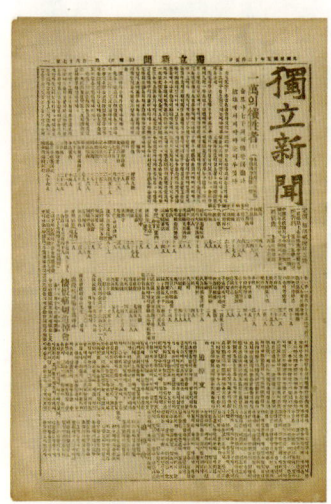

1923년 12월 5일 자 상하이판《독립신문》
'피살지'와 '피살인 수'를 조사해 실었다.

나기도 했다고 한다). 참혹했다. 일본인으로 보이지 않거나, 말을 시켜 발음이 어눌하면 조선인으로 간주해 살해했다. 일부 중국인, 일본 좌익 인사, 일본 내 소수 지방 출신도 피해를 입었다.

그럼에도 조선인 희생자 추모제를 일본 극우 단체들이 방해하고, 도쿄도지사는 지금까지도 추도문을 보내지 않음으로써 역사왜곡 논란을 자초하고 있다. 추도비 왼쪽으로는 "진정한 위령과 슬픔을 딛고 쌓아 올린 한일 양국민의 영원한 우정의 초석이 되기를 바라는 마음"을 담은 작은 비석이 하나 더 있다. 그러려면 무엇을 먼저 해야 할까? 간단하다. 사실에 대

도쿄도 부흥기념관

야외 갤러리 간토 대지진 및 전쟁 때 파괴된 건축물의 파편 등 잔해들을 전시해 두었다.

한 인정과 사과다. 하지만 어렵게 세워진 추도비 앞에서도 슬퍼하지 못하는 것이 지금의 한일관계다.

추도비에서 80미터 떨어진 곳에 도쿄도 부흥기념관이 있다. 간토 대지진 당시의 상황과 피해 복구의 역사를 전시한 기념관으로 간토 대지진 박물관으로도 불린다. 역사적 교훈을 되새기고 재해에 대한 경각심을 일깨우는 교육적인 장소인 만큼, 당시의 참혹했던 상황에 대해 최대한 자세히 보여 주려는 노력들이 곳곳에서 엿보인다.

다만 이곳 역시 마찬가지로, 조선인 학살과 관련된 내용은 어디에도 없다. 심지어 박물관 2층 복도에 전시된 당시 자경단의 활동을 그린 그림에도, "불타 버린 자리에 남은 불씨는 어둠을 밝힐 뿐, 유언비어가 횡행하고, 불안정한 상황이 이어졌기에 시민들은 각자 자경단을 조직해 불탄 자리를 경계하고 익숙한 거주지를 지켰다"고 설명되어 있을 뿐이다. 오로지 일본

자경단 활동을 그린 그림
그림 설명에 조선인 학살 이야기는 없다.

의 '부흥'에만 관심이 있는 모습이다.

　왜 진실을 감추고, 왜곡하는 것일까? 2023년 9월 당시 일본 정부 대변인인 마쓰노 히로카즈 관방장관은 기자회견에서 "간토 대지진으로 헛소문이 확산되고 많은 조선인이 군·경찰·자경단에 살해됐다고 전해지는 데 대한 정부 입장을 알려 달라"는 질문에 "정부 조사에 한정한다면 사실관계를 파악할 수 있는 기록이 발견되지 않았다"라는 답만 했다. 100년이 지나도 대규모 조선인 학살에 대한 사실을 인정하지 않고 회피하기에만 급급한 모습이다.

　물론 우리 정부 역시 마찬가지다. 대한민국 임시정부가 조사한 이후 현재까지 국가적 차원의 진상조사가 이뤄진 적은 없다. 광복 이후 무수히 요구가 이어졌지만 우리 정부는 진상 규명과 피해자의 명예 회복에 손을 놓았다. 매년 열리는 공식적 추도 행사에 불참하는 것은 물론 학살 피해자 유가족을 위로하는 등의 추도 메시지도 보내지 않고 있다.

　어찌 희생자들 앞에 고개를 들 수 있나? 죄송한 마음에 술 한잔 올릴 뿐이다.

간토 대지진 한국·조선인 순난자 추도비

요코아미초 공원의 조선인 추도비에서 약 5킬로미터 정도 떨어진 주택가에 '간토 대지진 한국·조선인 순난자殉難者 추도비'가 있다. 정확한 주소는 도쿄도 스미다구 야히로 6초메 31-8東京都墨田区八広6丁目31-8(구글 좌표: 35.72743, 139.82965)로, 조선인들이 희생되었던 아라카와荒川강 인근이다.

비의 앞 면에는 한 글자가 크게 새겨져 있다. 悼. 슬퍼할 도 자다. 도悼 한 글자가 새겨진 이 비는 2009년 9월 봉선화(호센카)라는 일본 시민단체가 세운 것이다. 이 단체는 간토 대지진 조선인 학살로 인해 희생된 이들을 위해, 학살 피해자들의 유골을 발굴하고 추도하는 활동을 하고 있다. 봉선

주택가에 자리한 추도비 일본 시민단체 봉선화 회원들이 사비로 땅을 마련하고 비를 세웠다.© 2025 구글

한국·조선인 순난자 추도비 2023년 천승환 작가가 닦고 정리한 뒤에 촬영한 사진이다. ⓒ 천승환

화는 당초 학살이 벌어진 아라카와 하천에 추도비를 세우려고 했지만, 토지를 소유한 일본 정부와 도쿄도가 허락하지 않았다. 결국 봉선화 회원들이 돈을 모아 주택가 한가운데 사비로 땅을 사 2009년 9월 슬퍼할 '도' 자가 새겨진 추도비를 세웠다. 고맙고 감사한 일이다.

이 비는 다른 위령비와 분명한 차이가 있는데, 비석 뒷면에 학살의 주체를 명기하고 있다는 점이다.

"1923년 간토 대지진이 발생하여 일본의 군대·경찰·유언비어에 현혹된 민중에 의해 많은 한국·조선인이 살해당했다. 도쿄의 서민 거주지에서도 식민지하의 고향을 떠나 일본에 와 있던 많은 사람들이 이름도 남기지 못한 채 귀중한 생명을 빼앗기고 말았다. 이러한 역사를 가슴에 새겨, 희생자를 추도하고, 인권의 회

복과 두 민족 사이의 화해를 염원하여 이 비를 세운다."

간토 대지진 조선인 희생자 추모사업과 관련해 천승환 작가가 큰 역할을 했다. 그는 2023년 간토 조선인 대학살 100주기를 맞아 80일 동안 관련 사적지 수십여 곳을 다니며 사진을 남겼다. 단순히 사진을 찍는 데 그치지 않고 현장에 갈 때마다 쓸고 닦고 정비했다. 칫솔과 편의점에서 사 온 술로 먼지를 털어 냈고 깨끗한 물로 겉면을 닦았다. 그리고 술도 올렸다. 그의 기록은 온라인 아카이브로 정리돼 있다.

네이버나 다음 등에 '1923 관동대지진 조선인학살 100주기 모뉴먼트·사적지 아카이빙 프로젝트 "불령선인"'으로 검색하면 그의 블로그(https://blog.naver.com/shs557)가 나온다. 블로그에서 그가 정리한 아카이브를 확인할 수 있다. 발로 만든 그의 기록이 그저 놀랍고 고마울 뿐이다. 꼭 확인하기를 바란다.

16
신오쿠보역의 의인 청년 이수현

도쿄에 오면 꼭 만나고 싶었던 한 사람이 있다. 고故 이수현 씨다. 2001년 1월 26일, 일본 도쿄 신오쿠보역新大久保駅에서 한국인 유학생 이수현 씨는 선로에 추락한 일본인 취객을 구하려다 목숨을 잃었다. 당시 그의 나이는 겨우 스물여섯이었다. 한국에서 대학을 졸업한 뒤 일본으로 유학을 떠났다가 명을 달리했다.

그가 떠난 신오쿠보역에 그를 기리는 작은 동판이 새겨졌다고 해서 일본 여정 마지막 밤 신오쿠보역으로 향했다. 신오쿠보역은 일본 도쿄 신주쿠구에 위치한 JR 야마노테선의 역이다. 그리 크지 않은 역인데도 퇴근 시간 현장을 방문하니 인파에 휩쓸릴 정도였다. 만약 이곳에 갔을 때 사람이 너무 많다면 당황하지 말고 사람들을 따라서 개찰구 방향으로 내려가면 된다. 그를 기리는 동판은, 승강장에서 개찰구로 내려가는 계단 중간 벽면에 자리해 있다.

"한국인 유학생 이수현 씨, 카메라맨 세키네 시로 씨는 2001년 1월 26일 오후 7시 15분경, 신오쿠보역에서 선로에 떨어진 사람을 발견하고 자신들의 위험을 무릅쓴 채 용감히 선로에 뛰어들어 인명을 구하려다 고귀한 목숨을 바쳤습니다. 두 분의 숭고한 정신과 용감한 행동을 영원히 기리고자 여기에 이 글을 남깁니다."

동판 앞에 서서 고개를 숙였다. 그사이 전철에서 내린 인파가 밀려온다. 굳이 자리를 피하지 않았다. 가만히 서서 이수현을 기억했다. 이들이 이곳에서 목숨을 잃은 한국 청년을 이렇게라도 한 번쯤 생각했으면 하는 바람을 담았다. 여럿이 오가는 지하철역인 탓에 청년 이수현을 위한 술 한잔 올리지 못한 것이 못내 죄송하다.

이 책《항일로드》에서 가장 길게 할애한 〈도쿄〉편 마무리로 신오쿠보역의 의인 이수현 씨 이야기를 넣은 건, 이 글을 읽는 독자들이 과거와는 다른 오늘을 만났으면 하는 바람에서다. 나는 일본 시민을 위해 자신의 목숨을 던진 그의 희생이, 일생 동안 조선의 독립투사들을 변호한 후세 다쓰

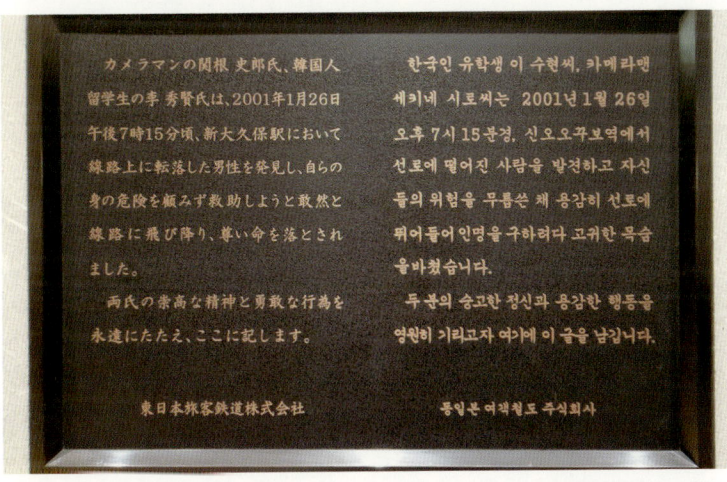

신오쿠보역에 있는 고(故) 이수현 씨를 기리는 동판

신오쿠보역 선로

지의 양심이, 우리와 일본 사이의 미래가 되어야 한다고 믿는다. 이를 바탕으로 양국 간 두터운 신뢰가 쌓이고 시민과 시민 사이의 자연스러운 결합이 이루어져야 불행한 과거가 반복되지 않는다고 생각하기 때문이다. 신오쿠보역의 의인 청년 이수현을 기억한다.

9부 — 지바, 미야기

01
운야모, 부디 이곳에 오지 마시오
김지섭 순국지 지바 형무소

　　　　　　　　김지섭 의사, 앞서 도쿄 왕궁 '이중교'에서 만난 의열단 지사다. 1924년 1월 5일 의거 후 김 의사는 지바 형무소에 수감됐다. 그리고 김 의사는 이곳에서 1928년 2월 20일 순국했다. 사인은 뇌일혈로 알려졌다.

　　붉은 벽돌로 쌓아 올린 지바 형무소 앞에서 태극기를 펼친 채 술을 올렸

김지섭 의사가 순국한 지바 형무소 메이지 시대 '5대 형무소 계획'으로 건립된 형무소 중 하나로, 지금까지 감옥으로 운영되고 있는 유일한 곳이다.

다. JR 지바역에서 내려 이곳 지바 형무소까지 40분 동안 걸어왔는데, 한국 소주를 미리 준비하지 못한 탓이다. 이동 중간에 작지 않은 마트가 있다는 걸 확인했고, 그곳에 들러 한국 소주를 준비하고자 했다. 예상대로 한국 소주가 있었다.

김 의사에게도 일곱 잔의 술을 올렸다. 다만 이번에는 잔마다 기리는 이가 달랐다. 첫 잔은 그를 위한 술이었고, 두 번째는 김 의사의 사돈이기도 한 김시현 지사를 위한 술이었으며, 세 번째와 네 번째는 그와 함께 싸우고 또 싸웠던 의열단 김원봉 지사와 동지들을 위한 잔이었다. 다섯 번째와 여섯 번째는 그의 동생 김희섭과 김 의사의 부인 권석희 여사를 위한 잔이었다. 마지막 잔은 이들 모두를 기리는 마음으로 올렸다.

이곳 지바 형무소 앞에 서면 김 의사가 아내에게 보낸 편지가 떠오른다. 김 지사는 재판일에 만난 6촌 동생 김완섭에게 "형슈씨가 갓치 오시갯다고 편지를 하셧스나 형편상 부득이 하야 잠작고 왓슴이다"라는 말을 듣고 놀랐다면서 편지를 보낸다. 편지 내용을 더 보자. 당시 분위기를 느낄 수 있도록 옛 표현 그대로 옮긴다(가독성을 위해 띄어쓰기만 수정했다. 편지 원문 내용을 보내 주신 국립경국대학교 사학과 강윤정 교수님께 감사드린다).

"허구년간, 안면은 고사하고 일언 만사의 소식을 불통하야, 초월* 이 되얏슴은 오늘 셜명할 여지가 업거니와 일자* 이 사람 이곳에 드러온 후, 말로난 행용치 못할, 무엇인지가. 새로이 흉중에 싹이 돗아 달밭고 꼿필 째며. 구진비와 찬바름에 억제키 어려우니. 자세이 말하자면 본의가 아니면서, 격지아니 져버림을 째달앗다 할 만하오. (중략) 쳔선만고를 무릅시고 멀이 왓다 해도 피차간 격죠

* 이 표시는 알아보기 힘들어 확실하지 않은 부분이다.

안면이 이 류리창 량편에서 잠시 동안 보게 되니. 이것이 필요한 가. 부모님게 배와엇은 우리 국어로는 말 한마듸 할 수 업고 하욤 업는 눈물이 압셜 테니, 이 사람 생각에난 필요치 아닐 쁜 아니라 도로혀 아니 봄만 못할 것이 졍한 일일 듯. 보고 십어도 여사에 일이오. 될 수만 잇스면 오라 하기도 고이치 아니나 이 사람도 목셕이 아닌 바에 쓰거운 그 졍념을 필요한 두 글자로 할 수 업시 거졀하니. (중략) 이 편지 보시거든 이 사람 본 것 갓치 안심 석려釋慮하시오."

일부러 그런 것은 아닌데 돌아보니 소원해짐을 깨달았다는 김지섭 지사, 그러고 어찌 가족이 보고 싶지 않았겠나. 어찌 남은 가족들이 걱정스럽지 않았겠나. 하지만 이곳 지바 형무소까지 오는 길도 험할뿐더러 혹여 온다 해도 마음의 짐만 생길 듯싶어 이곳까지 오는 일을 만류한 것이다. 편지는 "할 말 만타면 만치만 이만. 을축양력삼월 넘팔일 가목셔"라고 끝난다. 1925년 양력 3월 28일에 쓴 편지다.

독립기념관 설명을 보면, 동생 김희섭에게 보낸 편지 세 통에는 판결 언도일을 앞둔 상황에서의 의연한 태도, 투옥된 동지의 안부, 아들에 대한 애틋함 및 가족에 대한 염려가 담겨 있다고 한다. 아내에게 쓴 편지와 사뭇 분위기가 다르다. 동생에게 보낸 편지에서 김지섭은 의연해 보인다. 하지만 아내에게 보내는 편지에서는 부인을 걱정하는 절절한 마음이 느껴진다. 김 의사가 옥중에서 아내와 동생에게 쓴 편지는 2021년 국가등록문화재로 등록되었다.

김 의사는 1928년 옥사했고 동생 김희섭이 시신을 수습해서 고향으로 모셨다. 당시 김지섭 선생을 평장했는데, 일제의 감시 때문에 봉분을 만들지 못할 만큼 비밀스럽게 장례를 치러야 했던 까닭이다.

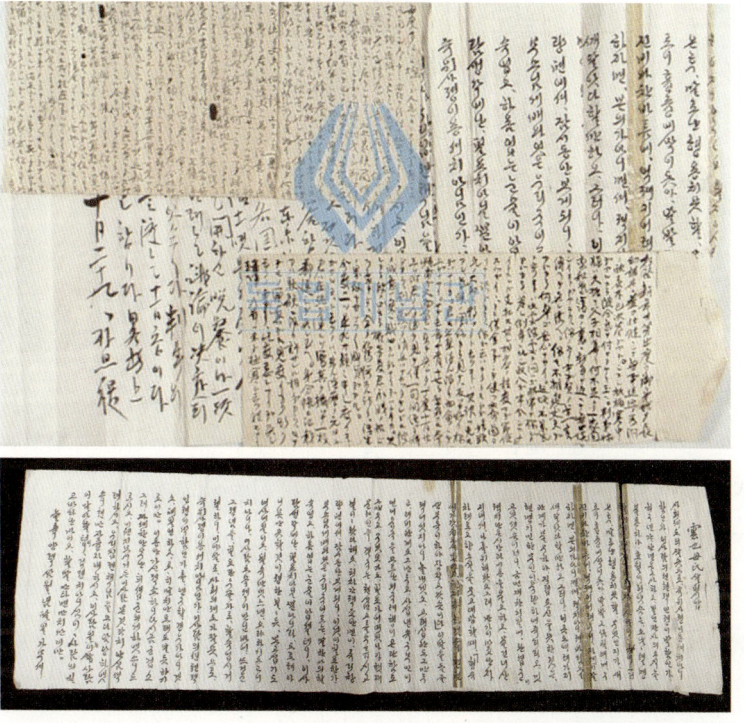

김지섭 의사가 아내와 동생에게 보낸 편지

김지섭 의사가 아내에게 보낸 편지
"운야모씨 살피시압"으로 시작한다.

    그의 유해는 현재 국립대전현충원 독립유공자 3묘역 122번 무덤에 모셔져 있다. 카자흐스탄에서 모셔 온 홍범도 장군의 무덤 바로 뒤쪽이다. 지바 형무소에서 의사 김지섭을 생각하며 다시 한번 술 한잔을 올린다.

02
일본이 안중근을 기억하는 법
미야기현 대림사

일본 미야기현宮城県 구리하라시栗原市에는 대림사大林寺는 절이 있다. 안중근 장군의 위패를 모신 사찰이다. 절 마당에는 안중근 장군이 일본 헌병 출신 치바 도시치(千葉十七, 1885~1934)에게 마지막으로 써준 '위국헌신 군인본분爲國獻身 軍人本分'이 새겨진 유묵비도 세워져 있다. 나라를 위해 목숨 바치는 것은 군인의 본분이라는 뜻이다.

도쿄에서 430킬로미터 이상 떨어진 이곳에 왜 안중근 장군의 유묵비와 위패가 존재하는 것일까? 1909년 이토를 격살한 안중근 장군이 뤼순감옥에 수감되었을 당시, 치바 도시치는 안 장군의 전담 교도관이었다. 처음에는 일본의 심장이라 불리던 이토를 죽인 안 장군에게 분노와 적대감을 드러냈으나, 동양 평화에 대한 그의 의지와 인품에 감화되어 우정을 나누게 되었다고 한다.

1910년 3월 26일 안중근 장군의 사형은 예정대로 집행됐다. 교도관 치바가 아무리 안 장군에게 감화받았을지라도 이를 막을 수는 없었다. 슬퍼하는 그에게 안 장군은 '위국헌신 군인본분' 여덟 글자를 남긴다. 눈물로 안 장군을 보낸 그는 제대를 자청했고, 고향 미야기현 센다이로 돌아왔다.

안중근 장군을 기리는 대림사 전경과 유묵비 주센다이 대한민국 총영사는 안중근 탄신일에 맞춰 매년 9월 첫 일요일에 진행되는 추도회에 대한민국 대표로 참석하고 있다.

이후 철도원과 경찰로 일하며 49세 나이로 세상을 떠난다.

놀라운 점은 안 장군을 가슴에 새긴 치바가 고향에 돌아오고 나서도 집에 불단을 만들어 안 장군의 초상과 위패, 유묵을 모시고 하루도 빠짐없이 절하며 그를 기렸다는 것이다. 죽음을 맞이하는 순간에는 아내에게 안 장군을 기리라는 유언을 남겼다. 미야기현에 위치한 대림사라는 절의 주지 사이토 다이켄齋藤泰彦은 두 사람의 이야기에 감동했다. 스님은 두 사람을 기리는 현창비와 기념관을 세워 둘의 영정을 모셨다. 하지만 이 때문에 스님은 여러 차례 살해 위협을 받았다고 한다. 그럼에도 매년 대림사는 빠짐없이 안 장군의 추모제를 열고 있다. 교도관 치바의 후손이 안중근 장군 탄생 100주년을 맞아 1979년 유묵을 우리 정부에 기증했고, 안 장군을 기리는 숭모회는 1981년 대림사에 안 장군의 유묵비를 세웠다.

적국의 군인마저 감복하게 할 만큼 동양 평화에 대한 군은 신념과 의지를 가지고 있었던 안중근. 안중근이라는 영웅은 그런 인물이었다. 대한민국 국군은 안중근 장군의 유묵 '위국헌신 군인본분'을 우리 국군의 정신을 상징하는 문구로 여기고 있다. 당연한 일이다.

다만 여기서 한 가지 말해 둘 것이 있다. 안 장군의 어머니 조마리아 여사가 썼다고 알려진 편지 내용에 대한 이야기다. 조마리아 여사가 안 장군에게 썼다고 알려진 편지는 많은 사람들에게 감동을 주었다. "네가 만약 늙은 어미보다 먼저 죽는 것을 불효라고 생각한다면 이 어미는 웃음거리가 될 것이다. 너의 죽음은 너 한 사람의 것이 아니라 조선인 전체의 공분公憤을 짊어지고 있는 것이다. 네가 항소를 한다면 그것은 일제에 목숨을 구걸하는 짓이다. 네가 나라를 위해 이에 이른 즉, 다른 마음 먹지 말고 죽으라. 옳은 일을 하고 받은 형이니 비겁하게 삶을 구하지 말고, 대의大義에 죽는 것이 이 어미에 대한 효도이다. 아마도 이 편지가 이 어미가 너에게 쓰는 마지막 편지가 될 것이다. 여기에 너의 수의를 지어 보내니 이 옷을 입고 가거라. 어미는 현세에서 너와 재회하기를 기대치 않으니, 다음 세상에는 반드시 선량한 천부의 아들이 되어 이 세상에 나오너라."

그런데 이 편지는 사이토 다이켄이 1994년 출간한 책《내 마음의 안중근わが心の安重根》에서 조마리아 여사의 전언을 윤색한 것을 시작으로, 이 책이 한국에 번역되면서 내용이 추가되고, 이후 출처 모를 경로로 내용이 더 추가된 허구라고 한다.

원래는 편지가 아닌 전언으로 "너는 현세에서 살인이라는 죄를 지었으니 신부님이 너 대신 참회할 것이고 너는 그에 따라 합당한 형벌을 받고 죽은 뒤 죄를 씻고 다시 태어나라"라고 말한 것으로 전해진다.[46] 그런데 사이토를 시작으로 이 전언의 내용에 윤색이 가해진 것이다. 그리고 이 내용은 이미 널리 퍼져 사실처럼 되어 버렸다. 그가 결코 나쁜 의도로 그런 행위를 했다고는 생각하지 않는다. 안 장군을 기리는 그의 노력도 정말 대단하고 고마운 일이라고 생각한다. 그러나 영웅 안 장군과 관련된 일화를 굳이 미화할 필요는 없다. 안 장군의 어머니가 그의 의거에 대해 그런 생각을 가지고 있었다고 해서 그의 위대한 걸음이 폄하되지는 않는다. 사이토가 그 사실을 간과한 것이 아쉽다.

그러니 대림사에 가보자. 그곳에 우뚝 선 '위국헌신 군인본분' 유묵비 앞에 서서 안중근 장군과 치바 도시치의 우정을 생각해 보자. 기왕 간다면 안중근 장군 탄신일에 맞춰 9월 첫 주 일요일에 열리는 추도회에 참석해 보자. 이렇게나 많은 한국과 일본 시민들이 안중근 장군을 기리고 있다. 한국과 일본이 그려 가야 할 미래이기도 하다.

다만 대림사를 찾는 길이 쉽지 않다. 도호쿠 신칸센을 타고 구리코마코겐역くりこま高原駅에서 내린 다음, 택시를 타고 15분 정도 이동하거나, 큰마음을 먹고 5킬로미터 이상 지도를 확인하며 걸어야 한다. 하지만 그럼에도 갈 만한 가치가 있다. 일본에서 안중근 장군과 관련된 흔적을 마주할 수 있는 유일한 공간이다.

에필로그
당신과 함께 지사님들께
술 한잔 올렸으면 좋겠습니다

항일로드 여정을 이어 가며 수없이 떠올렸다. 싸우고 또 싸운 독립투사들, 그중에서도 안중근, 윤봉길, 이봉창, 백정기, 김학철, 조명하, 박재혁, 김익상, 김상옥, 양근환, 박열, 가네코 후미코, 후세 다쓰지, 김시현, 권애라, 황옥, 이재명, 강우규, 김원봉, 신채호, 김구, 조소앙, 여운형, 이회영, 이시영, 김상덕과 반민특위 대원들, 윤동주와 송몽규 그리고 일본 열도에서 희생당한 강제동원 피해자, 위안부 피해자, 간토 대학살과 전쟁 피해자에 대해.

이들에 대한 생각이 가슴 깊이 차오르면 태극기를 펼친 채 '대한독립'을 새긴 유기잔에 소주를 부어 올리고 또 올렸다. 독립투사들이 부른 곡조에 맞춰 〈애국가〉도 불렀다. 그때마다 떠오른 것이 '이 좋은 걸 나 혼자만 알아서는 안 된다'는 고민이었다. 이 글을 쓴 이유다. 경험해 보면 안다. 지사님들을 찾아 술 한잔 올리면, 그 마음이 얼마나 귀하고 좋은지를. 이보다 뿌듯한 일이 없다.

이 책 《항일로드 2000km》가 당신의 귀한 여정에, 중요한 가이드가 됐으면 좋겠다. 당신의 가슴에 파문을 일으켜, 당신이 지금 당장 지사님들을 찾아 여행길을 나섰으면 좋겠다. 확실한 건, 이 여행은 혼자 가도 좋고, 둘이 가도 좋고, 좋아하는 이들과 함께 가면 더 귀하다는 사실이다. 그리고 언젠가 기회가 닿으면 내가 직접 인솔하는 항일로드 투어를 함께 갔으면 좋겠다. 진심으로 이 귀한 여정을 당신과 나누고 싶다. 그날이 오면, 정중한 마음으로 지사님들께 함께 술 올리고, 〈애국가〉와 〈독립군가〉도 함께 부르자. 그들의 이야기로 깊은 밤을 지새우자. 동주의 시도 함께 읊어 보자.

ⓒ 김수빈

  오랜 시간 독립투사를 마음에 담으며 그들을 그려 온 김수빈 작가의 작품을 덧붙인다. 대한시인 윤동주와 애국지사 송몽규다. 애틋한 마음이 온전히 전해진다.

  끝으로 같은 곳을 바라보고 오래도록 함께 걸은 동지들에게 고마운 마음 전한다. 특히 동반자 은혜와 부모님, 필로소픽 구윤희 편집장님께 감사하다. 부족한 기사를 응원하며 읽어 준 《오마이뉴스》 독자와 유튜브 〈김기자의 독립록〉 구독자도 고맙다. 안녕.

대한민국 107년, 광복 80주년 여름.
오늘도 애국하는 기자 김종훈

| 미주 |

1 박찬승, 〈1933년 상해 '有吉明공사 암살미수 사건'의 전말〉, 《한국독립운동사연구》 제60호, 2017, 201~248쪽.
2 박태원, 《약산과 의열단》, 깊은샘, 2015, 102쪽.
3 한지혜, 〈되찾은 들에 봄은 아직 오지 않았다〉, 《디트NEWS24》 2024년 11월 12일. https://www.dtnews24.com/news/articleView.html?idxno=781529
4 〈58년 만에 불러 보는 "누님"〉, 《경남도민일보》 2001년 6월 4일. https://www.idomin.com/news/articleView.html?idxno=17747
5 김호웅·김해양 편저, 《김학철 평전》, 실천문학사, 2007, 453쪽.
6 위의 책, 서문 및 459쪽.
7 박태원, 앞의 책, 60~66쪽.
8 박태원, 앞의 책, 61쪽.
9 우리역사넷의 '한국사 연대기' 중 '강제 징용' 항목. https://contents.history.go.kr
10 권혁태, 〈'나가사키의 종'은 어떻게 울렸나〉, 《한겨레21》 2014년 12월. https://h21.hani.co.kr/arti/COLUMN/COLUMN/38589.html
11 일제강제동원피해자지원재단 웹사이트의 '나가사키 조선소' 항목. https://www.fomo.or.kr/kor/28/contentMap/content43
12 이종각, 〈자객 고영근의 명성황후 복수기〉, 《신동아》 2009년 9월호. https://shindonga.donga.com/culture/article/all/13/108747/1
13 International Crimes Database(ICD) 중 '페리니 대 독일 연방 공화국 사건 (Ferrini v. Federal Republic of Germany)'. https://www.internationalcrimesdatabase.org/case/1090/ferrini-v-germany/
14 김인겸, 《일동장유가》, 최강현 역주, 보고사, 2007, 238쪽을 현대어로 수정.
15 김영, 〈근대 조선과 요시다 쇼인〉, 《일본어문학》 제85호, 2019, 360쪽. http://doi.org/10.21792/trijpn.2019.85.017
16 요시다 쇼인이 다카스키 신사쿠에게 편지로 한 말, 요시다 쇼인 신사 웹사이트의 어록 섹션. https://showin-jinja.or.jp/about/goroku
17 노벨 평화상 시상 연설. http://nobelprize.org/prizes/peace/2024/ceremony-

speech

18 김보예, 〈오사카성에 가거든 이 비석을 봐주시게나〉, 《오마이뉴스》 2019년 4월 10일. https://www.ohmynews.com/NWS_Web/View/at_pg.aspx?CNTN_CD=A0002526251

19 일제강제동원피해자지원재단, 〈오사카 지역 군수공장의 조선인 강제동원 실태〉, 2019 참고. https://www.fomo.or.kr/download/viewer/1691961167453/index.html

20 이승현, 〈일제강점기 지하방공호 건설동원 조선인 명단공개 〈조선신보〉〉, 《통일뉴스》 2018년 8월 7일. http://tongilnews.com/news/articleView.html?idxno=125774

21 조경환·김상호, 〈나의 조부, 조명하 의사〉, 《대만연구》 제23호, 2023, 53~74쪽 참고. https://doi.org/10.22939/taiwanstudies.2023.23.53

22 이귀전, 〈日王 장인에 단도 던진 조명하 친필 발견〉, 《세계일보》 2020년 12월 3일. https://www.segye.com/newsView/20201202521133

23 공훈전자사료관의 '조명하' 항목. http://e-gonghun.mpva.go.kr/user/IndepCrusaderDetail.do?goTocode=20003&mngNo=9893

24 조경환·김상호, 앞의 책.

25 홍석재, 〈"윤동주 학생 못 지켰다"…80주기 맞아 도시샤대 명예박사 수여〉, 《한겨레신문》 2025년 2월 16일. https://www.hani.co.kr/arti/international/international_general/1182698.html

26 이수경, 〈윤동주와 송몽규의 재판 판결문과 『문우』(1941. 6)지 고찰〉, 《한국문학논총》 제61호, 414~415쪽.

27 한국민족문화대백과사전의 '고려미술관' 항목. https://encykorea.aks.ac.kr/Article/E0003450

28 유선희, 〈'일본의 간송' 고군분투 역정, 스크린에 오롯이〉, 《한겨레신문》 2014년 8월 14일. http://hani.co.kr/arti/culture/movie/651231.html 참고.

29 강구열, 〈정희두 고려미술관 이사장 "재일교포, 뿌리 찾아가는 여행 필요…韓 전통문화 알릴 것"〉, 《세계일보》 2023년 10월 11일. https://www.segye.com/newsView/20231010518776

30 일본 국립공문시관 아시아 역사자료센터. https://www.jacar.go.jp

31 공훈전자사료관 중 '윤봉길' 항목. https://e-gonghun.mpva.go.kr/user/Indep CrusaderDetail.do?goTocode=20003&mngNo=3732
32 김구,《백범일지》, 돌베개, 2002, 335~336쪽.
33 차영조,〈윤주경씨의 빗나간 선택, 미래한국당 비례대표 1번〉,《오마이뉴스》2000년 4월 1일. https://www.ohmynews.com/NWS_Web/View/at_pg.aspx?CNTN_CD=A0002627882
34 김구, 앞의 책, 413쪽.
35 대동아성전비 철거 운동 전단지. https://web2.incl.ne.jp/fujiba/hi/jpn/panf.pdf
36 공훈전자사료관의 '양근환' 항목. https://e-gonghun.mpva.go.kr/user/ContribuReportDetail.do?goTocode=20001&pageTitle=Report&mngNo=1087
37 독립기념관의 '김지섭' 항목. https://search.i815.or.kr/dictionary/detail.do?searchWord=%EA%B9%80%EC%A7%80%EC%84%AD&reSearchWord=&searchType=all&index=1&id=736
38 박태원, 앞의 책, 깊은샘, 2015, 208~209쪽.
39 공훈전자사료관의 '이봉창' 항목. https://e-gonghun.mpva.go.kr/user/IndepCrusaderDetail.do?goTocode=20003&mngNo=8884
40 안중근,《안응칠 역사》전자책, 안중근의사기념관, 2017년, 109쪽.
41 송우혜,《윤동주 평전》, 서정시학, 2018, 324쪽.
42 박태원, 앞의 책, 깊은샘, 2015, 178~179쪽.
43 《동아일보》1964년 6월 24일.
44 박용하,〈'간토대학살' 추모비 인근서 우익단체 행패… 거꾸로 가는 일본〉,《경향신문》2023년 9월 1일. https://www.khan.co.kr/article/202309011722001
45 일본 내각부 방재정보포털 중 '재난 교훈 계승에 관한 전문 조사회'. https://www.bousai.go.jp/kyoiku/kyokun/kyoukunnokeishou/rep/1923_kanto_daishinsai_2/index.html
46 유석재,〈"안중근 모친의 '편지'는 일본인 승려의 조작이었다"〉,《조선일보》2023년 2월 10일. https://www.chosun.com/culture-life/relion-academia/2023/02/10/QZZWKAWTVRGVDJI4XADAMAN34Q

| 사진 출처 |

25	매헌윤봉길의사기념관 웹사이트
29	국사편찬위원회 한국사데이터베이스
39	(맨 위) 2018년공유저작물DB수집
77	일본 국토지리원 지도. https://maps.gsi.go.jp/#16/33.582770/130.343814/&base=std&ls=std%7Cort_USA10&blend=0&disp=11&lcd=ort_USA10&vs=c1g1j0h0k0l0u0t0z0r0s0m0f1&d=m
81	후쿠오카시 공식 관광정보 웹사이트
82	후쿠오카시 공식 관광정보 웹사이트
87	규슈 국립박물관 웹사이트
90	규슈 국립박물관 웹사이트
91	다자이후 천만궁 웹사이트
95	위키미디어 공용
96	위키미디어 공용
102	국립중앙박물관 웹사이트
117	위키미디어 공용
137	국사편찬위원회 한국사데이터베이스
143	e뮤지엄(전국박물관소장품통합검색)
146	오사카시 공식 관광정보 웹사이트
149	민족문제연구소 웹사이트
154	김상호 교수 제공
158	(오른쪽) 국립진주박물관 소장
164	항일로드 탐방단 김미정 제공
193	구글 어스
194	우토로 평화기념관 웹사이트
196	구글 지도 데이터
200	구글 지도 데이터
204	매헌윤봉길의사기념관 웹사이트
209	독립기념관 웹사이트
216	국가유산청 국가유산포털
217	(왼쪽) https://stroly.com/viewer/_ATRP_Nichibun_002466845_O (오른쪽) 구글 어스
218	가나자와 공식 관광정보 웹사이트
219	독립기념관 웹사이트
223	(위) 공훈전자사료관
227	구글 지도
233	(아래) 도쿄스테이션호텔 웹사이트
239	구글 어스
246	(아래 왼쪽) 국사편찬위원회 한국사데이터베이스 (아래 오른쪽) 도쿄 경시청 공식 웹사이트
252	(맨 위) 구글 지도 데이터
258	독립기념관 웹사이트
262	국사편찬위원회 한국사데이터베이스
265	영화 〈여파〉 스틸컷
270	위키미디어 공용
275	위키미디어 공용
286	야스쿠니 신사 웹사이트
323	e뮤지엄(전국박물관소장품통합검색)
327	구글 스트리트 뷰
328	천승환 작가 제공
337	(위) 독립기념관 웹사이트 (아래) 국가유산청 국가유산포털
339	주센다이 대한민국 총영사관 웹사이트

* 이외에는 저자의 사진 또는 퍼블릭 도메인임.
* 만약 저작권을 미처 확인하지 못한 게 있다면 추후 적절한 조치를 취할 것임.

| 장소 좌표 |

QR코드를 스캔하시면 좌표의 링크를 확인할 수 있습니다.

1부 나가사키

01 나가사키 형무소 - 32.836868, 130.056296
02 나가사키항 - 32.745474, 129.869791
03 군함도 디지털 박물관 - 32.736062, 129.869196
   군함도 페리 승선지 - 32.737919, 129.869395
   군함도 하선지 - 32.626753, 129.738826
   데지마 입구 - 32.743644, 129.873075
04 원자폭탄 낙하 중심지(폭심지) - 32.773734, 129.863245
   나가사키 원폭 조선인 희생자 추도비 - 32.772513, 129.863504
   한국인 원폭 희생자 위령비 - 32.772339, 129.863858
   평화기념상 - 32.776897, 129.863987
   나가사키 원폭자료관 - 32.772778, 129.864250
   우라카미 천주당 - 32.776226, 129.867974
   나가이 박사의 집 '여기당' - 32.778952, 129.865612
05 나가사키 평화자료관 - 32.755235, 129.872116
   26성인기념관 - 32.754670, 129.871681
   천주당이 보이는 언덕 - 32.776943, 129.864642
   오우라 천주당 - 32.734645, 129.870172
06 글로버 가든 - 32.734145, 129.868877
   안경교 - 32.747177, 129.880086
   광영사 - 32.749328, 129.882218

2부 후쿠오카

01 후쿠오카 구치소(후쿠오카 형무소 후신) 정문 - 33.582442, 130.344964
   모모치니시 공원 - 33.583899, 130.344973
   후쿠오카 형무소 터 - 33.583567, 130.346954
   후쿠오카 형무소 화장장 터 추정지 - 33.587149, 130.344648
02 구시다 신사 - 33.593070, 130.410638
   성복사 명성황후 관음상 - 33.597407, 130.414367
   고영근의 우범선 처단 추정지 - 34.244928, 132.573633

미즈키 유적 - 33.522185, 130.499227
다자이후 정청 터 - 33.515069, 130.515185
다자이후 천만궁 - 33.521355, 130.534822

3부 시모노세키

01 시모노세키 지방법원 - 33.965410, 130.936808
02 조선통신사 상륙비 - 33.958536, 130.949193
아카마 신궁 - 33.959286, 130.948774
03 청일강화기념관 - 33.959038, 130.948245
간몬해협 해저터널 입구 - 33.965475, 130.956214
히노야마 공원 겐페이 해전 동상 - 33.964769, 130.956432
04 요시다 쇼인 신사와 쇼카손주쿠 - 34.412044, 131.417395
이토 히로부미 옛 집 - 34.411064, 131.418036
가고시마 사이고 다카모리 동상 - 31.595260, 130.553522
가고시마 사이고 동굴 - 31.599934, 130.550300

4부 히로시마

01 히로시마 원폭돔 - 34.395215, 132.453644
한국인 원폭 희생자 위령비 - 34.394179, 132.451824
히로시마 평화기념자료관 - 34.391595, 132.452833
02 히로시마 대본영 터 - 34.401839, 132.459728
히로시마성 천수각 - 34.402591, 132.459037

5부 오사카

01 윤봉길 오사카성 구금지 터 - 34.683905, 135.527675
도요토미 히데요시 신사 입구 동상 - 34.684330, 135.526125
오사카성 천수각 - 34.687084, 135.525771
제4사단 사령부 미라이자 - 34.685888, 135.526396
02 염상섭 독립선언 추정지 - 34.649320, 135.510219
오사카 통국사 강제동원노동자상 - 34.650246, 135.511935
03 오사카성 조병창 터 - 34.688337, 135.529892
이쿠타마 공원 지하 벙커 - 34.664223, 135.512024

04 조명하 의사가 다닌 오사카 상공전문학교 터 추정지 - 34.684949, 135.511553

6부 교토

01 코무덤 - 34.991647, 135.770363
도요쿠니 신사 입구 - 34.991624, 135.771335
호코지 종 - 34.992115, 135.771872
02 도시샤대학 윤동주 시비 - 35.030345, 135.760724
교토 지방법원 - 35.017140, 135.764461
03 윤동주 하숙집 터(윤동주 시비) - 35.036785, 135.786800
송몽규 하숙집 터 - 35.034620, 135.787823
교토대학 정문(녹나무 앞) - 35.025748, 135.780874
04 고려미술관 - 35.054221, 135.750845
05 교토 어소 자신전 - 35.023957, 135.762160
니조성 니노마루 어전 - 35.013569, 135.750232
청수사 - 34.994677, 135.784594
호칸지 - 34.998400, 135.779263
야사카 신사 - 35.003499, 135.778546
06 윤동주가 생애 마지막 사진을 찍은 아마가세 구름다리 - 34.881663, 135.821054
윤동주 기억과 화해의 비 - 34.882942, 135.823875
07 우토로 평화기념관 - 34.880532, 135.774112
08 단바 망간기념관 - 35.198904, 135.650070

7부 가나자와

01 윤봉길 의사 순국지 입구 - 36.520989, 136.672001
윤봉길 의사 순국지(자위대 부대 안) - 36.5250389, 136.6716416
02 윤봉길 의사 암장지 - 36.530492, 136.661847
윤봉길 의사 순국비 - 36.529805, 136.661216
03 윤봉길 의사 구금소 터 - 36.565030, 136.659082
러일전쟁 전몰자 기념비 - 36.563789, 136.659278
04 윤봉길 의사 유해 안치소 터(흰벽) - 36.575711, 136.667546
05 윤봉길추모관 예정지 - 36.57393508215589, 136.6507688199673
06 이시카와 호국신사 대동아성전비 - 36.559546, 136.664743

8부 도쿄

01 양근환 지사 의거지 도쿄역 호텔 앞 - 35.681224, 139.765642
02 김지섭 의사 의거지 도쿄 황궁 이중교 - 35.680231, 139.754825
03 이봉창 의사 의거지 도쿄 경시청 본부 앞 - 35.677669, 139.753251
04 이봉창 의사 순국지(형사자위령탑) - 35.695109, 139.715772
05 2·8독립선언만세지 히비야 공원 공화당 앞 - 35.671905, 139.755803
    조선독립2·8선언 기념비 및 2·8독립선언 기념자료실 - 35.699885, 139.758392
06 메이지 신궁 - 35.675854, 139.699419
07 노기 신사 - 35.668754, 139.727980
08 야스쿠니 신사 유취관 - 35.694857, 139.743659
09 이토 히로부미 묘 - 35.600177, 139.720319
10 후세 다쓰지 현창비 - 35.727045, 139.713929
11 릿쿄대학 본관 - 35.730620, 139.703998
    윤동주 하숙집 터 1 - 35.711951, 139.705664
    윤동주 하숙집 터 2 - 35.710946, 139.704594
12 와세다대 스코트홀 - 35.707825, 139.716403
13 여성들의 전쟁과 평화 자료관 - 35.707870, 139.716547(스코트홀 바로 옆건물 2층)
14 메이지대학 박물관 - 35.698695, 139.762189
    메이지대학 리버티타워 - 35.697386, 139.761825
15 요코아미초 공원 추도 간토 대지진 조선인 희생자 비 - 35.699388, 139.796267
    도쿄도 부흥기념관(간토 대지진 박물관) - 35.699619, 139.796902

9부 지바, 미야기

01 김지섭 의사 순국지 지바 형무소 - 35.616289, 140.135322
02 미야기현 대림사 안중근 장군 유묵비 - 38.787531, 141.091279

항일로드 2000km
광복 80주년, 일본에서 다시 만난 독립투사들

초판 1쇄 발행 | 2025년 7월 22일
초판 2쇄 발행 | 2025년 8월 22일
초판 3쇄 발행 | 2025년 11월 22일

지은이 | 김종훈
펴낸이 | 이은성
편　집 | 구윤희, 김승현, 김다연
디자인 | 최승협

펴낸곳 | 필로소픽
주　소 | 서울시 종로구 창덕궁길 29-38, 4-5층
전　화 | (02) 883-9774
팩　스 | (02) 883-3496
이메일 | philosophik@naver.com
등록번호 | 제2021-000133호

ISBN 979-11-5783-379-5 03910

필로소픽은 푸른커뮤니케이션의 출판 브랜드입니다.